JN108251

「国風文化」の時代

木村茂光

吉川弘文館

凡　例

1　本文はもとより引用についても可能なかぎり新字体・常用字体を用いた。

2　史料引用の際は読み下し文あるいは現代語訳にするようつとめた。

3　年号の表示は西暦年を用いることを原則とし、元号を併用した場合もある。

4　典拠を示す場合、本文中では筆者名と発表年を（　）内に掲げ、巻末の引用参照文献一覧に、筆者名の五十音順に書誌データを掲げた。なお、同じ年に二点以上発表している場合はａｂｃ……で区別した。

読者へ

「国風文化」といった時、皆さんは何を思い浮かべるでしょうか。紫式部の『源氏物語』でしょうか、それとも清少納言の『枕草子』でしょうか。それとも『土佐日記』『古今和歌集』ですか。そのとおり。「国風文化」の時代には、女性を中心とした仮名文学が大きく花開きました。『源氏物語』は、当時の世界で最高傑作の長編物語であるという評価が与えられているほどです。

では、これらの作品はなぜこの頃に書かれたのでしょうか。それは、摂関政治という用語に表されているように、貴族政治が全盛を誇り、宮中を中心に宮仕えする女性＝女房たちのサロンが形成されたからだ、というような説明をよく聞きます。

しかし、未成熟だとはいえ、日本の政治は奈良時代から一貫して貴族政治でしたし、摂関政治の後は院政という貴族政治が、少なくとも平氏が権力を握る一二世紀中頃まで続いたことは改めていうまでもありません。しかし、奈良時代や平安時代の前期に仮名文化が栄えたということは聞いたことがありません。

まだ仮名が発明されていないのだから当然だ、と反論が返ってくるのが目にみえます。しかし、仮名が発明され、摂関時代の仮名文学の隆盛を経験した後の院政時代にも、仮名文学は発展しませんでした。宮中には多数の女房がおりサロンがあったにもかかわらずです。「貴族政治―サロン―女房―仮名」という組み合わせだけでは、仮名文学の隆盛を説明することはできないようです。

本書で、私が「『国風文化』の時代」を扱おうとする要因の一つがここにあります。摂関政治の時代が日本の歴史全体のなかでどのような位置を占めていたのか、その時代の特質、政治・文化・思想などの特質を究明することなしに、「摂関政治の時代に『国風文化』が栄えた」とは簡単にいえないように思います。

この時代の特質を究明する時のヒントが、「国風文化」という用語そのものにあります。なぜ摂関政治の時代の文化を「国風文化」というのでしょうか。普通、「国風文化」の成立は、菅原道真の遣唐使中止の建言によって、唐風文化の流入が途絶えて文化の和風化が進んだ結果である、と説明されます。この理解があまり正確でないことは本文で述べるとしても、「国風文化」が唐風文化に対していわれたことは間違いないようです。

しかし、唐風文化から「国風文化」に変化したということは、単に文化内容が変わったことだけを意味するのではなく、それを支えていた貴族層内部にも変化があったことを示しているのではないでしょうか。というのは、漢字にしても仮名にしても、まだ貴族層など一部の人々しか使えないような段階にありましたから、それだけに文字の使用や文字を用いた文化は政治と密接に関係していたと考えられるからです。したがって、もし遣唐使が中止された時期を境に、唐風文化から「国風文化」への変化が進行したとするならば、その時期に貴族層内部にも少なからぬ変化があったことを想定しなければならないと思うのです。

では、それはどのような変化であり、それは次の時代の特質にどのような影響を与えたのでしょうか。これが私の「『国風文化』の時代」を取り上げるもう一つの要因です。

唐風文化から「国風文化」への変化とは時代のどのような変化であり、その後に成立した「『国風文化』の時代」とは、どんな特質をもった時代だったのでしょう。さっそくご案内しましょう。

目　次

序章　問題の所在と時代の概観

1　なぜ「国風文化」なのか？

「国風文化」をとりあげる動機

本書で「国風文化」を扱うに至った動機から始めたいと思う。私は、一九九〇年頃から高校の日本史教科書の編纂に携わるようになったが、その教科書では、それまでの制度的な静態的な叙述を排して、時代から時代への変化、すなわち移行期を重視した編成をとることにした。中世編の前期を担当する私は、古代から中世への移行を重視した教科書構成と、それにふさわしい叙述をせざるを得なくなった。それで、当時の研究状況を踏まえて一一世紀中頃をもって古代と中世の境とし、一一世紀中頃から一二世紀末の源平の争乱までを古代から中世への移行期としてとらえることにした。具体的には、摂関政治と院政との間に古代と中世の境を置くことにしたのである。教科書の構成としては、それまでなかったことであるが、後述するように、当時の平安時代の研究水準から判断して、政治史・

社会経済史の分野ではほとんど問題がない区分であった。

しかし、文化史が大きな問題となった。というのは、それまでの教科書構成だと摂関期の文化＝国風文化も院政期の文化も両方とも「古代」編に含まれていたから、あまり気がつかなかったのだが、私たちの教科書ではそれら二つの文化の間に古代と中世の境を置くことにしたため、国風文化は古代編に、院政期の文化は中世編に入ることになってしまい、両文化の評価と関連性が改めて問題となったのである。民衆文化の展開や文化の地方伝播などを要素にもつ院政期の文化が中世文化の最初に位置づけられるのはなんら問題はないとしても、国風文化を院政期の文化と切り離して古代の文化として評価してよいのか、ということが改めて問われることになった。

たとえば、浄土教の成立と展開を古代としてよいか、九世紀後半ないし末期に急激に肥大化する怨霊思想や触穢観念を古代としてよいか。さらに、一二世紀初期に原型ができあがったといわれる『今昔物語集』を院政期の文化におしこめてもよいか、などなど、国風文化から院政期の文化に連続する側面の評価をめぐって大きな問題が生じた。これまでの教科書叙述も、両文化とも古代編に入っているというだけで、国風文化と院政期の文化の連続面についてはまったく問題にしてこなかったといえよう。連続面が問題にされなかったというより、その時代的な違いを問題にしないまま差異性だけが強調されていたのではないか。国風文化の貴族性、宮廷サロン、女房文学、仮名文学などなど。それに対して院政期文化の民衆性、地方性、軍記物、絵巻物などなど。

このような差異性を作りだしたところに、「国風文化」というとらえ方の問題点がひそんでいるように思うが、それは本書全体を通じて考えていくことにして、改めて、二つの文化にはそんなに大きな違いがあるのかどうかを考えてみる必要があると思う。

そのためには、表層の文化もさることながら、その文化を支えていた時代、社会の特質、文化の場や担い手などの深層から文化の特質をとらえ直してみる必要があるように思う。国風文化をとらえ直すために、「『国風文化』の時代」を考えようという本書のねらいは、ここにある（以下、教科書的な国風文化の理解と区別するため「国風文化」と記すことにする）。

では、これまで「国風文化」はどのように評価されてきたのであろうか。じつは国文学研究においても日本史研究においても十分検討されてきていない。

「国風暗黒」の時代

平安時代中期、一〇・一一世紀の文化を「国風文化」と呼んだのはいつのことなのか確認はできないが、国文学の世界でこの語句が広まったのは、小島憲之氏の著名な『国風暗黒時代の文学』（一九七三）が刊行されたことが大きく影響していると考えられる。その中の「『国風暗黒』の時代――その時代区分をめぐって」（一九六八）という論考で、小島氏は「国風暗黒時代」という語句が使用されたのが、昭和十（一九三五）年のことであり、それは氏の恩師である吉沢義則氏の講義においてであることを指摘している。氏が紹介している講義ノートによれば、万葉集ガ出テ古今集ガ生レルマデ国文学ノ暗黒時代ヲ生ジ……（平城天皇代）ハ詩文ガ隆盛ニナリカケテヰタノデアリ、和歌ガ暗黒面ニ追込メラレタ……。（嵯峨・淳和両代）ハ和歌ノ暗黒時代デアル……。

などという内容であったようである。

これらの指摘を受けて、小島氏は、「『国風暗黒時代』とは、和歌を中心とする国風（和風・くにぶり）の暗黒時代（Darkage）である」と規定するとともに、「国語の認識、次期に起こるべき和風の準備期と解する」とし、その時代を嵯峨朝より文徳朝まで、八一〇年から八五九年までとしている。

このように、国文学においては主に仮名文字をもちいた和歌の隆盛をもって「国風文化」といっているようである。しかし、その使用のされ方は、漢詩文を中心とする唐風文化の隆盛を説明する際の否定的な用語としてであり、唐風文化につづく「国風文化」を積極的に評価するための用語ではなかった。

そのためであろうか、国文学ではその後も平安時代中期の文化・文学を説明するに際して、「国風文化」ないし「国風文学」などという語句を積極的に用いていない。例えば、たまたま手元にあるだけだが、『日本古典文学史の基礎知識』（一九七五）にも項目として取られていないし、日本文学協会の編集になる『日本文学講座』（一九八七〜八九）にも、そして最近刊行中の『岩波講座　日本文学史』（一九九五〜九七）にも採用されていない。秋山虔氏が『王朝文学史』（一九八四）の序章で、「国風文化の自立」という文章を書いているのが注目されるが、本の題名が如実に示すように、「国風文学」というよりは「王朝文学」という方が、国文学の世界では当該期の文化・文学を表すにはふさわしい用語なのである。

このように、「国風文化」という用語は、国文学の世界で使用され始めたが、それは平安時代中期の文化を積極的に説明するためではなく、平安時代前期の唐風文化の隆盛を「国風暗黒」の文化として否定的に説明するために用いられた用語であったので、国文学の世界では採用されなかったのであろう。

「国風文化」の採用

では、「国風文化」という用語が採用されたのはどこにおいてであろうか。じつは前記の小島氏らの研究の影響のもとで歴史学において採用されたらしい。それも、どうも戦後に始まったようで、これも意外である。

もちろん戦前においても、平安時代中期の文化の傾向を「日本化」「和風化」として理解することはあった。例えば、一九二二（大正十一）年に出版された西岡虎之助著『日本文化史』「第四巻（平安中期）」の第二章第八節には「日本文化の建設」という題名のもと、次のような文章が見られる。

それは異国文化の色彩を多分に有するものであった固有の日本をその基調として、外来文化を融合した所謂日本化せる文化の謂に外ならないのである。

このような理解は戦後においても優位であったようで、一九四八年に刊行された辻善之助氏の『日本文化史』のⅡ巻「平安時代」では、第二十二章として「平安時代に於ける日本文化独立の徴候」が置かれ、「漢詩文の日本化」「仏教の日本的特色は浄土教に於て最も著し」「神仏習合は仏教日本化の一例」「画風の日本化」「書道の日本化」などの項目が立てられている。

また、一九五六年に歴史学研究会と日本史研究会という在野の民主的な二つの学会の編集によって作られた『日本歴史講座』でも、その二巻で当該期の文化を扱っているが、それは「平安京の文化」（武者小路穣氏執筆）という論題であって、文章の中にも「国風文化」という用語は使用されていない。さらに、戦後最初の本格的な歴史講座である『岩波講座　日本歴史』もその第四巻で平安時代の文化を扱っているが（一九六二年十月）、その論文名は「藤原文化」（秋山光和氏執筆）であった。

このように、戦前・戦後においても、平安時代中期の文化を表現するときは「文化の日本化」とか、その時期が摂関時代であることから「藤原文化」などといわれるのが普通だったのである。

しかし、このような伝統的な傾向のなかで摂関期の文化を「国風文化」として捉えようとする動きも現れる。網羅的に調査したわけではないが、その早い例は、一九五一年に河出書房から出版された『日本歴史講座』の第二巻で、川崎庸之氏が執筆している「摂関政治と国風文化」ではないだろうか。

氏はそこで、「摂関政治の時代といえば、すぐにその停滞と退廃とをいうのは、少なくともその半面の真実をしか伝えないことになるわけであって、うごくべきものがうごいてゆく方向を堰きとめられていたことから生ずる腐敗と堕落とにたいして眼を背けてはならないと同様に、うごいているものはうごいているままにその姿をとらえないと、折角その間にきずきあげられてきたものにたいして正当な評価を拒む結果になるということが考えられなければならぬ」といい、「国風文化」を考えるためには、「この時代の一つの特徴的なうごき、すなわち社会のあらゆる階層がすべて、それぞれの方向にうごきだしてきたという事実が、ここで一つの新しい観点になってくる意味がある」と指摘する。

すなわち、摂関政治やそのもとで花開いた国風文化を考えるためには、摂関政治がもっている「停滞と退廃」という既存のイメージからだけでなく、「社会のあらゆる階層がすべて、それぞれの方向にうごきだしてきたという事実」、そしてその「うごいているものはうごいているままにその姿を」とらえることが重要であるというのである。そして氏はその「うごいているもの」として、慶滋保胤と源信とをとりあげ、彼らの「うごき」によって浄土教を中心とした「新しい世界」が開かれたことを国風文化の特徴として評価した。

「国風文化」の内容としては新しい指摘は見られないが、「国風文化」を捉える時の「観点」としては注目すべき点がある。すなわち、摂関政治に伴う「停滞と退廃」としてではなく、古代社会から中世社会へという時代の移行に伴って「あらゆる階層がすべて、それぞれの方向にうごきだしてきたという」観点＝変化・移行の観点から捉える必要があるというのである。別な文章を引用すると、「日本人の社会そのものの内部のうごきから萌えでてきたものとして」評価することが重要だというのである。

「国風文化」と民族文化論

このような川崎氏の先駆的な仕事についで「国風文化」を概説のなかで扱ったのが石母田正氏であった。氏は一九五五年に発刊された『日本史概説 Ⅰ』（岩波書店）の第三章第三節で「古代末期の貴族文化」を取り上げ、川崎氏とは若干ニュアンスは異なるが「国風文化」についても言及している。氏は次のように評価する。

国風文化という概念が、日本の題材・手法または言葉による文化、すなわちたんに中国的でないという意義ならば、平安時代末期の貴族文化はその点では日本文化の形式を一歩前進させた。しかし国風という本来の意義が、国土とその上に生活している民族の生活と感情に文化が根ざすということを本質的な要請としてもっているとするならば、そのような文化は、いわゆる国風文化を生みだした貴族階級の支配そのものをまずくつがえすことによってのみ創造できるものであった。

川崎氏が「新しい世界」の形成を評価したのに対して、石母田氏は、貴族文化の前進面を評価しつつも、民族文化という観点から貴族文化のもつ階級性——氏は別の箇所で「摂関政治時代の国民から孤立した宮廷生活のなかからいわゆる国風文化をつくり出した貴族は、大陸文化の圧倒的影響のもとにあった奈良時代の貴族よりも、日本の地方と人民から遠いところに住んでいたのであった」ともいっている――を批判し、その克服の上にこそ「民族の生活と感情に根ざした文化」＝真の国風文化が成立するという。

「国風文化」が本来、石母田氏が想定するような性格の文化であったか否かは検討を要するが、一九五一年の川崎氏についで、石母田氏が一九五五年という時点で「国風文化」を取り上げ、それを民族文化との関連で評価しようとした点は重要である。この点に「国風文化」概念が歴史学で採用される要因がひそんでいるように思える。

というのは、両氏がこのように発言する背景には、当時の日本の歴史学界・国文学界の状況と深い関係があると考えられるからである。詳しくは遠山茂樹氏の名著『戦後の歴史学と歴史意識』（一九六八）を参照願いたいが、実は一九五一年は両学界とも「民族」と「民族文化」の評価をめぐって大きく揺れた年であった。

一九四九年に「世界史の基本法則」、五〇年に「国家権力の諸段階」を大会で取り上げた歴史学研究会は、五一年には「歴史における民族の問題」を取り上げ、翌五二年には「民族の文化について」を大会テーマに掲げた。一方、日本文学協会は六月に「民族と文学」をテーマとする大会を開催し、九月には『文学』九月号で「日本文学における民族の問題」を取り上げたのである。また日本史研究会も『日本史研究』一四号（一九五一年十月）で「変革期における民族文化」という特集を組み、五二年度大会では「歴史の変革と愛国心」という衝撃的なテーマを掲げたのであった。

テーマのみであるが「民族」と「民族文化」の評価に揺れる当時の学界の雰囲気が伝わってこよう。そして遠山氏によれば、このような議論の前提には、四八年に発表された石母田氏の「古代貴族の英雄時代」という論文があり（著作集第一〇巻）、それを受けて五〇年七月に民主主義科学者協会歴史部会主催の「英雄時代シンポジウム」があったという。これは「記紀」神話＝文学に対する歴史学の立場からの批判的検討を通じて日本史における英雄時代の特質を究明しようとする試みで、歴史学にとどまらず文学の世界にも大きな衝撃を与えるものであったし、ここで取り上げられた「諸論点のいずれもが、民族の問題と内面的に深くかかわることであった」のである。

五一年に石母田氏らが中心になって編集した『日本歴史講座』に、古代文化を専攻し、学問的にも石母田氏と近かった川崎氏が「国風文化」を執筆したのは、上記のような当時の状況を考えると当然のように思えるし、「英雄時代」論、「民族・民族文化」論の当時の中心的なリーダーであった石母田氏が、川崎氏の仕事を受けて日本史概説のなかで「国風文化」を取り上げ、それを民族文化論の観点から批判するのも必然であったように思う。

このようにして、民族問題、民族文化論という非常にホットな学問的課題のなかで、「国風文化」は歴史学のなかに定着し始めることになった。

歴史教育と「国風文化」

一方、歴史教育の分野で「国風文化」が採用されるのは、一九五五（昭和三十）年頃と思われる。

これも全面的に調査したわけではないが、『社会科教育史資料』（一九七六）によれば、中学校用教科書に「国風文化」が現れるのは、一九五四年検定の『中学校社会　社会のおいたち』（学校図書）である。そこには「貴族の政治と文化」の第四項として「国風文化」が採用されている。同時期の他の教科書では「日本風の文化」（日本書籍）、「平安時代の文化」（中教出版）となっているから、まだ「定説」化していなかったと考えてよいであろう。

しかし、一九五八年の「中学校学習指導要領」の改訂では「日本文化の形成」の第二節として「国風文化」が採用されることになった。改訂指導要領の解説書である『中学校社会科　歴史指導の研究と実践』（一九五九）では、次のように指導の際の留意点を指摘している。

十世紀に入ると、文化の様相は急激な変化・発展をみせ、文化のあらゆる面に日本的なものが生まれ、ながい間の大陸文化の制約から離れて完全に独立するようになった。いわゆる国風文化が形成されたのである。特に「かな」の発生・発展は、この時代の文化にその方向を与えただけでなく、わが国文化史上においても最も大きな意義をもつものとして記憶されなければならない。

まったくの冒頭だけであるが、「国風文化」を取り上げる際の位置づけがよく理解できる文章である。そしてここで注目したいのが、研究・指導する際の参考文献として、森克己『遣唐使』（至文堂）や家永三郎『上代倭絵全史』（高桐書院）と並んで、川崎庸之氏の「摂関政治と国風文化」が上げられていることである。川崎氏の論考が「国風文化」を理解するうえで重要な位置を占めていたことは、ここからも明らかであろう。

『講座日本文化史』の発刊

石母田氏の問題意識を受け継ぎながら、新たな「国風文化」論を展開したのが河音能平氏であった。氏は、日本史研究会編『講座日本文化史』第二巻（一九六二）の「古代文化の『国風』化」の第二節を担当し、「『国風』的世界の開拓」という論文を書いて、次のようにこれまでの「国風文化」論に対する批判を展開した。

a古代社会における正統的な教養である「漢文」を単純に否定したところに「国風文化」が成立したわけではない。

b当時の社会的・文化的な基礎的なうごき……「日本」的＝「民族」（Volk）的な人間集団の新しい結合様式を生み出してきたこと。

cそれ以前の古代貴族文化は……それ自体全体として、「国風」＝「民族」的な性格をもたない、本来的に「異国的」な、いわば「世界的」な性格をもつ古代国家の支配者集団＝支配共同体の文化であった。

「国風文化」に民族的な側面を認めていること（b）、「異国的」で「世界的」で民族性をもたないのは平安時代中期の貴族ではなく、それ以前の貴族文化であること（c）など、石母田氏の理解と異なる点もあるが、日本における民族の問題と関連して「国風文化」を考えようとしている点は共通点として捉えることができよう。戦後の日本政治の岐路の一つであった六〇年安保闘争を経た六二年に、河音氏が民族の問題として「国風文化」を取り上げたのは理由のないことではなかった。

そして河音氏は、ａの観点から、「国風文化」の思想的な背景を「最高級の律令官人的教養をもった学者、学僧グループ」に求め、次のようにいう。

高い漢学的教養をもちつつ、この貴族世界のきびしい変動を生きぬいた九・一〇世紀の官人貴族層の文化的活動は、（略）その漢学的教養そのものを徹底的に生かしつつ、それを「民族」文化の糧に転化するという基礎的作業においてその力量をもっとも効果的に発揮した。

この観点は、同巻の序章の「５　文化の国風化」にも見られる。これによると、河音氏のような問題意識に至る要因は、単に石母田氏らの成果を受け継いだだけでなく、それまでの当該期の文化論に対する根底的な批判があったことがわかる。それは「国風とか日本的というものの内容は一体何か、明確な説明がない」とか、「国風文化の内容的な特徴をひき出してみようとすると案外に困惑する」という文章によく現れている。

と同時に、この文章は、一九六二年という段階においても、国風文化という文化の内容がそれほど明確化していなかったことを如実に示しているといえよう。

近年の「国風文化」論

河音氏が上記のような問題意識をもとに、「『国風文化』の歴史的位置」（一九七〇）や「王土思想と神仏習合」（一九七六）を書いて、当該期の文化・思想の深奥にするどく切り込み、その特質の解明を進めていることは改めていうまでもない。ここでは、直接「国風文化」を扱っている前者（一九七〇）の論調を見てみよう。

氏は、基本的には前稿（一九六二）の問題意識を受け継ぎつつ、（律令国家期の）古代貴族文化が「いかなる意味においても民族的性格をもつものでなかった」ことを確認するとともに、その一方で、私出挙を媒介とした私的搾取・被搾取関係が「シビアな形態」において展開され、「社会的人変動＝富豪層的階級分解」が進行していたことを指摘する。そしてその階級分解によって生じる「共通の苦悩」を解決するために活躍したのが私度僧＝聖集団であり、だからこそ、彼らの民衆布教のための説教を集大成した『日本国現報善悪霊異記』（以下『日本霊異記』という）のなかで、著者の景戒は、社会的変動のなかで「必死に生きている人びとの共通の生活舞台」として、「漢地」「大唐国」に対する意味での「自土」を発見できたのだという。氏は、「ここにはじめて古代国家権力組織の意味以外の、日本民族（フォルク）を示すことばとしての『自土』＝『日本国』という表現を見出すことができる」と評価する。

「フォルク」の形成を確認した氏は、その「フォルク」の文化の担い手として、「完全に政治権力の中枢からしめだされ」「自らの生の空しさをもっとも痛切に感じなければならなかった」儒教的教養をもった多くの官人貴族の活躍に求める。そして次のように評価する。

高い漢学的教養をもちつつ、この貴族社会のきびしい政治的変革を誠実に生きぬこうとした九・一〇・一一世紀の官人貴族は、(略) その漢学的教養そのものを徹底的に生かしつつ、それを民族 (フォルク) 文化の糧に転化するという基礎的作業において、その力量をもっとも効果的に発揮したのであった。

一〇世紀勧学会に代表される儒士・学僧たちによって創造された「国風文化」は、日本中世封建制社会という独自なフォルク世界の中で人民大衆によって積極的・主体的にうけとめられ、人民大衆の日々の精神的糧にまで消化されたのであって、ここに単に宗教にかぎらず文学・芸術・思想・生活技術 (とくに文字文化) など、すべての分野において一〇世紀「国風文化」が日本民族 (フォルク) 文化形成の上に果たした決定的な歴史的役割があったのである。

長い引用になったが、氏の「国風文化」とそれを担った漢学的教養に富んだ官人貴族に対する高い評価を読み取ることができよう。私は、ここに、科学的歴史学からの「国風文化」に対する評価の一つの到達点を見ることができると思う。古代から中世への転換という社会的な深みから、そしてフォルクの形成という民族史的視点からとらえた積極的な成果であるといえよう。私は、このような河音氏の成果をぬきにして「国風文化」を論じることは到底できないと考える。

その意味では、『岩波講座　日本歴史4』(一九七六) に「国風文化の創造と普及」を書いて、「国風 (くにぶり)」の意味から国風文化の特質に迫ろうとした村井康彦氏の仕事や、「国風文化」という用語は概念的に明確ではないことなどを理由に、当該期の文化を「貴族文化の展開」として叙述しようとした米田雄介氏の仕事（一九八四）は、「国風文化」の内容の豊富化や個別的な事例の精緻化などという側面ではそれなりの成果はあるものの、「国風文化」を取り上げるという思想的・史学史的な意味では大きな後退といわざるをえないであろう。

やはり、「国風文化」について考えるためには、川崎庸之氏が一九五一年という政治的・思想的な状況の中で「国風文化」を取り上げ、五五年に石母田正氏が「民族」「民族文化」との関連で「国風文化」を問題にし、それをあの激烈な六〇年安保闘争を経験した後に、二〇歳代末の河音能平氏が本格的に取り上げたという史学史的意味を明確におさえることが重要であると思う。

表層の「国風文化」ではなく、「『国風文化』の時代」を取り上げる第二の理由である。

2 「国風文化」の時代とは

平安時代の三区分

では、「国風文化」が栄えた時代とはどのような時代であったのだろうか。導入を兼ねて時代を概観しておこう。

これまでもなんども書いてきたように、「国風文化」は平安時代中期の文化のことである。世紀でいうと一〇世紀から一一世紀中頃にかけてであり、政治形態では藤原北家による摂関政治がおこなわれていた時代である。「藤原文化」とか「貴族文化」などと称されるのはこのことによっている。

ところで、いま平安時代中期といったが、この時期区分は単に前期・中期・後期といった一般的な区分の意味だけではない。実は、七九四年の桓武天皇による平安京遷都から一一八五年前後の鎌倉幕府の成立まで、約四〇〇年続いた平安時代は、その政治的社会的特質から上記のように前・中・後の三期に区分して考えることが通例になっている。概念的に示すと次のようになる。

前期　八世紀末（七九四年）から九世紀後半まで
　＊律令制支配の再建期
中期　九世紀末から一一世紀中頃まで
　＊王朝国家期――古代から中世への移行期
後期　一一世紀後半から一二世紀末まで
　＊院政期――中世的国家体制の確立期

このような整理に従うと、本書で扱う「国風文化」の時代とは「王朝国家期」といわれる時期で、この時期は古代社会から中世社会へ大きく移行していく時期であったことになる。その内容と意味については順次説明するとして、以下では本書で扱わない前期と後期を含めて、時代の特徴を概観しておこう。

律令制支配の再建期

前期は、平安京遷都から九世紀後中頃までの時期で、桓武・嵯峨天皇などの時期に律令制支配の再建がさまざまな分野で行われた時期であり、そしてそれが失敗し律令制支配が最終的に放棄される時期でもある。

天智天皇の王統の出である桓武天皇は、天武天皇の王統の都である平城京を離れ、長岡京、さらに平安京へと遷都し、新たな国家支配を目指した。いわゆる「軍事と造作(ぞうさく)」といわれる政策である。天皇の権威を高めることによって国家の強化をねらった天皇は、まず東北地方の制圧、エミシに対する軍事的な制圧によって「国域」の拡大を「実現」するとともに、山城国に巨大な都城＝平安京を造営し、天皇とその臣下のための壮麗な居住空間を構築しようとした。しかし、この二つの大事業は国家財源を窮乏させ、民衆にも重い負担をかけることになり、八〇五（延暦二十四）年の「徳政論争」によって中断されることになった。

桓武天皇の政治を受け継いだ嵯峨天皇は、唐風文化を積極的に導入し、それに基づいて律令制の再建を目指した。八一〇年に天皇と太政官の間の機密を担当する蔵人所(くろうどどころ)を創設したり、京の治安維持を確保するため検非違使(けびいし)を設置したりして政情の安定化を図った。また律令制定以来たびたび発布されていた律令の追加・補足のための法令である格や式を収集・分類して「弘仁格式」を編纂した。このような風潮は次の淳和天皇にも受け継がれ、混乱していた律令の条文解釈を統一するため、八三三（天長十）年には公式の注釈書である『令義解』も作られた。また、唐の文化に倣って『凌雲集』『文華秀麗集』『経国集』の三大勅撰漢詩文集が編纂されたのもこの時期であった。このように嵯峨・淳和天皇の時代は律令制支配の再建も一定程度実現し、文化的にも高揚した時代であったということができよう。

　しかし、律令制支配の動揺は、中央政界の安定や法制の整備だけでは対処できないほど進行していた。それは九世紀中頃より班田が実施されなくなったことが如実に示している。例えば畿内では、八七八（元慶二）年三月十五日の勅に「去る天長五年以来五十箇年此の事行われず」といわれており（『日本三代実録』同日条）、八二八（天長五）年以来、班田が実施されなかったことが明記されているし、大宰府管内では国によって差はあるが、八五二（仁寿二）年から二〇年間ないし四〇年間にわたって班田が行われなかった（宮本救　一九七三）。そして班田は九〇二（延喜二）年を最後に計画さえ行われなくなるのである。

　このように考えると、九世紀中頃から始まる藤原北家による摂政・関白の独占とそれに基づく政治も、たんに北家による政権の私的独占というように理解することはできず、このように混乱しつつある国家支配になんらかの対応をしようとする選択の結果であったということもできよう。

王朝国家期

中期は九世紀末・一〇世紀初頭から一一世紀中頃にかけての時期で、九世紀後半の律令制支配の崩壊を受けて、新たな国家支配体制が作り出された時期である。一〇世紀初頭、九〇二（延喜二）年の「延喜の荘園整理令」を中心とした国政改革によって、班田制に代わって新たに公田制が施行され、徴税方式として負名制が導入されたことによく示されている。このような公田支配と負名制を基盤とした国家を王朝国家と呼んでいる（坂本賞三　一九七二）。

王朝国家の特質は、律令制国家の戸籍・計帳に基づく人頭税的な税体系から、負名の耕地面積に応じた税体系、すなわち地税の収取へ転換したことにある。この負名を収取対象とした地税体系は、中世荘園制のもとにおける名田を収取対象にした税体系と基本的に同じものであり、この側面から判断する限り大きく中世社会へ移行したということができる。先ほどこの時期をもって「古代から中世への移行期」としたのはこのことによる。

しかし、この時期が古代から中世への移行期であるという根拠は、税体系の変化だけではない。本書では十分ふれることができないが、平将門の乱、藤原純友の乱がほぼ同時に起こり（九三五～九四一年）、武士が登場してくるのもこの時期であったし、中世仏教の端緒を示す浄土教が空也や源信によって広められるのも一〇世紀後半であった。またこれは後述するが、農業生産の発展と耕地の新たな開発などを媒介にしながら中世村落の基礎ができてくるのもこの時期であった。

まさに前節で紹介したように、川崎氏がいう「社会のあらゆる階層がすべて、それぞれの方向にうごきだしてきた」時期、中世社会へ向かってさまざまな階層が動き出してきた時期であった。

院政期

後期は一一世紀後半から一二世紀末にかけての時期である。この時期を「中世的国家体制の確立期」と評価するのは、鎌倉幕府の成立をもって「中世」とする教科書などの評価とは大きく異なっているにちがいない。私たちがこのような評価をするのは以下の理由からである。

第一に、鎌倉時代に作成された国別の土地台帳＝大田文をもとに、荘園の成立時期を整理したところ、一二世紀中頃にピークがあり、それ以前も以後もそれほど多くないことが判明した。そしてこの事実と合わせて、国衙領（国衙が支配していた荘園以外の所領）の成立も一一世紀後半から一二世紀前半にピークがあり、鎌倉時代に入るとほとんど成立しなくなることも判明した。すなわち、中世社会の根幹を形成する荘園も国衙領も一二世紀中頃には確立することがわかったのである（石井進　一九七〇）。このように荘園と国衙領から構成され、中世社会の経済的基盤となった土地制度を荘園公領制というが、一一世紀中頃から一二世紀前半にかけてはその荘園公領制の成立過程であったのだ。この時期を「中世的国家体制の確立期」と評価する理由の第一である。

第二は、これはやや難しいが、中世の国家権力を鎌倉幕府＝武士の権力だけから理解するのではなく、中世の国家権力は、大規模な荘園領主である院・朝廷（王家と貴族）と幕府（武士）と大寺社（僧侶）とによって構成されているという考え方に基づいている。これを「権門体制」というが（黒田俊雄 一九六三）、朝廷・院が主に政治を担当し、幕府が武力を、寺社が「宗教」・イデオロギーを担当するというように、それぞれ権力をもった大勢力＝権門が国家としての任務を分掌することによって中世国家が成り立っているという考え方である。この理解に立つならば、平氏・源氏の武門の棟梁としての位置が確立した一二世紀中頃には、権門体制＝中世的国家体制ができあがっていたと評価することも可能であろう。

「『国風文化』の時代」の位置

このように、主に土地制度とそれをもとにした税制を軸に平安時代を区分すると上記のように三区分することができる。そしてそれらは、それぞれ「律令制支配の再建期」「古代から中世への移行期」「中世的国家体制の確立期」という異なった性格をもった時期であった。

これから本書で取り上げようとしている「『国風文化』の時代」とは、平安時代の中でも、「古代から中世への移行期」に位置する時代であった。そして繰り返しになるが、川崎庸之氏がいうように、さまざまな階層が中世社会へ向かって「さまざまな方向にうごきだしてきた」時代なのであり、河音能平氏が強調するように、種族（シュタム）の私的な階級分解のなかから民族（フォルク）が形成され、それに根ざした文化が展開する時代であった。

このように理解すると、この時期の文化、すなわち「国風文化」も貴族文化とか藤原文化などと一般的に評価することはできないであろう。古代から中世へ向かって社会が大きく移行しようとしている時、その変動しつつある社会に根ざして生まれてきた文化こそ「国風文化」であった。この観点こそ川崎・石母田・河音氏らの観点である。

しかし1節で概観したように、川崎・石母田・河音氏の研究は、当然のことながらその時代の研究水準に大きく規定されていた。したがって、その問題関心や視点・観点は共有できるとしても、現在の時点において、同様の問題を取り上げる時、具体的な検討対象はその後の成果を十分組み込んだものでなければならない。

そこで、本書を執筆するにあたって、私が留意したのは、当該期の都市の問題であり、対外関係の問題である。

上記のように、「国風文化」が、時代の変化とその変化を生み出した民衆の多様なエネルギーや苦悩を前提にしていたとしても、やはり「国風文化」の中心的な担い手であった文人貴族層が、生き悩むなかで、文化創造の直接の対象としたのは彼らの生活空間である都市平安京であったと考えるからである。彼らが見、経験したのは古代から中世へ変貌する都市平安京の姿であり、そこでさまざまな生活を繰り広げていた都市住民の姿であった。文人貴族の文化環境をこのようにおさえたいと思う。

また、遣唐使の派遣中止が「国風文化」を生み出す要因であったという「常識」が今でも通用しているが、その「常識」が常識でないことは後述するとしても、やはり「国風文化」の形成を考えるためには、当時の対外関係とそれにともなう対外意識の変化をおさえておかなければならないであろう。それは、唐文化の流入の停滞が「国風文化」を形成したというようなレベルではなく、対外関係の変化がもたらす支配者階級・知識人階級の意識・認識の変化に関する問題である。それは相手国に対する認識とともに日本そのものに対する認識の変化も含んでいるに違いないからである。おおげさにいえば、彼らの「世界観」の変化と「国風文化」形成の関係の問題である。

そして、もう少し具体的な点を指摘すると、文人貴族の重要な活躍の一つの場が外交関係における賓客の接待（漢詩文の贈答など）にあったからである。外交関係の変化は文人貴族の政治的・社会的位置の変化をもたらしたはずである。そしてこのことが、上記の「世界観」の変化と密接に関係していたことは間違いないであろう。

以上、都市平安京の変容と対外関係の変化による対外意識と自国認識の変質を大きな前提とするならば、もう一つの直接的な前提は、貴族層の政治世界の変容とその世界における文人貴族の位置の変化である。河音氏の言葉を用いるならば、文人貴族が「完全に政治権力の中枢からしめだされ」「自らの生の空しさをもっとも痛切に感じなければならなかった」過程の問題である。文人貴族を「政治権力の中枢からしめだ」したことの意味である。それを藤原北家による「権力中枢の独占」という言葉で説明することはあまりにも表面的ではないだろうか。文人貴族を権力の中枢からしめだしたことによる政治権力の性格変化、というよりは、彼らをしめださざるを得なくなった権力の性格の変化はなにか、という問題である。

もちろん、上記のような課題を解くための研究を、私自身がすべての分野にわたって行ってきたわけではなく、ほとんどの分野は先学の研究成果に依拠した「にわか」勉強に過ぎないので、すべての課題に十全な答を出せているわけではないが、現在における研究の成果を、私の視点からなるべくわかりやすくまとめなおす努力をしてみたいと思う。

以下、上記のような視点に沿いながら、移行期の社会の特質に留意しつつ、「国風文化」の時代の特質、そして「国風文化」の特質について述べていくことにしよう。

Ⅰ章　中世的在地社会の形成

1　富豪層の台頭

富豪層とは

九世紀後半になって律令制支配が大きく動揺してきたことは序章で述べたが、その原因を作ったのが「富豪層（ふごうそう）」と呼ばれる新たな階層の活動であった。

従来、律令国家の崩壊の要因として評価されていたのは班田農民の浮浪・逃亡そして偽籍（ぎせき）であった。戸籍・計帳に登録された本貫の地を離れ、課役を逃れることを浮浪・逃亡といい、成年男子に偏重な税体系から逃れるために、老人や女性を増やして戸籍を偽ることを偽籍といったが、これらの行動は、律令国家にとって戸籍・計帳に基づく人身支配を貫徹する上で大きな障害であったから、律令制施行初期から懸命に抑圧した。平城京に遷都して間もない七一五（霊亀元）年に早くも百姓の流亡を戒め、浮浪者は浮浪地において課役を課すことにする、というような方策が出されていることがそのことをよく示している（『続日本紀』）。

しかしこのことは、浮浪・逃亡・偽籍が律令制支配に抵抗する一貫した闘争であったことは示しているが、逆に九世紀後半に特有の反律令国家闘争ではなかったことをも意味している。このような班田農民のたゆまざる抵抗を前提に、律令制支配を根底から動揺させたのが富豪層の活動であった（戸田芳實　一九五九ａ）。

富豪層とは、「富豪百姓」「富豪之輩」「富饒（ふぎょう）百姓」「殷富（いんぷ）之民」などと呼ばれた階層を総体として指す用語であるが、彼らは膨大な富を蓄積することによって、地域社会に大きな影響をあたえた。平安時代初期に作られた日本最初の仏教説話集『日本霊異記』の一説話は、次のような富豪層の話を載せている（下巻第二六話）。

讃岐国（香川県）美貴郡に田中真人広虫女（たなかのまひとひろむしめ）という郡司の妻がいた。彼女は八人の子供を産み、「富貴にして宝多し、馬牛・奴婢・稲銭・田畠等」を所有していた。しかし欲が深くけちだったので、他人に物を恵むようなことをしないばかりか、酒に水を加えて売ったり、他人に物を貸すときは小さい枡で計り、返済させる時は大きい枡で受け取るというようであった。また、「出挙する時は小き斤を用ゐ、大きなる斤をもて償ひ収む、息利は強ひて徴（はた）り、はなはだ非理なり、或（あ）るは十倍に徴り或るは百倍に徴」ったため、債務を負った人は家を棄てて他国にさすらうほどであった。

この説話から次のようなことがわかる。

まず、富豪層の富が馬・牛・奴婢・稲・銭などの動産と田畠からなっていたことである。とくにこの動産の所有が富豪層の特徴の一つであった。それは、広虫女があまりにも貪欲だったため仏の罪を受けて牛になってしまった時、家の人たちが罪報をあがなうため東大寺に寄進した財物が「牛七十頭、馬三十疋、治田二十町、稲四千束」であったことが如実に物語っている。田地も入っているが、その多くは牛・馬・稲などの動産であったのである。そして第二に、その動産を用いて高利貸的行為を行っていたことである。その利率は高く、彼女から貸借した農民のなかには負債を返済できず、零落して逃亡する農民もでるほどであった。富豪層の出挙活動が農民層の分解を促進したのである。逃亡した農民の田畠が富豪層の所有になったことはいうまでもないであろう。

この辺の事情は、八九四（寛平六）年の紀伊国の国司の解状（げじょう）（上申文書）が明瞭に示している。国司は「調庸租税」などを朝廷へ納入できないことを訴えて、その要因を次のようにいっている（『類聚三代格』巻一四）。

> 伏して由緒を尋ぬるに、惣じて民躬（みずから）耕すに堪えざるによって口分田を沽却（こきゃく）す、方今（まさにいま）良田多く富豪の門に帰す、出挙徒（いたずら）に貧弊の民に給し、収納済み難く、官物自ずから失う、

班田農民の窮乏が進み耕作できなくなった口分田が売却されて、「富豪の門」＝富豪層のもとに良田だけが集積されていっていることが読み取れよう。そして実態を見ずに帳簿だけで窮乏した農民に

も出挙を貸し付けるため、いっそう利子を収納することができない、というのである。富豪層が良田を集積することができるのは、その売却の原因が富豪層の高利貸し行為にあるからにほかならない。そしてこの場合は、口分田だけを売却したのではなく、農民もその口分田の耕作者として富豪層の経営のなかに包摂されてしまったと考えるほうが適当であろう。

このように、富豪層は蓄積した動産的富を巧みに運用しながら周辺の班田農民を出挙活動などによって階層分解させて、その一部を自らの経営のなかに取り込んでいったのであった。班田農民の階層分解を押し進める彼らの活動は、国家にとって容認することができない行為であった。

富豪層の抵抗

さらに、富豪層の反国家的な性格は、彼らが「浪人」身分を獲得して国家的課役を拒否しようとしたことにも現れている。『日本三代実録』元慶八（八八四）年八月四日条には、

> 前司子弟国政に順（したが）わず、富豪浪人吏（り）の行うところにそむく、官物を勘納するに至りては国宰に対捍し、郡司を陵宛（りょうえん）す、租税多くおこたり、調庸貢を欠く、

とあって、富豪層が「浪人」として、官物徴収に際して国宰＝国司に抵抗し、郡司を侮って納入していないことが指摘されている。自らは膨大な動産と田地を所有し、周辺の弱小農民を自分の経営に取り込みながら、一方では浪人として戸籍・計帳の支配から逃れ、国家的な賦課を拒否する、というのが彼らの実像であった。

当然、朝廷や国衙は富豪層の活動を抑圧した。しかし、彼らはさらに新たな抵抗を展開した。それが中央の諸院諸宮王臣家（しょいんしょぐうおうしんけ）との身分的結託であった。有名な延喜荘園整理令の一つはその実態を次のように描写している（『類聚三代格』巻一九）。

諸国奸濫（かんらん）の百姓、課役を遁（のが）れんがため、ややもすれば京師に赴き、好んで豪家に属し、或いは田地を以て詐（いつわ）りて寄進と称し、或いは舎宅を以て巧みに売与と号し、遂に使いを請い牒（ちょう）を取って封を加え牓（ぼう）を立つ、

「奸濫の百姓」＝富豪層が課役を拒否するために、京都の豪家（別の史料では「諸院諸宮王臣家」などと出てくる）と田地の寄進や舎宅の売与などを条件に身分関係を結び、それら豪家の権威を背景に国司らの支配を排除しようとしていることがわかる。

班田農民の階層分解を推進する点でも、さらに浪人身分であることを利用して課役を免れようとする点でも、そして諸院諸宮王臣家などの権威を利用して課役を拒否しようとする点でも、国司は富豪層と真正面から対決しなければならなかった。

解の変質

富豪層の反国家的な側面だけを見てきたが、じつは彼らのような階層の出現は、農村社会にも変化をもたらした。それは動揺しつつある国家権力に頼らず、自らの権益を守り、相互に保証しあおうとする動きである。それは田地の権利関係の保証をめぐる場面によく現れている。同じ八四九（嘉祥二）

年に、秦忌寸鯛女に関係する二通の文書があるのでそれを素材に検討してみよう。

ところで律令においては、「凡そ宅地を売り買はむことには、皆所部の官司に経れて、申牒して、然うして後に聴せ」（「田令」宅地条）と規定されており、宅地などの売買に際しては「所部（所轄）の官司」である郷長や郡司の手を経なければならなかった。一例を挙げると次のようである（『平安遺文』九二号――Aという）。

高田郷長解し申す　家地売買の券文を立つる事

　合わせて壱段　三条高粟田里十六坪に在り

　　四至（略）

右、河辺郷戸主正八位上秦忌寸冬守戸口同姓鯛女の欵状に云く、（略）、望み請うらくは、式に依りて券文を立てんと欲す、者えれば覆勘を加え、実有るところを陳べんことを、依って沽買の両人・保証人等署名し、券文を立つること件の如し、以て解す、

（画指略）

専沽人秦忌寸鯛女

相沽戸主正八位上秦忌寸「冬守」

買人春宮史生大初位上秦忌寸「永岑」

証人

中務大録正六位上秦忌寸「広氏」
太政官史生正七位上秦忌寸「春成」
（以下八名略）
郷長六人部「□（大酒麿）」
嘉祥二年十一月廿日
郡判
（以下略）

略した部分が多いのでわかりにくいかも知れないが、家地一段を売却したいという秦忌寸鯛女の意志を受けて、高田郷の郷長である六人部大酒麿が売買のための券文を作成し、売買人の署名と保証人（証人）一〇名の署名を添えて郡衙に上申し、郡の許可＝郡判を得た文書（「解(げ)」）である。売人本人である鯛女の意志は所轄の官司である郷長の手を経て、すなわち郷長が作成した文書を通じて実現されたのである。「田令」の規定どおりである。

ところが、これとは異なった文書が現れてくる。同じく秦忌寸鯛女に関する史料で、Aとは一日違いの史料である（『平安遺文』九三号――Bという）。

謹んで解し申す、刀禰(とね)の証署を請う家地のこと、
合わせて弐段　三条高粟田里十六坪に在り
右、件の地、故夫秦黒人先祖地矣、然らば則ち本券有ること無し、今沽却せんと欲するに、券文

無きに依って、みな買人無し、刀禰の明証を望み請うて新たに券文を立てんことを、仍って事の状を録し、謹んで解す、

（画指略）

嘉祥二年十一月廿一日

秦忌寸「鯛女」

戸主秦忌寸「冬守」

上件の鯛女の申す所実有り、仍って署名を加う

刀禰秦忌寸「広氏」

（以下五名略）

（追記略）

判

（以下略）

鯛女のいい分は以下のようになろう。

Aと同じ三条高粟田里十六坪に所在する宅地二段は夫の秦黒人（はたのくろひと）の先祖相伝の地であり、彼の死亡の後自分が相伝したので本券（正式な証拠文書）を作らなかった。しかしそのため、売却しようとしても誰も購入してくれないので、この土地が確かに鯛女の所有地であることを「刀禰」たちに証明してもらい、それに基づいて新たに券文を作りたいと思うのでよろしくお願いしたい。

券文がなくても譲渡できたり、他人に売却するときは券文が必要である、などという当時の法慣行も興味深いが、ここでAとの比較で注目したいのは次の諸点である。

まず第一に、Aでは鯛女の売買の意志は郷長六人部大酒麿の手を経て初めて表現されたのに対して、Bでは鯛女が直接自分の意志を表明していることである。第二は、Aが売買行為の成立を認めてもらうための郡衙への上申文書に過ぎなかったのに対して、Bは「申し請う」という語句に象徴的に表現されているように、鯛女の要求が込められている点である。そして第三に、Aでは「保証人」「保証」として署名しかしていなかったグループが、Bでは、「明証」を求められる存在として現れ、実際「刀禰」として「上件の鯛女の申す所実有り」と証明していることである。

同じ「解」という文書様式でありながら、一方は形式的には郷長から郡衙への上申文書であるのに対して、もう一方は申請者の意志や要求を直接表現する文書に変化している。Aが律令に規定された公式の文書様式であることは前述したが、そのような文書様式を巧みに利用して、申請者の意志や要求を表現する文書Bに改変したということができよう。「解」の変質である。

そしてさらに、郷長の下で「保証」するに過ぎなかったグループが、自分たちの意志で証明をし、その証明を郡司が認めているということは（B末尾の「判」は郡判のことである）、このグループが、郷長などとは別に、在地の秩序を維持するある種の機能を有していたと評価することが可能である。わずか一日違いの文書であるが、その性格は大きく違っていたといえる。ちなみに「保証」とか「刀禰」と称していた集団が、保証（証明）文言を残しているのは、この文書Bが初見である。

富豪層が活躍していた九世紀中頃の在地社会において、律令制的な制度や組織に依拠せずに、自分の権益を守る主体的な行為が現れ始め、そしてそれを積極的に保証しようとする組織もまた生まれてきていることに注目したいと思う（木村茂光　一九九三a）。このような在地社会における自立的な行為が富豪層の活動と表裏の関係にあったことはあえていうまでもないであろう。

田堵と田使

在地社会における政治的主体の形成は荘園のなかでも見られる。それは八五九（貞観元）年の「元興寺領近江国依智荘検田帳」（『平安遺文』一二八号）である。この史料は、奈良の元興寺から派遣された田使の延保が、寺田を一筆ごとに点検し、台帳と違っている田地について、それを預かり作っていた田堵（史料には「田刀」と記されている）や百姓らを呼んで追及した結果をまとめた記録である。田使と田堵らのやりとりが詳細に記載されており、この時期としてはめずらしい史料として評価が高い（原秀三郎　一九六五）。田使と田堵とのやりとりを若干紹介しておこう（戸田　一九七五）。

田使「ここは上田であるのに、どうして中田の地子しか納めないのか。これは三宝（仏・法・僧）の物を犯す罪ではないか。」

田堵「田の等級は昔から定められたことで、今にはじまったことではない。なんの罪があるか」

田使「たとえこれまで荘司が愚かでそうしたとしても、田堵であるお前がそれをただすべきではないか。なんとしても理にまかせて上田にせよ」

田堵「理にまかせておやりになるというなら、どうあってもとはいわない」

このようなやりとりを繰り返しながら、田使は十年余の年月をかけてようやく三町余の寺田の回復に成功するが、荘園領主から派遣された田使と対等にわたりあっている田堵らの態度には、農業経営者としての自負がうかがえるとともに、在地社会における政治的主体の形成をも如実に物語っている。

ところで、この検田帳によれば、田堵らの寺田侵害はほぼ六つの内容に分かれる。面積の多い順にならべると、

（1）田地の等級の変更。上田を中・下田にするなど等級を下げて地子を減らす。

（2）寺田の「百姓治田」化。地主権そのものを奪取する。

（3）寺田の「公田」化。口分田として班給を受け、寺に地子を払わない。

（4）寺田の位置の変更。地味の肥えた土地からやせた土地に無断で移転する。

（5）寺田を百姓宅地に編入する。

（6）荒地を開発しても申告しない。

となる。田堵層がさまざまな手段を用いて、自らの経営の基盤を拡大・強化しようとしていることがよくわかる。とくに（2）（5）（6）のように、耕地の所有権の拡大を目指していることは、中世的な経営への移行を示しており、注目される。もちろん、この傾向が農民的土地所有権の発展に直接つ

ながるわけではないが、彼らの経営基盤が着実に強化されていたことは間違いないであろう。

2　王朝国家への転換

国例の形成

前述のように、九世紀後半の地方支配にとって、富豪層の活動が大きな障害になっており、朝廷はその対応に苦慮していた。彼らの活動を容認すれば、戸籍・計帳に基づく律令的支配が崩壊するのは明白だからである。しかし、彼らの富と経営能力は、実際に地方支配を担当し、一定の税の徴収を義務づけられていた国司にとっては無視できない要素であった。このような原則と現実の狭間のなかで、諸国の国司たちは現実的な選択をしはじめる。それが「国例（こくれい）」の採用である（戸田　一九五九ａ）。

八八一（元慶五）年、肥前国司は、同国において富豪浪人などが結党群居し、百姓の佃料を奪い、官の出挙をうけず、私物を出挙し、収納の時に公事を妨げ、それが税の欠負の原因となっていることを報告し、次のような対策を要請している（『日本三代実録』元慶五年三月十四日条）。

> 筑後国の例に准じ、前司・浪人を論ぜず、営田数に准じて、正税を班給し、并せて公営田（くえいでん）を佃（つく）らしむこと一に土民の如くせよ、若し有勢の人、この事に順（した）がわざれば、部内を追却し、居住すること能わざれ、

内容をまとめると、第一に、元慶五年以前にすでに筑後国では「国例」が成立しており、それが肥前国にも適用されようとしていること、第二に、その国例が「前司・浪人を論ぜず」「土民の如く」に正税を出挙し、公営田（国衙が経営に責任を負う田地）を耕作させよという内容であったこと、第三に、国例に背いた有勢者は国内から追放すること、となろう。

なかでも注目されるのが、第二である。筑後国で施行されていた国例は、前司・浪人を論ぜず土民（一般百姓）の如く取り扱うことを原則にしていたのである。この原則が、浪人と土民との間にあった差を解消して、浪人を一般百姓と同じように収取の対象に組み込もうとしたものであったことは間違いないであろう。

同じような政策は筑前国でも確認できる。八七三（貞観十五）年、筑前国は公営田の再開に際して、次のようにいっている（『日本三代実録』貞観十五年十二月十七日条）。

　今すべからく班田の日、良田九百五十町を択らび、土浪人を論ぜず、頒け充てて耕佃せしむべし、

ここでは明確に「土（人）浪人を論ぜず」という原則が採用されている。筑後国例もそうであったように、公営田の耕作は「土浪人を論ぜず」という政策が取られたのであった。

では「土人浪人を論ぜず」という政策の具体的な内容はなんであろうか。朝廷は、八八一（元慶五）年、中央官衙の財源を捻出するため五畿内に官田を設置するが、その時官田の「営田預人」＝「正長」は、官符によって、

よろしく士人・浪人を問わず、力田の輩を択び取り、差して正長としてその事を預からしむべし、と定められた。ここにも「士人浪人を論ぜず」という政策が適用されていたが、ただここではなかでも「力田(りきでん)の輩を選べ」とあることが注目される。「力田の輩」とは農業経営に有能な階層のことであるから、士人＝一般百姓であろうが浪人であろうが、農業経営に優れている者を選んで経営を担当させよ、というのが方針であったことになる。

しかし、わざわざ「士人浪人を論ぜず」といっていることを考えるならば、この政策の目的が「士人」の「力田の輩」を掌握することにあったのではなく、「浪人」の「力田の輩」、すなわち九世紀後半に活発な活動を展開していた富豪層を掌握し、彼らの富と経営能力に依拠して公営田や官田の経営を展開しようとした点にこそあったというべきであろう。前記の肥前国の場合、浪人が前司＝前任の官人と並び称されていたことも証左となろう。

そして別の史料によれば、「竊(ひそ)かに貞観以来の諸国例を検ずるに……」という文章も見えるから(『類聚三代格』巻二〇)、国例が一般化するのは貞観年間(八五九〜八七六)以降のことであったと考えられる。このように、貞観年間の「国例」に始まった「士人浪人を論ぜず」の政策＝富豪層を収取対象に取り込むという政策は、八八一(元慶五)年に朝廷が官田経営に採用することになり、広く一般化することになったのである。

延喜2年3月12日・13日太政官符の内容

1　班田を勤行すべき事（13日）
2　田租は穎（稲の穂）で徴するを禁止すべき事（同前）
3　調庸の精好なるべき事（同前）
4　交替は一度の延期を聴すべき事（同前）
5　前司の時破損せる官舎・駅家・器杖（太刀・弓矢などの武器）・池溝・国分二寺（国分寺と国分尼寺）・神社を修造すべき事（同前）
6　（内膳司の）臨時御厨（天皇家・神社の供御料所）ならびに諸院諸宮王臣家の御厨を停止すべき事（12日）
7　勅旨開田ならびに諸院諸宮および五位以上、百姓の田地舎宅を買い取るを停止すべき事（13日）
8　諸院諸宮王臣家、民の私宅を仮りて荘家と号し、稲穀物を貯積するを禁断すべき事（同前）
9　諸院諸宮および王臣家、山川藪沢を占固するを禁制すべき事（同前）

延喜の国政改革

このような動向をうけて、それを基準に国政の全般的な改革を行ったのが「延喜の国政改革」であった。この改革は九〇二（延喜二）年に発布された九通の太政官符に代表されるが、もちろんこれによって一気に改革されたわけではない。九世紀末から一〇世紀初頭にかけてのいくつかの改革を通して実現されたのであるが、この九通が当時の政治的課題を明瞭に示しているので、その特徴をながめてみよう（坂本賞三 一九七二）。

この九通のうち、後半の四通は、八通目が明白に示しているように、院宮王臣家の荘園の乱立の停止を命じたものである。そして、このような荘園の乱立が単に王臣家などの動向によって生じたものではなく、富豪層の反国家闘争を前提にしていたことは、前節の「王臣家と富豪層」で指摘したとおりである。したがって、この院宮王臣家の荘園の停止とは、荘園がなくなればよいというレベルの問題ではなく、富豪層と王臣家との政治的・身分的結合を切断することに目的があったと評価すべきであろう（河音能平　一九六四）。

そしてその切断を実現したうえで、一通目にあるように「班田」が励行されたのであった。しかし、ここでいわれている班田を字句通りに律令に基づく班田と考えては大きな間違いを犯すことになる。なぜなら、これまで述べてきたように、在地社会には律令制的な班田を実行できるような条件がなかったからである。

その意味では一二年後のことであるが、九一四（延喜十四）年に三善清行が提出した「意見封事十二条」の第三条

諸国に勅して見口の数に随いて口分田を授けんと請うのこと

が注目される。清行がいっている「見口」とは「その身有る者」のことであり、負担に堪えられる能力をもった者のことであった。清行は「豪富」ともいっているから、まさに富豪層を対象とした班田であったのである（木村　一九九三b）。それはこの条の最後で、清行が次のようにいっていることからも理解できる。

然れども事旧例にそむけり、恐らく民の愁いあらんことを。伏して望まくは、かさねて諸国に勅し、試みに施し行わしめよ。

清行は、この班田が「旧例」＝律令に基づく班田にそむくことを知っていたのであり、だからこそ

「かさねて諸国に勅し、試みに施し行わしめよ」と進言したのであった。

このように、この時期施行されようとしていた「班田」とは、富豪層の経営を前提に彼らに田地を班給することによって、そこから租税を収奪しようとするものであったのである。

以上のように、延喜の荘園整理令の基本は、富豪層と院宮王臣家との結合を切断する一方で、富豪層の経営を認めて彼らの経営を収奪の対象に組み込もうとするものであった（河音　一九六四）。「国例」の国政への展開である。そして、この国政改革によって新たに成立した国家を王朝国家と呼んでいる（坂本　一九七二）。

公田支配の再編

王朝国家は、富豪層の経営を前提にした新たな賦課体系を構築するために公田支配の再編を実行した。それは二つの政策からなっていた（坂本　一九七二）。一つは、班田制を完全に放棄するとともに、朝廷からすでに認定されていた寺田・神田や荘田以外の田地をすべて公田とし、それを賦課の対象にすることにしたことである。そして、その公田を耕作する富豪層らの経営を単位に「名（みょう）」に編成して賦課の対象にした。これらによって、富豪層らは経営する公田分の租税の納入を請け負ったことになり、そのことから彼らは「負名」と呼ばれた。負名の具体的な説明を次項で行うことにしよう。

二つ目は、公田支配を遂行するために、国内支配を国司に委任するとともに、その公田数に応じた租税、この頃の名称では官物と臨時雑役の納入を国司に義務づけたことである。

このように王朝国家にとって公田は支配の根幹であり、国家的財源の基盤であったから、王朝国家は、班田制が行われなくなった一〇世紀初頭を基準にして一国規模の公田を記載した帳簿＝国図を作成した。といっても、国図はこのとき初めて作成されたわけではなく、律令制の下でも班田が実施されるたびに作成されていたから、この場合の国図は、班田制が実施されなくなった段階の国図を固定化したものであったということができる。

国図は、国内支配の根幹でありながら作り替えられないという性格をもっていたから、次のような事態を生み出した。

第一は、国図が国内の田地の実状を反映できないため、その実状を把握するために国司が任期に一度行う検田が重視されるようになったことである。この結果、前述の国内支配が国司に委任されたことと合わせて、国司の田地支配に対する権限が非常に強くなった。一〇世紀以降国司の免判（めんぱん）＝認可だけで成立する国免荘（こくめんのしょう）が増加するのもこのことに拠っているし、後述するが、一〇世紀後半以降国司の悪政を朝廷に訴え出る国司苛政（かせい）上訴闘争が激しくなるのも、国司の権限強化が原因であった。

第二は、国図記載の公田数は朝廷と国司との間で「契約」された租税納入の基準であったが、国図が最初から作り替えられないことを前提にしていたため、時間が経つにしたがい記載の公田数は固定化されてしまい、租税納入の基準というより指数に変化してしまったことである。

それは、承平年間（九三一～九三八）に源順（みなもとのしたごう）が編纂した百科全書である『倭名類聚抄（わみょうるいじゅうしょう）』に記載

儀式書にみえる諸国田数（部分）

国　名	倭名抄（a）	掌中歴（b）	色葉字類抄（c）	拾芥抄（d）
	町 段 歩	町	町 段	町 段
山　城	8961．7．290	8961．—	8962．1．	8961．—
大　和	17905．9．180	17850．—	17750．—	7005．7．
河　内	11338．4．160	11338．—	10977．—	10977．—
和　泉	4569．6．357	4569．—	1569．6	4126．—
摂　津	12525．0．178	12525．—	12014．—	11314．—

出典：弥永貞三　1980より．読みやすくするため一部分削除した．
a）931—37年成立　b）12世紀前半成立　c）12世紀後半成立
d）13世紀末—14世紀前半成立

された諸国田数が、中世を通じて儀式書などに記載された諸国田数としてほぼ通用していることによって判明する（上の表参照）。儀式書だから伝統的な数値を踏襲しているのだ、との考え方も成り立つかも知れないが、次の事実によってそれも否定されてしまう。それは、鎌倉時代後期の一二九三（正応六）年の摂津国司津守国助の「解状（げじょう）」（上申文書）で、この中で津守国助は「当国は本田万二千五百二十町余なり」といっているが（『勘仲記』正応六年八月五日条）、この本田数は『倭名類聚抄』に記載された摂津国の総田数一万二五二五町とほぼ一致する。

これらの事例による限り、一〇世紀前半に固定化した諸国田数は、実態とは関係なくなっても、諸国田数の「指数」として生きつづけたということができよう。この意味でも王朝国家の成立は中世国家をも規定する重要な意味をもっているのである。

負名制の実態

負名の存在形態を示す早い事例は、九三二（承平二）年の丹波国牒である（『平安遺文』二四〇号）。それによれば、この年、丹波国多紀郡に所在した東寺領大山荘において、荘の預であった僧平秀・勢豊が、国衙に納入すべき調絹を納入せずに山野に逃げたので、丹波国衙は平秀・勢豊の稲各二〇〇束を差し押さえるという事件がおこった。その事情は国衙側のいい分によれば次のようであった。同郡の余部郷はもともと狭くて百姓に班給するだけの耕地がないので、付近の他の郷の耕地を余部郷の百姓の口分田として班給してきた。そこで、余部郷の百姓が負担すべき調絹は、その口分田を耕作する「堪百姓」の「名」に付けて徴収することが例になっており、平秀や勢豊もそのような堪百姓の一人として、国衙の帳簿に登録されて年来調絹を納めて来ていたにもかかわらず、このたびは逃げかくれして納入しようとしないので、その分の稲を差し押さえたのだ、と。

この史料からわかることは次のような点であろう。まず、調が人頭税としてではなく、かつて班給された口分田（王朝国家の下では公田）を基準に賦課されていること、次に、調が口分田を耕作する堪百姓に賦課されており、それが「名に付ける」といわれていたこと、そしてその堪百姓は国衙の台帳に登録されていたこと、などである。

ここに現れる「堪百姓」の「堪」とは、「頗る資産有りて事に従うに堪うるべきの輩」などと使われているように（『類聚三代格』巻二〇）、「事」＝国家の負担や賦役に堪えられる能力をもっていることを意味するから、堪百姓が富豪層であったことは間違いない。その堪百姓の名に付して公田に賦課された調が徴収されているということは、彼らこそ国衙から見れば「負名(ふみょう)」であった。そして、彼らの名が国衙の台帳に登録されていたことは、負名は国衙から認められた正式な身分であったことを示している。さらに、負名が余部郷の百姓の口分田分の調絹をも納入する責任を負っていたことは、負名が複数の経営体を包摂しており、かつそれらの負担を代輸する機能をもっていたことを示している。

3　中世村落への移行

身分呼称の多様性

富豪層が、国家などの負担に堪えられる能力をもつという側面からは「堪百姓」といわれ、公田の経営と税の納入の責任を負うという性格からは「負名」と呼ばれていたように、王朝国家期の身分呼称は、彼らの職能や田地との関係に応じて多様であった。

例えば、よく知られた例では、負名は別の側面では田堵(たと)と呼称されることがあった。田堵とは、「堵」の字が「垣」と同じ意味であったから、垣で囲まれた屋敷をもち、田地の経営を専門的に行う人々を指す用語であった。1節の「田堵と田使」の項で扱った田堵は、田使とのやりとりといい、自らの経営基盤を強化しようとする行為といい、農業専門家にふさわしい存在であった。

また、荘子・寄人・寄作人などという呼称も見られる。前の二つは、荘園の田地を耕作する専属の農民を指す場合が多く、国衙の正式な認可を受けて、管理や耕作のために荘園の現地管理機関（荘所や荘政所）に寄せられた側面を表現する呼称であろう。寄作人は寄人と似ているが、あくまでも身分は国衙に所属していながら、荘園や他の所領の耕作を行っていることからできた呼称であると考えられる。

杣工もこの時期よく見られる呼称である。これは杣、すなわち材木を伐り出すために設定された所領で働く人々を指す呼称であるが、田地との関係においても杣工という呼称を用いている場合がある。それは、本来は杣として領有が認められたにもかかわらず、杣内に広がる原野等を開発して荘園化しようとする動きがこの頃活発化するからである。その時でも彼らは杣工なのである。

まだ挙げればきりがないが、このように多様な身分呼称が現れるところに王朝国家期の特色がある。それは、律令制という画一的な身分支配から解き放たれて、富豪層らが自分たちの能力に応じて多様な側面で積極的な活動を展開していたことの表現であったといえよう。また、新しく成立した王朝国家も、さまざまな分野で展開する生産活動に対して、統一的に身分把握する手だてをもてなかったことの反映と考えることができる。

職能に応じた身分、および身分呼称の成立は、武士身分の成立を考えるだけでも理解できるように、中世社会を準備する要素の一つなのである。

田堵経営の特色

この頃の在地社会を代表する階層は田堵である。彼らの経営はどのように行われていたのであろうか。具体的な経営について見てみることにしよう。その時参考になるのが、一一世紀中頃に著された『新猿楽記』の中の「田堵」に関する描写である。

この史料は近年有名になり、さまざまな箇所で取り上げられているが、部分的な紹介が多いので、やや煩雑になるが全文を紹介しよう（『古代政治社会思想』）。

三の君の夫は、出羽権介田中豊益、偏に耕農を業と為して、更に他の計なし、数町の戸主、大名の田堵なり、兼ねて水旱の年を想ひて鋤・鍬を調へ、暗に腴え迫せたる地を度りて馬杷・犁を繕ふ、或は堰塞・堤防・構渠・畔畷の忙に於て、田夫農人を育ひ、或は種蒔・苗代・耕作・播殖の営に於て、五月男女を労るの上手なり、作るところの稙穉・粳糯・苅穎、他人に勝れ、春法毎年に増す、しかのみならず、薗畠に蒔くところは麦・大豆・大角豆・小豆・粟・黍・稗・蕎麦・胡麻、員を尽して登熟す、春は一粒をもて地面に散らすといへども、秋は万倍をもて蔵の内に納む、凡そ東作より始めて西収に至るまで、聊も違ひ誤ることなし、常に五穀成熟、稼穡豊贍の悦を懐きて、いまだ旱魃・洪水・蝗虫・不熟の損に会はず、検田収納の厨、官使逓送の饗、更に遁避するところなし、いはむや地子・官物・租米・調庸・代稲・段米・使料・供給・土毛・酒直・種蒔・営料・交易・佃・出挙・班給等の間に、いまだ束把合夕の未進を致さず、そもそも輸

税贖課の民の烟たること拙しといへども、遮莫い、いまだ困み諛ひ乞ひ策むる貧しき家には若かじ、

職業尽くしの『新猿楽記』にふさわしく、田堵の職能のすべてが書き上げられているといっても過言ではない。大名田堵田中豊益に仮託されたその仕事ぶりをまとめると次のようになろう。

a農具の整備　鋤・鍬を調へ、馬杷・犁を繕ふ、
b春の農作業　堰塞・堤防・構渠・畔畷の忙、種蒔・苗代・耕作・播殖の営、
c労働力編成　田夫農人を育ひ、五月男女を労るの上手、
d農作物の種類　稙穜・粳糯・苅穎、麦・大豆・大角豆・小豆・粟・黍・稗・蕎麦・胡麻、
e農法　春は一粒をもて地面に散らすといへども、秋は万倍をもて蔵の内に納む、旱魃・洪水・蝗虫・不熟の損に会はず、
f官使の饗応　検田収納の厨、官使逓送の饗
g租税等の納入　地子・官物・租米・調庸・代稲・段米・使料・供給・土毛・酒直・種蒔・営料・交易・佃・出挙・班給等

このようなさまざまな農作業を「聊も違ひ誤ることな」く遂行し、秋には「五穀成熟、稼穡豊贍の悦」にひたることができるのが農業専門家としての田堵の能力であった。もちろんこれは理想化された田堵の姿ではあるが、田堵がいかに多様な技能を持たざるを得なかったかをみごとに示していると

いえよう。前述の「身分呼称の多様性」と合わせて、この時代は職能の時代であったということができるように思う。

在地の保証機能

このような田堵の経営を在地社会で支えていたのは、1節中の「解の変質」で触れた在地の保証機能であった。九世紀中頃の段階においてはそれほど明確に現れていなかったが、一〇世紀に入ると在地社会の秩序を維持する組織として明瞭に現れてくる。

例えば、九二八（延長六）年、禎果大法師の弟子らは故禎果の「地山」を領有するために「所由所司の明験」を求めているが、それに、

刀禰等、陳状によって事情を案ずるに、所謂の地山等、故院御存日に従い領掌し来ること実なり、

という保証の署判をしたのは蔭子藤原朝臣・清原真人繁蔭以下六名の「刀禰等」であった（『平安遺文』二三二号）。彼らは子弟間の地山の譲与の事実と領掌を証明したのであった。そして彼らの証明に基づいて、「郡判」も「国判」（郡司と国司の許可）も得ることができたのである。

また九八二（天元五）年には、桜嶋某が私宅の焼亡によって「所々の田地の公験」が焼失してしまったため、同じく「所由所司の明験」を求めたところ、四名の刀禰は「件の宅の焼亡実なり」という保証を与えている（『平安遺文』三二一号）。この焼亡という事実の証明によって、焼失してしまった「田地の公験」が回復されるのかどうかは不明だが、刀禰らの保証はこのような場面でも行われてい

た。

以上は譲与や火事という事実の認定であったが、債務関係においても刀禰らの保証は有効であった。九三一（承平元）年、安倍乙町子に「所由所司の明験」を求められた刀禰ら四名は、次のように保証を与えている（『平安遺文』二三八号）。

件の乙町子ら愁い申す田地の直を遂行せざる扶実の事、無道に似たり、今すべからく国郡に言上すべし、よって署名を加え言上す、

「扶実」とは縣使首扶実のことで、九二八（延長六）年に安倍乙町子が彼に家地一段を売却した売券が残されているから（『平安遺文』二三〇号）、この売買に関する直＝代金がまだ未払いであったらしい。それで乙町子が保証を求めたのであった。刀禰らは彼女のいい分を認めて、扶実の行為を「無道」と決めつけ、郡衙や国衙に訴え出るよう促したのである。ちなみに、家地一段の売券に「保証刀禰」として署名している人物と、代金未払いを「無道」と認めた刀禰らとは同一人物である。

このように、「刀禰等」と称している集団は、家地の売買行為の保証をするだけでなく、その売買をめぐって不正が生じた場合には債権者の要求を認め、上級官衙への提訴を促すような権限をもっていたのである。

以上のように、一〇世紀の在地社会には「刀禰等」と呼ばれる集団、ないし組織が広範に形成されており、彼らが土地などの売買行為の「保証」としての役割を果たす一方で、譲与や火事などの際に

はその事実を認定したり証明をしたりする権能をもっていたことがわかった。そしてさらに売買行為に不正があった場合には、その不正を確認するとともに、上級官衙へ訴え出る保証もしたのであった。不正が生じた場合には自らが裁くというような強い権限はもっていないが、このような組織によって在地社会の具体的な事実が確定されることを通じて、秩序の維持が図られたことは間違いないであろう。田堵らの自立した経営が安定的に維持できたのも、在地社会におけるこのような自立的な組織が存在したからだといえよう。九世紀後半以降在地社会のなかでは、着実に自立した農業経営とそれをもとにした自立的な組織、秩序維持のための共同組織が形成されていたのである。

国司苛政上訴闘争

九八八（永延二）年十一月八日の日付をもつ「尾張国郡司百姓等解文（げぶみ）」は、尾張国国守（国司の一等官）藤原元命（ふじわらのもとなが）の非法を三一カ条に書き連ねて、朝廷に上訴した史料として有名であるが（『平安遺文』三三九号、阿部猛　一九七一）、じつは、このように国司の非法を中央政府に訴え出るという闘争（これを国司苛政上訴闘争（かせいじょうそ）という）は、尾張国だけではない。現在までにわかっているだけで、九七四（天延二）年から一〇四一（長久二）年までの間に計一八件を数え、地域は尾張・加賀国をはじめ一二カ国に及んでいる（表参照）。一〇世紀末から一一世紀前半のいわゆる摂関政治の時代は、国司苛政上訴闘争の時代でもあった（坂本　一九七二）。

このような闘争が各国で起きた要因は、2節の「公田支配の再編」の項で述べたように、王朝国家

国司苛政上訴例

		摂関	国名	処　分	備　考
天延2	974	兼通	尾張	守解任	
永延元	987	兼家			
2	988	〃	尾張	守解任	
長保元	999	道長	淡路	守解任	
2	1000	〃			
3	1001	〃	大和	不　明	
寛弘4	1007	〃	因幡	守解任	守が介を殺害した事件
5	1008	〃	尾張	不　明	
6	1009	〃			
長和元	1012	〃	加賀	不問に付す	百姓対問に不参上
〃	〃	〃			
5	1016	〃	尾張	守解任？	
寛仁元	1017	頼通			
〃	〃	〃			
3	1019	〃	丹波	不問に付す	
治安3	1023	〃	但馬	守解任後1ヶ月で復任	上訴のあと善状が出されたため
〃	〃	〃	伯耆	不受理	
4	1024	〃			
万寿3	1026	〃	伊勢	不　明	
4	1027	〃			〔この年道長死〕
5	1028	〃	但馬	不受理？	夜間放呼
長元2	1029	〃			
9	1036	〃	近江	不　明	
長暦2	1038	〃	但馬	不　明	
長久元	1040	〃	讃岐	守解任	
〃	〃	〃	和泉	不　明	直訴
2	1041	〃	和泉	不　明	

出典：坂本　1974より

のもとで国内支配がまったく国司に委ねられていたことにあるが、それだけでなく、その一方で田堵らの経営の展開とそれにともなう政治的成長や、彼らの活動を基盤とした在地の共同組織の形成があったことを忘れてはならない。在地社会の政治的成長と国司の悪政とがぶつかった時、上訴闘争が起こったのである。悪政を悪政として朝廷に上訴できるような政治的主体形成の問題を抜きにしては、この問題の正しい評価はできないであろう。

では、国司苛政上訴闘争とはどのような内容をもっていたのであろうか。前記の「尾張国郡司百姓等解文」で、郡司百姓らが訴えた三一カ条の内容をまとめると、次の四点になる。

1　税の賦課基準を変更する

2　臨時の税を付加する

3　国衙が支払うべき費用を出費しない

4　任国に下向する時、一族・郎党（ろうとう）を多数連れてきて非法をくり返す

藤原元命が一族・郎党とともに、いかに税の収奪を強化し、富の蓄積に奔走していたか明白であろう。とくに1・2が大きな問題であった。国内支配を委任されていた国司は賦課率をある程度変更することが認められていたから（坂本　一九七二）、その率の限度が問題であった。「解文（げぶみ）」の第三条では次のように元命が訴えられている。

或る国宰（こくさい）は一斗五升を徴納し、或る国吏は二斗以下を徴下す、而に当任の守元命朝臣の三斗六升

を加徴するは、更に承前の例に非ず、

すなわち、一斗五升とか二斗以下であるのなら理解できないでもないが、三斗六升というのは「承前の例」（先例としての国例）ではない、という主張である。これによると、百姓にとっては王朝国家体制のもとで形成された「承前の例」が守るべき法なのであり、それを守らない国司は罷免させることができる、と考えていたということができよう。百姓たちはこのような認識に立って、国司の非法を列挙し、時には数百人にも及ぶ人数で上京して、内裏東側の陽明門の前で訴状を提出するとともに、「良吏」の任命を要求したのであった。

ここに至って、本来は上級官司への上申文書に過ぎなかった「解（解文）」は、国司の非法を糾弾し良吏の任命を要求するという、郡司・百姓らの要求を表現し伝える文書に性格を変えたのであった。これが九世紀後半以来の農民たちの一貫する運動の成果であったことは明らかであろう。

4　開発の進展と中世村落の形成

開発の進展

国司苛政上訴闘争が盛んに行われていた一一世紀初頭、一〇一二（寛弘九）年に和泉国国守源経頼は一通の国符を発布した。それは、「大小田堵」に荒廃公田の再開発を命じるものであった（『平安遺文』四六二号）。王朝国家になってから、国司が国内の荒廃公田の開発を正式に命じたのはこれが初めてである。

この国符で経頼は、開発を命じるに至った要因として、大名田堵らが多くの領田を独占的に領有しているため、たとえその地が荒廃していても小名田堵らは耕作する権利を得ることができない状態が続いていることを指摘し、これは国にとっても民にとっても利益にならないから、大名田堵の領田であっても、「古作」（実際に耕作している耕地）以外の荒廃公田は他の人の耕作申請を認めるべきだ、と命じたのである。そして彼は、開発が円滑に進行するように、開発地の「田率の雑事」や「官米のうち五升」を免除するという特権まで付与している（永原慶二　一九六八）。

この国符には当時の開発をめぐる重要な特徴が含まれている。その第一は、やはり国司が開発主体として期待したのが田堵層であったことである。前述のように、彼らは当時の在地社会の中心であった。第二は、田堵層の中にも階層差が明確になり、大名田堵による領田の独占が進行し、小名田堵の権益を妨害し始めていたことである。第三に、小名田堵の権利を守るために開発申請を認めているが、その対象は荒廃公田であったことであり、原野や山野などまったくの未開地の開発ではなかった点である。そういう意味では「開発」命令ではなく、「再開発」命令とでもいうべきであろう。

実際、当時の耕地には「年荒」とか「常荒」という荒地がかなりの割合で含まれていたことが指摘されているし（戸田　一九五九b）、国符の中にも「偏に荒田を開き、古作を捨つるは、事仰するところの旨に違う」とも記されており、古作を維持しつつ荒廃公田の再開発を目指すというのが、この国符の意図であった。

大名田堵の独占的な領田領有の禁止、再開発に対する特権の付与という条件のもと、田堵層による開発が進行したに違いない。そして彼らの開発行為が新たな共同体関係を形成していったと考えられる。

在地領主制の展開

もちろん、開発を担ったのは小名田堵だけではない。大名田堵層も古作を維持しながら特権を活用して荒田の再開発を推し進めた。彼らのなかには、それまでに培ってきた財力や権勢を背景に、自分の経営に包摂していた隷属民らを使用して、堀の内・土居（どい）などと呼ばれた自分の屋敷地と古作を拠点に周辺の荒廃田や原野の開発を目指す者が現れた。一一～一二世紀は開発の時代であった。

彼らは、所定の額の官物を納入することを条件に国司から開発の許可を得るとともに、開発後は官物納入を条件としながらも、開発地を「私領（しりょう）」として自らの領有下においた。彼らは私領を周辺の農民に耕作させて地代をとるという新しい経営方式を展開して周辺の農民に支配を及ぼしていった。このように、開発した私領を軸に在地社会への支配力を強めるようになった領主を、荘園領主と区別して在地領主と呼び、彼らの支配方式を在地領主制といっている。

朝廷は、公田支配を維持する上で、私領を基盤とした在地領主制の展開を認めなかったが、一一世紀後半になると、朝廷の財源の確保のために私領を積極的に公認して、逆に私領を中心として公田支配の再編を行うように方針を転換した。すなわち、私領を中心に国内の公田を郷や保・別名などという行政領域に再区分し、在地領主をその領域の行政責任者である郷司職・保司職などに任命したのである。彼らは開発の推進と徴税に責任をもつとともに、郷司職などの権限によって領域内の農民や村落に対する支配を確立していった。そしてそれらの職務を代々世襲し、多くは国衙の行政を担当する在庁官人の地位を獲得していった。

このように、郷や保などを単位に在庁官人らによって支配されるようになった領域を国衙領と呼んでいる。したがって、言葉を換えていえば、国衙領は国衙に結集した在地領主層の所領の集合体であったということができよう。この国衙領が中世国家の経済的な基盤となったのである。

「住人」と「住人等解」

在地領主の開発を前提とした大規模所領が承認されはじめた頃、荘園を中心に「住人」という身分呼称が現れてくる。もちろん一般的な意味での「何々国の住人」という語句は以前から存在したが、この時期から現れはじめた「住人」はそれとは異なった特徴をもっている。結論から先にいうと、集団で「何々の荘住人等」と名乗ることが多く、それも「住人等解」の提出主体として現れることが多いことである。

このような「住人等」の初見は一〇五三（天喜元）年のことで、以後一二世紀末期までに七〇数通の「住人等解」が残されている。そしてこれは一二世紀末から一三世紀初頭にかけて「百姓等解」さらに「百姓等申状」へと変化するから、「住人等解」は平安時代後期に特有の現象であったといえる（島田次郎　一九八〇）。

では、「住人等」「住人等解」の特徴とはどのようなものであったのであろうか。初見史料である天喜元年の「美濃国茜部荘荘司住人等解案」を検討しよう（『平安遺文』七〇二号）。

東大寺美濃国茜部御庄司住人等解し申し請う　寺家政所裁下の事、

特に鴻慈を蒙り、事の由を公家に奏聞し、本の四至を改め、牓示（ぼうじ）を打ち、検田収納四度使の入勘を停止せしめ、国郡差課の色々雑役を裁免せられ、偏に寺家恒例の所課及び御地子物の弁を謹仕することを請うの状、

四至（略）

右、（本文略）

望み請うらくは政所の裁定、遠くは本願聖霊の遺勅を仰ぎ、近きは末代庄薗の愁吟を慰めん、よって事の状を録し、以て解す、

天喜元年七月　日

専当秦
別当守部
文屋

秦

惣検校僧

「案」（控えの文書）なので名前や花押が略されているが、だいたいの構造は知ることができよう。最初の書き出しから明らかなように、彼らは自分たちを「庄司住人等」と称しており、それが末尾に記載されている五人の集団を指すことは間違いない。そして彼らは「解」を提出し、東大寺政所、すなわち荘園領主の事務機関である政所の「裁下」「裁定」を「申し請う」ている。その裁定を申し請うている内容を示しているのが、三行目から六行目にかけての「事書き」といわれる部分である。

それは、「本の四至を改め、牓示を打」つことが第一。これは「四至」が東西南北の領域のことであり、「牓示」がその境界の標識のことであるから、「再度荘園の領域を確定し」という意味になろう。そうしたうえで、「検田収納四度使の入勘を停止し、国郡差課の色々雑役を裁免」して欲しい、というのが第二である。「検田収納四度使」とは検田や収納のために国衙から派遣された国使のことをいうから、国使が検田・収納のために荘園内に入って来ることと、その時同時に色々な雑役を賦課することを免除して欲しい、というのである。

このように解状の概要を理解することができるなら、ここで注目しなければならないのは次のことであろう。すなわち、これら国郡からの色々な雑役が五人の「荘司住人等」だけに賦課されたとは考えられないから、彼ら「荘司住人等」は他の荘民を代表してその免除を求める解状を提出したと評価することが可能だということである。彼らは荘園を代表する集団＝組織であった。そして、もう一つ。それは「解（状）」が、集団の要求を実現するために領主に向けて上訴する文書へと明確に変化したことである。手続きのための上申文書にすぎなかった「解」が保証・秩序維持の文書へ、そしてさらに抵抗の文書へと転換したのである。

茜部荘の例では「庄司住人等」とあるが、以後は「住人等」と名乗ることが多くなることを考え合わせると、この「住人等」組織こそ、一一世紀中頃以降の荘園の在地社会を代表する組織であり、かつ在地社会の要求を荘園領主に上訴する組織でもあった。このような性格をもつ組織を、ただちに中世村落と評価することはできないが、その前提となる組織であり、中世村落の基本的な枠組みができあがっていたと評価することは可能であろう。

＊

以上1から4まで、律令制の崩壊にともなって、中世的な在地社会とその基本的な枠組みが形成されてくる過程を、律令国家崩壊の要因を作った富豪層の運動と、上申文書としての「解」の変質とを関連させながら、その概略を述べてきた。叙述の焦点を上記のような点においたため、武士の問題や荘園制の展開についてはまったく言及することができなかったが、武士はⅡ章で、都市の問題として取り上げることにしたい。荘園については、序章でも述べたように、この後一一世紀後半から一二世紀中頃にかけて重要な問題となるので、ここでは触れなかった。4節の「在地領主制の展開」で問題にした「国衙領」の、その後の展開の一形態として説明できるのではないかと考えている。

ともかくも、九世紀後半から一一世紀後半にかけて、律令制支配から解き放たれることによって、在地社会のなかに、職能に応じたさまざまな身分呼称をもった民衆が現れ、それぞれの活動を積極的に展開し始めたこと、そして彼らの活動にともなって在地社会のなかに政治的主体が徐々に形成され、それの運動が政治的な共同組織としての中世村落を生み出すまでに至っていたことを理解していただければ、本章の課題はほぼ達成されている。

Ⅱ章　都市平安京の形成

1　平安京の成立と構造

遷都論

七八一（天応元）年四月、父光仁天皇の譲位を受けて即位した桓武天皇は、人心の一新と強力な律令制国家の再建を目指して、エミシ侵略とともに新都の造営を二大政策の一つとした。そして七八四（延暦三）年五月に山背国乙訓（おとくに）郡長岡村を調査し、十一月には遷都を実行した。即位後わずか四年目のことである。しかし、造宮使の長官であった藤原種継（たねつぐ）の暗殺事件や、暗殺事件に加わったとして流罪になりまもなく死んだ早良（さわら）親王の怨霊（おんりょう）の祟りなどもあって、再び遷都することになった。

今度は道鏡排斥で活躍した和気清麻呂の建議によって、同国葛野（かどの）郡宇太の地が選ばれ、七九四（延暦十三）年に遷都した。新都は「平安楽土」を祈願して「平安京」と命名され、国名も「山城」国と改められた。しかし、その後も造宮事業は順調に進んだとはいえず、八〇五（延暦二四）年「徳政論争」によってエミシ侵略とともに中止されることになった（『日本後紀』同年十二月七日条）。

この徳政論争とは、参議の藤原緒継と菅野真道の両者に「天下の徳政を相論」させたもので、その時緒継は、

方今、天下の苦しむ所は、軍事と造作なり、此の両事を停めば、百姓安ぜん、

と述べた。いうまでもなく、「軍事」とはエミシ侵略であり、「造作」とは平安京造営である。桓武天皇はこの意見を受け入れ、両事業を中止した。そして翌年三月天皇は死亡するのである。この徳政論争の意図については議論があるが、ここでは中止になったのが八〇五年であったことが確認できればよい。

桓武の後、平城天皇が継いだが、わずか四年後の八〇九（大同四）年には嵯峨天皇に譲位してしまう。そして翌八一〇年には平城太上天皇を奉じて平城京へ遷都しようとして失敗する「薬子の変」が起こった。

以上、平安時代初期の政治史をかいつまんで説明したが、それは鎌倉時代初期に著された鴨長明の『方丈記』の中に、次のような一節があるからである（『新日本古典文学大系』）。

治承四年水無月のころ、にはかに都遷り侍りき、いと思ひの外なりし事なり、おほかた、この京のはじめを聞ける事は、嵯峨の天皇の御時、都と定まりにけるより後、すでに四百余歳を経たり、

「治承四年」の遷都とは一一八〇年の平氏政権による福原遷都を指すが、このことに際して鴨長明

は平安京の始まりについて思いをいたし、「嵯峨天皇の御時、都と定まりにける」と述懐しているのである。長明の思い違いとして片づけることも可能であるが、当時の一級の知識人の一人あるだけに、そう簡単に決めることもできないであろう。

この点について、興味深い説を出しているのが瀧浪貞子氏である（一九九一）。氏は前述のような平安時代初期の政治史から、

七八四年―長岡京遷都
八九四年―平安京遷都
八〇五年―徳政論争―造宮の中止

という時間的な事実を見つけだし、長岡京遷都後間もなくして平安京に遷都してしまったため、当時の支配者層の間には一〇年毎の遷都論ができていたのではないか、というのである。瀧浪氏は「棄都の思想」といっている。氏の見解を参考にしながら私なりに敷衍して述べるならば、八〇五年にわざわざ徳政論争をやって造宮の中止を決めたのも、そのような雰囲気を阻止するためであり、逆に平城太上天皇の平城京遷都計画も遷都論の残存によるものでなかっただろうか。そしてその計画をつぶすことによって、平安京が動かない帝都になったのは嵯峨天皇の代であった。そうすると鴨長命の述懐も整合的に理解できるのではないだろうか。

実際、唐風文化を積極的に取り入れ、男女の衣服を「唐法」のものに変えたり、五位以上の位記を

「漢様」に変え、さらに「諸宮殿院堂門閣」の額を中国風の漢字嘉名を用いた「新額」に改めたのも、嵯峨天皇の代であった（『続日本後紀』承和九年十月十七日条など）。そしてこれは後代の伝承でしかないが、左京と右京に、中国の帝都の名を採って、それぞれ洛陽城、長安城と命名したのもこの時代だといわれている。このように、長岡京遷都後、政情が一定の落ちつきを取り戻し、帝都にふさわしい構造ができたのが嵯峨天皇の代であったといえよう。遷都論に基づくか否かはおくとしても、鴨長明の述懐は正鵠を射ていたのである。

条坊制

平安京は、東西一五〇八丈（約四・五キロメートル）、南北一七五三丈（約五・二キロメートル）という規模をもった日本古代最大の帝都であった。南北に細長い長方形の計画案の中央北端に大内裏があり、その南面中央の朱雀門から南に真っ直ぐ伸びる朱雀大路によって京は東西に二分された。そして朱雀大路の南端には帝都を守る羅城門が建造され、そこには帝都の守護神である兜跋毘沙門天が祀られていた。

朱雀大路で二分された京の東側を内裏から見て左京といい、西側を右京という。しかし、これも計画案としての部分が多く、次節でも述べるように、右京は徐々に衰退し、京の中心は左京に移っていった。

話はそれるが、実はこのような現象が、京中を洛中といい、京都へ行くことを上洛という要因となった。嵯峨天皇の頃左京を洛陽城と名付けたらしいことは前述したが、京の中心が左京に移ってしまったために、左京＝洛陽城が京の代名詞になってしまい、京中を洛中というようになったというのである。

さて左右両京は、現在の京都にもその面影が色濃く残っているように、縦と横に走る大小の道路によって碁盤の目のように区分され、それに基づいて宅地が班給された。南北を大路を基準に九区分し（条という）、東西も大路を基準に左右京それぞれを四区分した（坊という）。このように、条と坊とによって区分された一区画は、例えば「左京三条三坊」などと表現されたから、平安京の構成原理を条

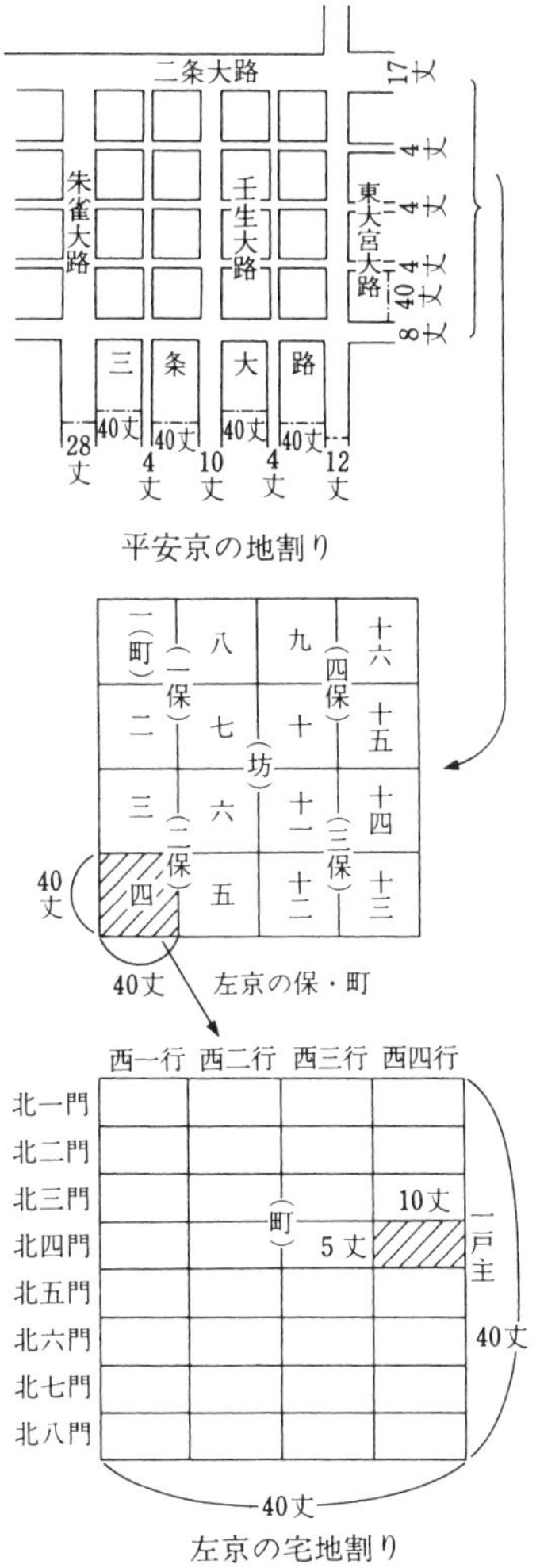

平安京の地割り

左京の保・町

左京の宅地割り

京中の地割り・宅地割図

坊制といった。

この坊という区画は、東西南北に走る小路によってさらに一六町に区分された。一町の面積は四〇丈四方で、現在の約一万六〇〇〇平方メートルに相当するが、この一町が宅地班給の基本単位とされた。坊は大内裏部分などを除くと計算上七一坊あったといわれているから、京中は全体で一一三六町から構成されていたことになる。しかし、東西の市や東西の寺などの公共施設もあったから、宅地として班給されたのは一〇〇〇町ほどであったろうという。

一町はさらに南北に八、東西に四に分割された。前者は北を基準に北一門から北八門まで、後者は朱雀大路を基準に、左京は東へ西一行から西四行まで、右京は西へ東一行から東四行まで区分した。これを四行八門制という。三二区分してできた一区画は一戸主といって庶民の宅地の基準となった。したがって上記の例をもとに、ある一戸主を表記すると「左京三条三坊三町西三行北三門」となる。

一戸主は間口五丈、奥行き一〇丈という東西に細長い区画になったから、これも現在の京都特有の「うなぎの寝床」といわれるような宅地の形態を生み出す要因となった。これをもとに一戸主の面積を計算すると五〇丈平方＝四五〇平方メートル＝約一三〇坪ほどになる。もちろん、すべての庶民が一戸主の班給を受けたわけではないだろうが、現在の宅地事情から考えればうらやましい限りである。

京職と京中支配

以上のような構造をもつ京中の支配、治安維持を担当したのが京職で、左右京それぞれに置かれた。

京職の下には条ごとに条令、坊ごとに坊長が置かれ、さらにその下に保長が置かれたようだが、その具体的な内容は不明という。ちなみに、坊の四分の一すなわち四町の一保として、その保ごとに設置された保長は、平安京成立当初から存在していたのではなく、九世紀末、とりわけ八九九（昌泰二）年の官符によって成立した可能性が高いといわれている（北村優季　一九九四）。

さて、京中支配を担当した京職について簡単に触れておこう。律令によれば、京職の職務は

> 戸口の名籍のこと、百姓を字養せむこと、所部を糺し察むこと、貢挙・孝義・田宅・雑徭・良賤・訴訟・市廛・度量・倉廩・租調・兵士・器杖・道橋・過所・闌遺の雑物のこと、僧尼の名籍のこと、

と規定されている（「職員令」左京職条）。戸口や僧尼の管轄もあるが、やはり「所部を糺し察むこと」＝治安維持機能が中心であった。同じく「職員令」では、平城京では、長官（大夫）、次官（亮）各一人、三等官（大進・少進）三人、四等官（大属・少属）三人、坊令一二人、使部三〇人、直丁二人から構成されていた。それに対して一〇世紀前半に編纂された『延喜式』によれば、平安京では拡大し、四等官の下に、書生三四人、坊長三五人、兵士四〇人が置かれ、さらに守正倉、守客館、守朱雀樹、清掃丁、市司執鑰などの役人が配属されていた。兵士が四〇人も置かれている点に、平安京の京職の警察機能の強化がよく現れているが、ここでは条坊制と関係する坊長と清掃丁に注目してみよう。

『延喜式』によれば、坊長三五人は条別に四人（ただし一・二条は各三人、北辺坊は一人）配置された。

単純に計算すると、九世紀最末に設置された四町一保制に保ごとに一人となる。その職務についてはは明確な規定がないが、坊長が参加することになっているのは「大嘗大祓（だいじょうおおはらえ）」と「京路掃除」である。ともに「祓」と「掃除」という、いわゆる「清め（きよめ）」に携わっていることが注目される。京職の職務には、これ以外にも「二季大祓」「大学掃除」「宮城朱雀等掃除」などがあるから、京中の掃除、京中の「清め」が京職の重要な職務であったことがわかる。そのために清掃丁が三六人も置かれていたのであり、坊長もその一端を担っていたということができよう。

2　都市京都へ

東高西低

平安京は左右両京から成り立っていたが、しだいに右京は衰退し、京の中心が左京に移ったことは先述した。そしてその原因は平安京の立地条件によるものであった。平安京は東を鴨川（高野川と賀茂川）、西を桂川（葛野川）にはさまれた地域に建設されたから、両河川の治水は当初からの課題で、治水を担当する防河使（ぼうかし）が置かれるほどであった。とくに桂川が形成した西側の低湿地はひどかったようで、遷都間もない八〇〇（延暦十九）年には、葛野川の堤の修復のために諸国より一万人の労働力を徴発しているし（『日本紀略』）、八〇八（大同三）年には有品親王や内親王・命婦などに命じて葛野川を守るための役夫を提出させたほどである（『日本後紀』など）。

また、これは一〇世紀後半の文学作品であるが、慶滋保胤の『池亭記』は平安京における東高西低の状況を、次のように具体的に記している（『本朝文粋』「新日本古典文学大系」）。

> 予二十余年以来、東西二京を歴見するに、西京は人家漸く稀にして、殆幽居に幾し。人は去ること有りて来ることなし、屋は壊るること有りて造ることなし。（略）
> 東京の四条以北、乾艮の二方は、人人貴賤となく、多く群聚する所なり。高家は門を比べ堂を連ね、小屋は壁を隔て簷を接ふ。東隣に火災有れば、西隣は余炎を免れず、南宅に盗賊有れば、北宅は流矢を避り難し、南阮は貧しく、北阮は富めり。

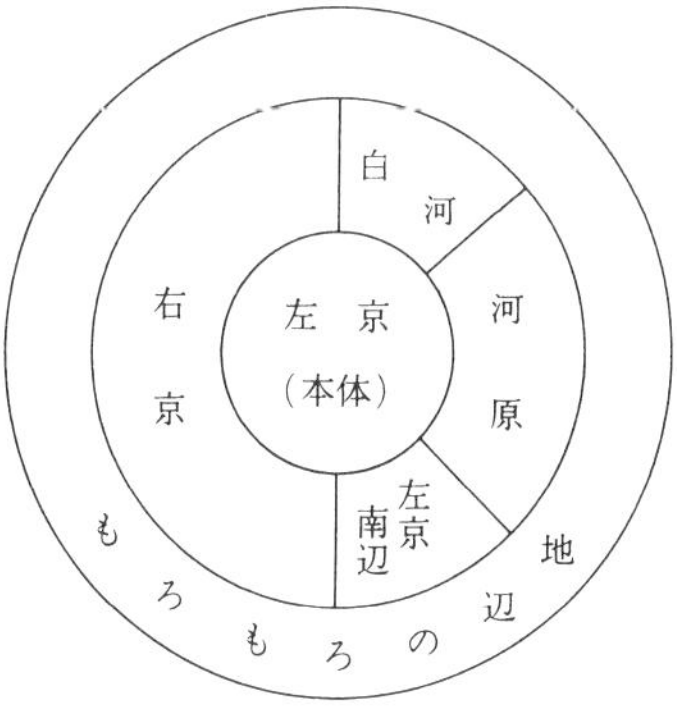

出典：棚橋　1988より

都市京都の構造（モデル）

文学作品なので誇張もあろうが、右京が「幽居」のごとくであったのに対して、左京の「四条以北」の雑踏ぶりがみごとに表現されている。とくに乾＝西北と艮＝東北の二方、すなわち大内裏の東側、二条より北の密集度が高かったことがわかる。実際、後述するように、この地域には貴族の邸宅だけでなく、官衙に勤める下部などが居住する官衙町が形成されており、まさに「貴賤となく、多く群聚する」地域であった。

このような事態の進行は新しい認識を生み出す。これも『方丈記』の中の記事であるが、一一八一年から八二年にかけて起きた、いわゆる「養和の飢饉」の惨状を記した部分のなかに、次のような記述がみられる（『新日本古典文学大系』）。

人数を知らむとて、四五両月を計へたりければ、京のうち、一条よりは南、九条より北、京極よりは西、朱雀よりは東の、路のほとりなる頭、すべて四万二千三百余なんありける。いはんや、その前後に死する物多く、又、河原・白河・西の京、もろ〳〵の辺地などを加えて言はば、際限もあるべからず。

飢饉によって死亡した「京のうち」の人々の頭を数えたら、四万二三〇〇余個あったというのである。その数はともかくも、ここで「京のうち」と認識されている領域が問題である。それを図示すると前頁の図のようになる。「京のうち」とは左京のことであった。そしてその周囲の地域として河原・白河と並んで「西の京」＝右京が出てくるのである。これこそ、前述した洛中の成立にほかならないであろう（棚橋光男　一九八八）。

話が先に進み過ぎたが、一〇世紀後半の平安京では、平安時代末期になって左京＝「京のうち」＝洛中という認識を生み出すような事態が進行していたことを確認しておきたいと思う。

地方民の流入

「人人貴賤となく、多く群聚する所なり」といわれるほど、人々が平安京に集住するようになるのは、平安京が首都であるだけでなく、列島のなかで唯一の都市であったからであろう。都市のもつ魅力は現在だけではない。さらに、実際はどうであったかわからないが、「都鄙（中央と地方）の民、賦役同じからず」という認識、すなわち都の方が地方より税の負担が軽い、という認識があったこともその要因となって（『類聚国史』延暦十九年十一月二十六日条）、地方の民衆の平安京への流入が促されたのであろう。

しかし、富豪浪人のところで述べたように、班田農民が本貫地（本籍地）を離れることは「浮浪・逃亡」であり、厳しく禁止された。にもかかわらず、京畿への農民の流入は平安京遷都間もなくから活発化したようで、早くも八〇〇（延暦十九）年には、「外民、奸り（いつわ）を挟（はさ）み、競て京畿に貫する」ことを「一切禁断する」旨の太政官符が出されている（『類聚三代格』巻一九）。

しかし、平安京の秩序を安定したためであろうか、八〇六（大同元）年には許可された。ところが八五五（斎衡二）年には一部に限定されるなど、方針は揺れ動いている。流入問題の奥の深さを示している。そして、八九一（寛平三）年九月十一日の太政官符「まさに外国百姓、奸りて京戸に入るを禁制すべき事」が出され、流入は一切禁止されることになった（同上官符『類聚三代格』巻一九）。

しかし、この官符を文面の通りに理解することはできない。なぜなら、序章でも述べたように、寛平年間ではすでに戸籍・計帳に基づく支配体制はほとんど崩壊していたから、流入した農民であるか否かを判断する根拠がないのである。そのためであろうか、寛平三年の官符では、流入した本人ではなく、流入を知りながらそれを隠していた戸主や督察を加えなかった有司の処罰が命じられている。

勘籍人の増大

以上のような法を犯しての流入ではないが、九世紀後半の平安京ではもう一つ大きな人口問題を抱えていた。それが「勘籍人」問題である。勘籍人とは、戸籍の確認を経て官衙の下級官人（舎人・資人など）を勤める代わりに徭役を免除された人たちをいうが、彼らは「式」の規定によれば、「位子幷びに雑色は三比、諸衛は五比」の期間免除されることになっている。「比」とは戸籍作成の一期のことで六年間であるから、位子・雑色の場合は一八年間、諸衛（近衛府・衛門府・兵衛府）の場合は三〇年間という長い期間免除されたのである。もちろん「もし不合有れば、随いて即還却せよ」とも規定されているが、一度手にした特権を素直に返却するはずがない。

当然、勘籍人の人数の増大が問題になった。それは貞観年間（八五九〜八七六）頃から表面化してきたようで、八六七（貞観九）年、近江・丹波両国に居住する式部・治部・兵部三省の「蠲符雑色人」＝「蠲符によって不課に入る丁」の増加が問題になり、毎年の人数が決められているのが早い例である（『類聚三代格』巻一七、木村　一九七五）。また九〇一（昌泰四）年の太政官符では、播磨国においては「この国の百姓の過半はこれ六衛府の舎人」であるといわれており、誇張があるにしても勘籍人の増加の状況を伝えていよう（『類聚三代格』巻二〇）。

このような事態を危機感をもって訴えているのが、さきにも引いた三善清行の「意見封事十二箇

条」の第九条である（『古代政治社会思想』）。そこにはストレートに、

一、諸国の勘籍人の定数を置かむと請ふこと。

と主張されている。興味深い内容なので、要約しながら最初の部分を紹介しよう。清行がいうにはこうである。

三宮の舎人・諸親王の資人などもろもろの勘籍人を合わせると一年で三〇〇〇人にもなる。ところが、資人などを出すことになっている国々の課丁（課役を負担する男子）は四〇万人にも満たない。しかもこれらの大半は帳簿上の人数であって、実際に負担できる者は一〇余万人だけである。今この人数から毎年三〇〇〇人ずつ勘籍人を認可してしていけば、四〇年もたたない内に「天下の人、皆不課の民」となるにちがいない。

清行は、この後その対策を延々と述べている。勘籍人の増加が非常に大きな問題になっていたことは指摘できよう。

しかし、これらは近江や丹波や播磨など諸国の課丁減少の問題であって、平安京の問題ではない、という意見もでるに違いない。もちろんこれらの官符の主旨は、諸国の訴えを受けて出されているのでその点が強調されているが、彼らが本国と平安京を行き来する存在であったことを見失ってはいけない。三善清行は「意見封事」の別の箇条で次のような指摘もしている（第一一条）。

国司、法によりその辜（つみ）を勘糺するときは、駿（と）く走り洛に入りて、銭貨を納れ、買ひて宿衛となる、

諸国で国司に糾弾されそうになると、洛＝京中に逃げてきて蓄えた銭などを使って再び宿衛としての身分を獲得する、というのである。このように諸国と京とを往還しながら巧みに支配をかいくぐっていたのが勘籍人の実態であった。

これがⅠ章で言及した「富豪層」の別の姿であることはいうまでもないであろう。富豪層と院宮王臣家との結託とは、そこで指摘した田地の寄進などを契機とするだけではなく、このような形でも行われていたのである。

官衙町の形成

彼らが「銭貨を納れ、買ひて宿衛」となって住み着いたのが「官衙町」であった。三善清行が「意見封事」の第一一条で、六衛府舎人で「他番」（勤務にあたっていないグループ）が「京洛に休寧」する場所として、「東西の帯刀町、これその住所なり」といっているのがそれである。鎌倉時代末期に編纂された『拾芥抄』によれば、帯刀町は「一条の南、堀川の東」にあった。

このような下級官人の宿所としての官衙町が確認できるのは九世紀初頭のことで、八〇三年に左衛士の坊が失火し一八〇家が焼失した、とあるのが初見であるという（『日本後紀』同年十月八日条）。そして承和年間（八三四〜八四七）以後、仕丁町・織部織手町・左馬寮国飼町・左兵衛府駕輿丁町・左京木工町など、多くの官衙町が確認できるようになる（村井康彦　一九六五）。

このように、平安京の発展にともなって形成されたさまざまな官衙町をまとめて記してあるのが

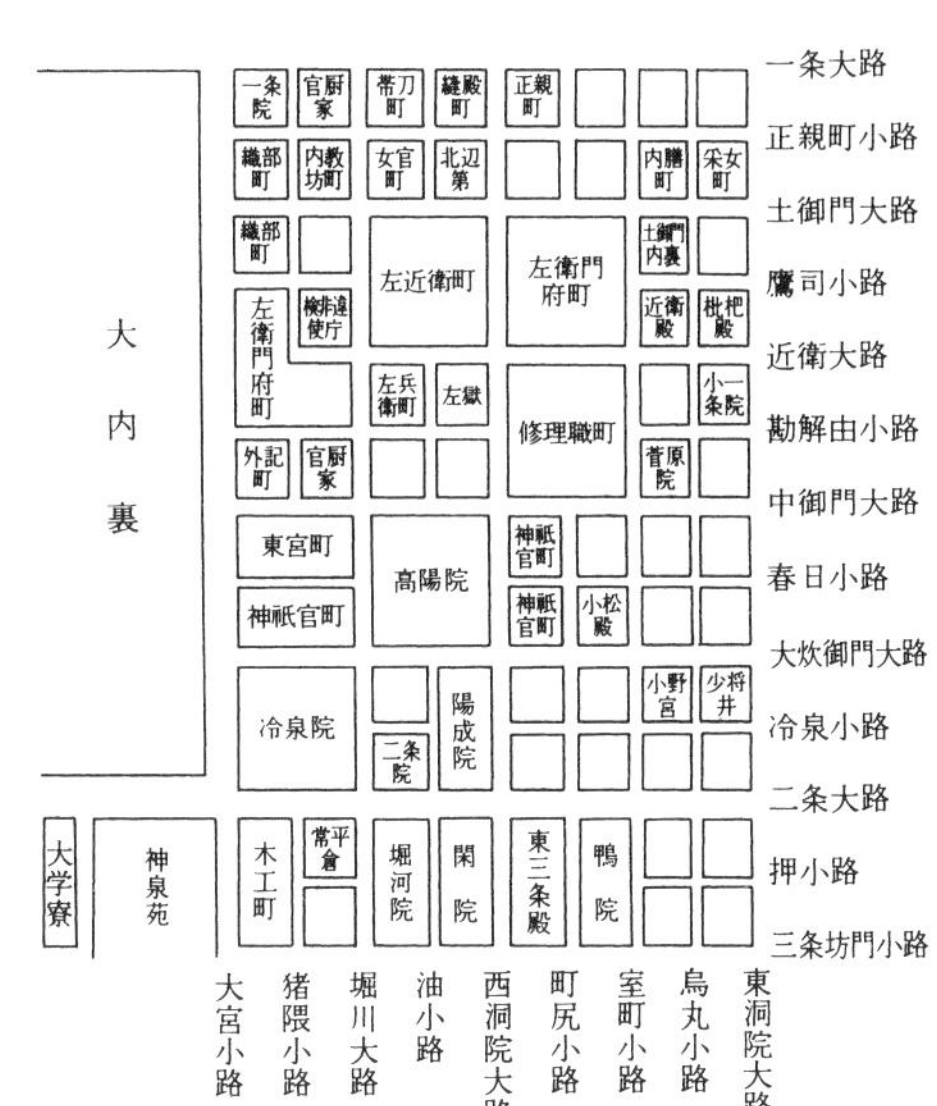

大内裏東辺の官衙町

『拾芥抄』中の「宮城部」である。そこには、「諸司の厨町（くりやまち）」として「神祇官町」から「女官の町」まで三〇箇所余の町が書かれている（上図と次頁の表参照）。これらが「厨町」と呼ばれたのは「厨事をはじめとする諸雑事に従事する」人々の居住区になっていたためであると考えるが、北村優季氏のいうように、その中には「使庁（検非違使庁）」や「左獄（左京の獄舎）」などの官衙そのものが含まれているから、おしなべて「厨町」といえるかどうか問題はあるものの（北村　一九八五）、勘籍人として平安京に上り、各官衙の下級官人として上番する人々が増加し、彼らの居住空間が大内裏周辺に形成されていたことは明らかである。

厨町の所在地（『拾芥抄』より）

厨町名	所　　在	厨町名	所　　在
帯刀町	一条南、堀川東(一町)	左衛門町	土御門南、西洞院東(四町)
縫殿町	一条南、油小路東(一町)	修理職町	近衛南、西洞院東(四町)他
正親町	一条南、西洞院東(一町)	内蔵町	近衛南、猪熊東(一町)
織部町	正親町南、大宮東(一町)他	左兵衛町	近衛南、堀川東(一町)
内教坊町	正親町南、猪熊東(半町)	外記町	勘解由南、大宮東(一町)
女官町	正親町南、堀川東(一町)	太政官厨家	勘解由南、猪熊東(一町)
内膳町	正親町南、室町東(一町)	東宮町	中御門南、大宮東(二町)
采女町	正親町南、烏丸東(一町)	神祇町	春日南、大宮東(二町)他
大舎人町	土御門南、猪熊東(半町)	木工町	二条南、大宮東(二町)
内竪町	土御門南、猪熊東(半町)	大学寮町	二条南、壬生西(二町)
左近衛町	土御門南、堀川東(四町)		

そしてこれらの官衙町の形成は、平安京の治安を維持するうえで大きな問題を生じさせた。それは村井康彦氏がすでに注目しているように、火災が非常に多くなったことである。というより、先の初見史料がそうであったように、これらの官衙町に関する記事の大半が火災に関するものであった。例えば、八八五（仁和元）年の衛士町に関する記事には、「東京一条衛士町火を失す、三百余家延焼す」とある（『日本三代実録』同年二月十八日条）。

先に紹介した慶滋保胤の『池亭記』の次のような一節は、単に文学的な誇張ではなかったのである。

　東隣に火災有れば、西隣は余炎を免れず、南宅に盗賊有れば、北宅は流矢を避り難し、

勘籍人の流入、宿衛人の増大は、それ自体が大きな問題であっただけでなく、官衙町の形成という新たな事態を生じさせ、それもまた平安京の治安維持にとって大きな課題となった。

都市政策としての国政改革

外国の民の流入、それと重なりあって展開した勘籍人の増加問題、そして官衙町の拡大は、九世紀後半の平安京が抱えていた大きな問題であった。当然、朝廷が流入を禁止したり勘籍人の定数を決めたりして、その対策を図ったことは前述のとおりである。

しかし、それだけではなかった。朝廷は新たな都市政策を採用した。それが結保制の強化である。先に北村氏の成果によりながら、「坊の四分の一すなわち四町を一保として、その保ごと設置された保長は、平安京成立当初から存在していたのではなく、九世紀末、とりわけ八九九（昌泰二）年の官符によって成立した可能性が高い」と述べたのがそれである。

その契機になったのが八六二（貞観四）年三月十五日太政官符で、

まさに、保を結び、奸猾を督察し、及び道橋を視守せしむべきの事

を命じるとともに、各保に保長を置くことも命じている（『類聚三代格』巻一六）。それによると、親王および公卿職事三位以上の家では「家司」を、無品親王家は「六位別当」、散位三位以下五位以上の家は「事業」を保長にすることになっており、院宮王臣家を巻き込んで平安京の治安維持が図られている。そしてその理由として、「皇親の居、街衢相交わり、卿相の家、坊里猥雑す」と指摘されているのが興味深い。「皇親」とか「卿相」だけなら「坊里猥雑」にはならないはずで、その周囲に彼らに仕える下部が多数集住しているからこそ、そのような状況が生み出されたのではないだろうか。

北村氏が結保制のいっそうの充実が図られたと評価する八九九（昌泰二）年の太政官符には、「保内を粛静し、奸非を糺察する」とも記されている（『類聚三代格』巻二〇）。慶滋保胤の『池亭記』の一節をもう一度思い出していただきたい。

人人貴賤となく、多く群聚する所なり。高家は門を比べ堂を連ね、小屋か壁を隔て簷を接ふ。

やや時代が離れてはいるが、高家と小屋が「街衢」を挟んで「猥雑」に「群聚」しているのが平安京であった。

そして北村氏の指摘によれば、貞観年間には京中だけでなく、畿内に置いても結保が命じられ、さらに五畿七道でも保長の設置が求められているという。

このような結保制の強化は、もはや機能しない戸籍・計帳に代わって、富豪層の都と地方との両面における活発な活動を現実的に掌握するための重要な手段であったということができよう。国内支配のために富豪層を賦課対象とする「国例」が明確化するのが「貞観以来」であったことも、この結保制と「国例」の目的の共通性を示しているように思う。

したがって、富豪層と院宮王臣家との結託を切断し、富豪層の経営を認め、彼らの経営を国内支配の基盤にしようとした一〇世紀初頭の「国政改革」は、国内支配の政策だけではなく、都市政策でもあったというべきであろう。勘籍人の人数の固定化はその一環であったろうし、さらに、三善清行の「意見封事」の第一一条（「諸国僧徒の濫悪及び宿衛舎人の凶暴を禁ぜむと請ふこと」）は、さらに積極的に次のように提案する（『古代政治社会思想』）。

望み請はくは、諸衛府の舎人、充て補しての後、本国の帰住することを得じ。

人数だけでなく居住空間まで固定しようというのである。それは結保制の強化と結保帳の作成によって現実化されたのである。これは、都市と農村の分断を意図したものであると評価することができよう。もちろん、清行がそれを意図していたか否かはわからないが、客観的には都市と農村の分断を進める政策であったということができる。一〇世紀初頭の国政改革とはこのような性格をもつ改革であったのである。

シダラ神事件のもう一つの意味

以上のように一〇世紀の国政改革の意味を理解することができるならば、九四五（天慶八）年の七月末から八月にかけておきたいわゆる「シダラ神」事件も別の評価が可能になる。

シダラ神事件とは、「数千万人」の人々に担がれ、摂津国河辺郡から山城国乙訓（おとくに）郡山崎郷へ送られ、京に向かおうとした数基の「筑紫神輿」（「自在天神（じざいてんじん）」＝菅原道真の霊や宇佐八幡神ら）が、ある女性の託宣によって突如石清水八幡宮に吸収されてしまうという事件である（『本朝世紀』天慶八年八月三日条など）。これらの神々は別のところでは「志多羅神（しだらしん）」ともいわれており、かつその神輿が送られてくる過程で歌われた童謡（わざうた）に、「志多良（しだら）打てと」などとあることから、俗に「シダラ神」事件といわれている。

この事件に関して、これまで注目されてきたのは、送られてきた神が「シダラ神」というそれまでの神祇体系になかった新たな神を祀った運動であり、かつその時歌われていた童謡のなかに、

月は笠着る、八幡は種蒔く、いざ我等は荒田開かん、

とか、

志多良米、早買ば酒盛らば、その酒富める始めぞ、

というような歌詞があることから、この運動の本質は律令制の崩壊のなかから新しく形成された階層である富豪層が、新たな神を祀りつつ、開発を讃え、開発によって生まれる富を讃える点にあった、ということである（戸田　一九六二）。

もう一つは、担がれていた神輿が「自在天神」＝菅原道真の霊であったことから、この運動が、藤原時平によって左遷された道真の霊を「筑紫」から京へ運ぶことによって、強化されつつある藤原北家による政治の独占を批判し、抵抗しようとする意志を表現するものであったという評価である（河音　一九七六）。

これらの評価について改めて付け加える点はないが、ただ一〇世紀の国政改革が、院宮王臣家と富豪層の結託を切断することに目的があり、それは都市と農村の分断という性格をもっていたという評価を前提にするならば、「筑紫」国からとはいわないまでも、摂津国など京周辺の地域から京を目指して進んできた「シダラ神」運動は、そのような都市と農村との分断を打ち破り、新たな都鄙（とひ）間関係、

平安京と農村との新たな交通形態を作り出す運動としての意味合いをもっていたと評価することも可能ではないだろうか。『本朝世紀』の七月二十八日条には、「シダラ神」事件の前兆として、「近日（略）東西の国より諸神京に入る」という訛言＝流言があったことを記しているが、それは新たな交通形態を作り出そうとする運動が、「シダラ神」運動だけでなかったことを示していると考えられる。

さらにいうならば、このような一〇世紀中葉における新たな平安京と農村の都鄙関係の形成が、前述した一〇世紀後半の国司苛政上訴闘争の展開を可能にしたのではないだろうか。

内裏焼亡と治安体制の再編

平安京の変化を考えるとき、もう一点触れておかなければならないのは、一〇世紀中葉における建築ブームについてである。これは戸田芳實氏らによって指摘され、平安京の変容の現象の一つとして評価されている（戸田　一九七四、黒田紘一郎　一九七六）。この事実を伝えている史料は、これまでもたびたび引用してきた慶滋保胤著『池亭記』の次のような箇所である（『本朝文粋』）。

> 応和より以来、世人好みて豊屋峻宇を起て、殆節を山にし梲に藻くに至る。その費は巨千万に且とし、その住むことは纔かに二三年なり。

これは、保胤自身がようやく晩年になって「小宅」を建てたこととの対比で書かれているので、「巨千万」とか「纔かに二三年」などという数字はそのまま鵜呑みすることはできないが、少なくとも応和年間（九六一～九六三）頃から建築ブームであったことは間違いないであろう。

問題は、なぜこの頃から建築ブームが起こったか、である。今までこの点について触れた研究はないが、私はその直接の要因が九六〇（天徳四）年九月二十三日の亥四点（午前零時）に起きた内裏の火災にあると思う。これは初めての内裏焼亡として著名な事件である。記録などによると、左兵衛の陣から出火した火は内裏殿舎はもちろん、宜陽殿（ぎようでん）の累代宝物や温明殿（うんめいでん）の神宝、内記所の記録・文書などを焼き尽くして、ようやく丑四点（午前二時頃）鎮火したという。内裏以外の地域の被害がどれほどのものであったか知ることができないが、天皇は翌年十一月二十日には新造の内裏に移っているから、初めての不祥事ということもあって急ピッチで内裏建造が進められたに違いない。

初めての内裏焼亡と再建が、それ以外の屋敷地の再開発、すなわち建築ブームを呼び起こしたことは当然想定できるであろう。

私はそれだけでなく、この内裏焼失と建築ブームとによって、平安京の支配構造にも変化が生じたと考えている。それは、保刀禰の出現である（黒田　一九七六）。保刀禰の初見は九六二（応和二）年で、内裏焼亡からわずか三年後のことである。これは単なる偶然ということはできない。その初見史料には次のように記されている（『西宮記』巻九所収、応和二年九月二十二日付文書）。

> 民部卿藤原朝臣（在衡）、検非違使に申せしめ、左右京職に下知して諸条保長・刀禰に部内夜行を勤行せしむべし、

検非違使そして京職という京都の治安維持体制のもとで、保刀禰が「部内夜行」（夜の巡回警備）を

担っていたことを示している。そこには刀禰と並んで保長ともあるが、この頃には保長の機能は低下していたといわれるから（北村　一九八五）、検非違使―京職の下で、治安維持の機能を担わされたのは保刀禰であったというべきであろう。

このような治安体制は、九六〇（天徳四）年・九六一（応和元）年から志向されていた。同じく『西宮記』所収の天徳四年の史料には、

　天徳四年十一月十四日、左大臣に仰せて云く、近来京中盗起ると云々、すべからく検非違使の外、諸衛（武に堪える）官人を差し副えて、夜の巡事を勤ぜしむべしと云々、

と記されているし、応和元年の史料もほぼ同内容である。九六〇・六一の両年は、内裏焼亡の影響であると思われるが、「近来京中盗起こると云々」といわれる状況であり、その対策として、検非違使とともに、武力に優れた諸衛官人をもちいて夜間の巡回警備をさせよ、というのである。そしてその一環として平安京の治安の混乱を克服すべく採用されたのが保刀禰であったのである。したがって、保刀禰は単なる実務官人ではなく、「武に堪える」＝武力に優れた存在であったということになろう。九世紀末期以来、結保帳と保長とによって維持されてきた京の治安維持体制は一〇世紀後半になって保刀禰によって担われることになったのである（北村　一九八五）。彼ら保刀禰のその後の活躍は、次節の「犯罪と統制」の項で再度触れることにしよう。

3　都市住民の様相

一一の所能同じからず

九六〇（天徳四）年の内裏焼亡を契機として再編された平安京の支配体制のもとで、摂関政治期の貴族の都市生活が展開したと考えられるが、ここでは一定の安定をみた都市平安京の住民の様相についてみておくことにしたい。

その時非常に参考になるのが、一一世紀前半に著されたと推定されている藤原明衡（あきひら）の「新猿楽記」という書物である（『古代政治社会思想』）。摂関期の一級の学者藤原明衡の仕事については、Ⅴ章で取り上げるとして、ここでは彼の晩年の作品であるといわれる「新猿楽記」に基づいて当時の都市民の生態を見ておこう。

さて「新猿楽記」はその題名が示すとおり、「当時京都で流行していた猿楽について、演技の種々相や名人、見物人の狂態を紹介しながら、観客の老翁一家の男女三十人の職業と生活の状態を、往来物風に列挙している」点に特徴がある（『古代政治社会思想』）。当初は、この冒頭に記されている猿楽役者と演目の豊富さとによって、演劇史上高く評価されてきたが、近年は見物人の代表として登場する「右衛門尉」一家、「所謂（いはゆる）妻三人、娘十六人、男九人」と娘たちの夫の生態描写が注目されている。

それは文学作品とはいえ、一種の「職業尽くし」の観を呈しており、当時の京都の住民の生活を知るうえで格好の材料だからである。

明衡はその一家の紹介を、次のような言葉から始めている。

就中に西の京に右衛門尉といふ者あり。一家相挙(あいこぞ)りて来り集まる。所謂妻三人、娘十六人、男九人なり。各(おのおの)善悪相頒(わか)れて、一一の所能同じからずと云云。

ここで注目したいのが、最後の「各善悪相頒れて、一一の所能同じからず」という部分である。これに拠る限り、明衡は、以下に紹介する一家の職業には、当時の貴族社会の通念、価値基準からすれば「善も悪も」あることは承知しているが、ここではそれに触れずに「一一の所能」に注目して紹介しようという立場をとっている。この場合の「所能」とは技量とか技芸、さらに技能などを意味する言葉であり、当時の用語でいうと「芸能」に近いから、明衡はその職業にふさわしい、ないしみあった技能をもっていることを基準にして一家の紹介をしようとしたのである。

私は、ここに新しい人間観の登場を見たいと思う。すなわち、明衡は伝統的な貴族的な価値観を基準とせずに、職業人としての技術・技能の内容を基準として評価しようとしたのである。後述するが、職業人としてもつべき技術の徹底した列挙は、彼の関心のありどころと、価値基準を明瞭に示している。

このような評価は、これまで述べてきたような都市民の増大と多様化を前提にして成立するもので

「新猿楽記」の右衛門尉一家と職業

A　続　柄	B　姓名・通称	C　職　業
1　本人	—	☆右衛門尉
2　第一の本妻	—	—
3　次の妻	—	—
4　第三の妻	—	—
5　大君の夫	尾藤太／傳治	■高名の博打
6　中の君の夫	元／勲藤次	■天下第一の武者
7　三の君の夫	出羽権介　田中豊益	▼大名の田堵
8　四の御許	—	□覡女
9　〃　の夫	金集百成	☆△右馬寮の史生／七条以南の保長／鍛冶・鋳物師・銀金の細工
10　五の君の夫	菅原匡文／菅綾三	(☆) 紀伝・明法・明経・算道等の学生
11　六の君の夫	伯耆権介　丹治筋男	■高名の相撲人
12　七の御許	—	(貪飯愛酒の女)
13　〃　の夫	越方部津五郎／津守持行	▽馬借・車借
14　八の御許の夫	檜前杉光	△飛驒の国の大夫大工
15　九の御方の夫	和気明治	☆■右近衛の医師
16　十の君の夫	賀茂道世	☆■陰陽の先生
17　十一の君の懸想人	柿本恒之	■一宮の先生
18　十二の君の懸想人	—	★侍従宰相／頭中将／上判官／蔵人少将／左衛門佐
19　十三の君	—	(糟糠／醜陋)
20　〃　の夜這人	壱岐大掾　山口炭武	△炭売りの翁
21　十四の御許の夫	—	(不調の白物)
22　十五の女	—	(孀／道心堅固・仏法帰依)
23　十六の女	—	■▽遊女・夜発の長者／江口・河尻の好色
24　太郎	—	■能書
25　次郎	—	□一生不犯の大験者／三業相応の真言師
26　三郎	—	△細工・木の道の長者
27　四郎	—	☆受領の郎等／刺史執鞭の図
28　五郎	—	□天台宗の学生／大名僧
29　六郎	—	△絵師の長者
30　七郎	—	△大仏師
31　八郎	—	▽商人の主領
32　九郎の小童	—	■(雅楽寮の人の養子／僧俗の寵児)

出典：棚橋　1993より

★上級貴族　☆中・下級官人　▼農業経営者　△手工業・技術者　▽交通・流通業者
■広義の芸能者　□宗教者

あり、さらにいうなら、Ⅰ章で紹介した「身分呼称の多様性」と相通ずるものであり、藤原明衡だけの価値観ではなかった。というより、在地社会における職業に応じた呼称の多様性という実態や都市民の多様化が、当時の学者をしてそのような価値観をとらせたというべきであろう。

一〇・一一世紀の時代とは、職業を職業として評価できる時代であったというべきではないだろうか。すなわち「国風文化」を支えた時代とは、このような価値観をもった時代であった。

さまざまな職業人

結論を先に述べてしまったが、次に藤原明衡が着目した職業とその技能について、代表的なものを紹介しよう（前頁の表参照）。

まず、棚橋光男氏が作成した表にしたがって、職業を再分類してみよう（一九九三）。

（1）上級貴族　これは一二番目の娘の懸想人として挙げられているだけ。

（2）中・下級貴族　これは主人公の右衛門尉を初めに、右馬寮の史生、紀伝・明法らの学生、右近衛の医師、陰陽の先生、受領の郎等など。

（3）農業技術者　大名の田堵のみ。

（4）手工業者　鍛冶・鋳物師・金銀の細工、飛驒の大工、炭売り、木の道の長者、絵師、大仏師など。

（5）交通・流通業者　馬借・車借、商人の首領など。

（6）宗教者　覡女（かんなぎ）、大験者・真言師、天台宗の学生・大名僧など。

（7）広義の芸能者　博打、武者、相撲人、医師、陰明師、一宮の先生、遊女・好色、能書など。

このように分類してみると、藤原明衡がどの種の職業、および階層に注目していたのかがよくわかる。（3）の大名田堵を入れているのは学者としての視野の広さを示しているが、（1）の上級貴族については一箇所で触れているだけで、彼の関心の埒外であったようだ。また（5）の交通・流通業者が意外に少ないが、（4）の手工業者に多くの職種が挙げられているから、商人関係は捉えられるであろう。

それに対して、（4）の手工業者、（7）の広義の芸能者は多くの職種が列挙されている。これらの点に明衡の着目点があったといえる。それはまさに「所能」＝技術・技芸を頼りに生きていた都市の職業人であった。そして彼らこそ、肥大化した都市平安京の生産・流通を支えた人々であったのである。

その意味では（2）の下級官人が多いのも納得できる。彼らの職種は「紀伝・明法・明経・算道」の専門家であり、医師・陰陽師であった。実はこれらの職種は、紀伝（きでん）の菅原・大江氏、明法（みょうぼう）の坂上・中原氏、医師の丹波氏、陰陽師（おんみょうじ）の安倍氏などというように、摂関時代以降実務官人の家の「家業」として定着していく職種だったのである。明衡にしてみれば、その家業＝所能によって家を維持していくという意味では、立派な職人であったのであろう。

ただ、そのなかに「受領の郎等」が入っているのが気になるが、それは、これから特徴あるいくつかの職業を取り上げるなかで考えることにしよう。

高名の博打

妻を除いて、最初の職業人として挙げられているのが「博打」である。博打は京都のなかで相当流行っていたらしいが、当然、取締りの対象であった。だからこそ明衡は、最初に「各善悪相頒れて」と記さなければならなかったのであろう。明衡はその博打を次のように紹介している。

　大君の夫は、高名の博打なり。筒の父傍に擢き、簺の目意に任せたり。語条詞を尽し、謀計術を究め、五四の尚利目・四三の小切目・錐徹・一六難の呉流・叩子・平簺・鉄簺・要筒・金頭・定筒・入破・康居・樋垂・品態・簺論、猶し宴丸道弘に勝りたり、（下略）

如何であろうか。当時の博打は現在の双六と将棋とを合わせたようなものであったので理解しにくいが、「五四の尚利目」から「簺論」までは、すべて簺を扱う技である。まさに博打の術尽しとでも評すべき記述である。

明衡が博打を職業尽しの最初にもってきた意図は図りしれないが、人技とも思えないほど簺の目を自由に操る技能に、善悪を超えた技術のすさまじさを見たからであろうか。

天下第一の武者

博打のすぐ後に、当時勢力を増しつつあった武士をもってきているのも興味深い。早速紹介しよう。

中君の夫は、天下第一の武者なり。合戦・夜射・馳射・待射・照射・歩射・騎射・笠懸・流鏑馬・八的・三々九・手挟等の上手なり。或は甲冑を被、弓箭を帯し、干戈を受け、太刀を用ひ、旌を靡かし楯を築き、陣を張り兵を従ふるの計、寔に天の与へたる道なり。（中略）寔に一人当千と謂ひつべし。姓名を知らず、字は元、名は勲藤次と云云。

これが、学者がとらえた一一世紀前半頃の武者のイメージであった。博打と同じように「合戦」から「手挟」までが武者たる者の技芸と考えられたものであるが、それらを見ると「射」と付く技が多いことに気がつく。これは弓を扱う技術を指す。そして騎射・笠懸・流鏑馬は騎乗したまま弓を射る武術であったから、当時の武者はなによりも弓、それも馬上から弓を射る技術に優れていなければならなかった。「兵の道とは弓馬の道のこと」というのは、このような事実に基づいている。

しかし、技芸論としてはこれでよいかもしれないが、彼ら武者は、これらを所能とすることによって、他の職業人から区別される存在であったことの意味を考えてみる必要がある。すなわち、彼らの本質はこれらの技芸を用いて合戦に勝利すること、相手をさんざんに殺戮することにあったということである。彼らの職業人としての特色はこの点にあった。

近年、武士研究が急速に進展し、以前のように古代貴族政権を打ち破る政治勢力としての武士というよりは、殺戮を職業とする武装集団としての武士という側面が強調されているが（野口　実　一九九四、高橋・山本　一九九五）、「新猿楽記」のこの記事を読む限り、近年の研究は武士の本質をみごとに描きだしているといえよう。

ここでは詳しく論じることはできないが、一〇世紀中頃、東国で反乱を起こし、坂東八カ国を掌握して新皇を名乗った平将門も、じつは九世紀後半の関東の治安維持のために、朝廷から派遣された軍事貴族の末裔であった。将門の父良将が「鎮守府将軍」であったことが、彼らのそのような性格を如実に物語っている。鎮守府将軍とは東北のエミシの抵抗を制圧し、彼らの生活地域を朝廷の支配下に置くために設置され、派遣された官職であったからである。日本の歴史の公武交替史観的な理解を打破するためにも、武士のロマン主義的な解釈は克服されなければならない。

遊女・夜発の長者

人を殺戮するのも技術であるならば、人を「色」でなごませるのも技術であった。藤原明衡は「所能」の一つとして遊女を登場させている。同じように少々紹介しよう。

> 十六の女（むすめ）は、遊女・夜発の長者、江口・河尻の好色なり。慣（なら）へるところは河上の遊蕩（ゆうとう）が業、伝ふるところは坂下の無面（おもなし）が風なり。昼は簦（おおかさ）を荷（にな）うて身を上下の倫（ともがら）に任せ、夜は舷（ふなばた）を叩いて心を往還の客に懸けたり。そもそも淫奔（いんぽん）徴嬖（ちょうへい）が行、偃仰（えんぎょう）養風（ようふう）の態、琴絃（きんげん）麦歯（ばくし）の徳、竜飛虎歩の用、具せずといふことなし。しかのみならず、声は頻伽（びんが）のごとく貌（かお）は天女のごとし。宮木・小鳥が歌、薬師・鳴門が声といへども、これに准ずれば敵（かたき）ならず、これに喩（たと）ふれば屑（もののかず）ならず。（後略）

江口・河尻（神崎）はともに淀川が大阪湾に流れ出る河口付近の地域で、瀬戸内海航路と京へ上る淀川の河川交通との結節点で、交通の要衝であったから、往還する人々を相手にした遊里ができた。そこで彼女は、「昼は、大笠をかついでいって、日傘の陰で身分の上下を問わず男たちにその身を任せる。夜は夜で、船に乗って、水の上で船端を叩いて、淀の川口を往来する旅人たちに想いを懸ける」(川口久雄　一九八二)というふうであった。そして彼女は男を喜ばす淫らな行為に長けており、声は極楽にいる鳥の頻伽のごとく、美貌も天女のごとくで、当時、歌や声で有名であった宮木・小鳥・薬師・鳴門などもものの数ではないほどであった。このように、彼女の技芸を誉め讃えたうえで、明衡は「故に孰(たれ)の人か眼を迷はさざらむ、誰の類か心を融(とらか)さざらむや」と記している。

じつは、遊女と呼ばれた女性の生活に注目したのは藤原明衡だけではない。明衡の一世代ほど後の、院政時代初期を代表する学者の一人である大江匡房(まさふさ)も「遊女記」という文章を残している(『古代政治社会思想』)。その一節を紹介すると次のようである。

　摂津国に至りて、神崎・蟹島等の地(ところ)あり。門を比べ戸を連ねて、人家絶ゆることなし。倡女(うため)群(たむろ)を成して、扁舟に棹さして旅船に着き、もし枕席(しんせき)を薦む。声は渓雲を遏(とど)め、韻(しらべ)は水風に飄(ただよ)へり。経廻の人、家を忘れずといふことなし。洲蘆浪花、釣翁商客、舳艫(じくろ)相連なりて、殆(ほとほと)に水なきがごとし。蓋(けだ)し天下第一の楽しき地(ところ)なり。

描写はより具体的になっているが、彼女たちの生き方は藤原明衡の叙述と基本的に変わっていない。都市に生活する学者にとって、男を相手に生きる彼女たちの技芸は、関心を持たざるを得ない対象であったのであろう。

受領の郎等

最後にもう一人、受領の郎等＝国司の家来であった四郎君を紹介しておこう。彼らの所能とはなんであったのだろうか。

> 四郎君は、受領の郎等、刺史執鞭の図（徒）なり。五畿七道に届らざる所なく、六十余国に見ざる所なし。船に乗りては則ち風波の時を測り、馬に騎ては廼ち山野の道を達す。弓箭に拙からず。算筆に暗きことなし。境に入ては着府の作法、神拝・着座の儀式、治国良吏の支度、交替分付の沙汰、不与状の文、勘公文の条、等き者はありといへども、更にこれに過ぎたる者はなし。（後略）

受領の郎等たるものは、航海・旅行の知識をもち、武芸、さらに算術や文筆にもに優れていなければならなかった。そして境迎え（受領が任国の境界を越える際の儀

諸国土産

国	土産	国	土産
阿波	絹	鎮西	米
美濃	八丈（柿）	越前	綿
紀伊	縑	常陸	綾
石見	紬	甲斐	斑布
淡路	墨	但馬	紙
播磨	針	和泉	櫛
伊予	手筥（砥石・簾・鰯）	備中	刀
		讃岐	円座
出雲	筵	武蔵	鐙
上総	鞦	河内	鍋（味噌）
能登	釜	備後	鉄
安芸	榑	陸奥	駒（紙）
長門	牛	丹波	栗
信濃	梨	近江	鮒
尾張	粔	越後	鮭（漆）
若狭	椎子（餅）	周防	鯖
備前	海糠	隠岐	鮑
伊勢	魚制	大和	瓜
山城	茄子	飛驒	餅
丹後	和布		

出典：「新猿楽記」

式）や着府の際の儀式などさまざまな儀式の作法や儀礼を知っていなければならず、さらに国司の交替に際して必要なさまざまな事務引継ぎを行えなければならなかった。まさに能吏でなければならなかったのである。

この四郎君はこれらの技能に優れていたので、いろいろな役所の責任者が「望まざるに自ら懸け預るところなり」という状況であり、かつ彼は「民を弊さずして公事を済し、君（国司）損なくして自ら利あるの上手」であったから、「宅常に贍ひ、諸国の土産を集めて、貯甚だ豊か」であったという。

そしてこの箇所で興味深いのが、以上のような叙述にとどまらず、藤原明衡が諸国の土産を列挙していることである。それは阿波国の絹からはじまって鎮西の米まで、三八国（地域）四六種の物産が書き上げられている（前頁の表参照）。そして網野善彦氏の研究によれば、これらの物産の多くが、中世社会における年貢・公事の品目に連続するという（網野　一九八六）。一〇・一一世紀が古代社会から中世社会への移行期であることはたびたび指摘してきたが、明衡が書き上げた土産にもそれが明瞭に反映されていた。

このように、明衡の「新猿楽記」は、単に多様な都市民を活写しただけではなく、まさに古代から中世への移行という時期において、都市を舞台に躍動するさまざまな職業人を描ききったのであった。明衡の魅力ある都市民の描写はまだまだ続くが、やや煩雑になりかけているので次の話題に移ろう。

4　触穢と怨霊

ゴミと清掃

都市が肥大化するにしたがいさまざまな都市問題が生じてくる。都市問題といえば、住居・交通・燃料などいくつも列挙できるが、現在もそうであるように、なかでも大きな問題はゴミ問題である。近年まで多くの平安京研究が行われてきたが、この問題に真正面から取り組んだ研究はなかった。その弱点を白日のもとにさらけだしたのが高橋昌明氏の研究である（一九九〇）。氏は「武士」論、「辟（へき）邪（じゃ）（物怪（もののけ）や邪気・ケガレなどを祓うもの）としての武」との関連でこの問題に取り組んでいるが、以下氏の成果によりながら、当時の平安京のゴミ問題の実態について見てみよう。

「京城の固め、溝渠をもって本となす」（『類聚三代格』巻一六）といわれ、かつ左京だけで「橋梁三百七十余」といわれたように（『類聚三代格』巻二〇）、東西南北に走る大路・小路に沿って流れる溝は、都市京都の重要な構成要素であった。しかし、これだけ縦横無尽に走る側溝だったために、その掃除も大きな問題であった。京職の下に「清掃丁」が置かれていたことは前述したが、同じように『延喜式』には溝の掃除についても細かく規定されている。

宮城辺や朱雀大路の溝は、京職が雇夫一日あたり米二升を支給して掃除させることになっているし

（左右京職京城朱雀等掃除条）、大路小路と側溝は通りに面した各々の官衙・貴族の家が毎月掃除につとめることが規定されており（同京路掃除条）、それを守らない者は弾正台が「京裏を巡行して、厳しく決罰を加え、清掃せし」めることになっていた（同弾正台京裏巡行条）。

しかし、そう順調には運用されなかったようで、前記の八五五（斉衡二）年太政官符によれば、

(a) 頃年水潦しきりに至り、溝流路を失う、渠（ほり）に縁する家、しばしば浸害をこうむる、道を行く人常に泥塗に苦しむ、

(b) 渠に近き家、大いに水門を穿（うが）ち、好みて溝流を絶つ、垣基これにより頽毀し、道のほとりこれがために湿悪す、

という事態が進行していたという。(a)は側溝の清掃・管理が不十分なために、すぐに溢れて邸宅内に流れ込んだり、道路に溢れ出てしまったりしている状況を伝えているし、(b)は逆に築地の垣に穴を開けて水を邸宅内に取り込むために、垣の基が崩れてしまい、側溝の管理ができなくなっている状態を伝えている。

そして高橋氏は、邸宅内に水を引き込む要因として、邸宅内のゴミ、排泄物を含めたゴミの処理のためであったことを想定しているが、説得力のある説明であろう。そしてそれらのゴミはふたたび側溝に流れ出、さらに街路に溢れるのであった。平安京の衛生状態がどのようなものであったか、想像できるであろう。

清掃と葬送

前述のように、都市のゴミ問題というとき、なかでも深刻であったのは死体の処理であった。これは律令制定時から問題であったようで、「葬送令皇都条」には「皇都及び道路の側近は、並に葬り埋むること得じ」と規定されている。

平安京も当然例外ではなく、遷都以前からその対策が出されている。これは平安京遷都の前提と考えられるが、七九二（延暦十一）年・七九三（同一二）年と連続して紀伊郡深草山西面や京下諸山への埋葬・葬送の禁止令が出されているし、遷都後の七九七（同十六）年正月には次のような勅（天皇の命令）が出されている（『日本後紀』同年正月二十五日条）。

山城国愛宕葛野郡の人、死者有る毎に、便に家の側に葬すること、積習して常となす、今京師に接近するは、凶穢を避くべし、宜しく国郡に告げて、厳しく禁断を加うべし、もし犯し違うものあらば、外国に移し貫ぜよ、

愛宕・葛野両郡の人々は、遷都以前からの慣習で死者を家の周囲の適当な地に埋葬していたが、京師というのは「凶穢」を避けるべきなので、平安京遷都後はいっさい禁止するというのである。遷都によってそれまでの慣習が否定されたのだ。ここにすでに、一般的な都市問題としての死体処理問題ではない側面、すなわち京師は「凶穢」を嫌うという考え方が入ってはいるが、平安京と葬送との関係が早くも問題になっていることが注目される。

そして八四二（承和九）年には単なる禁止命令だけでなく、放棄された死体の処理が問題化するにいたる。『続日本後紀』同年十月十四日条には、

左右京職と東西悲田院に勅して、並て料物を給し、嶋田及び鴨河原らの髑髏（どくろ）総て五千五百余頭を焼斂せしむ、

と記されており、さらに同月二十三日にも、義倉（ぎそう）物を悲田院（ひでんいん）に充てて「鴨河髑髏を聚葬」せしめた、とある。

遷都してから約四〇年、捨てられていた髑髏の数が五五〇〇以上というのを多いというべきなのかどうかわからないが、少なくとも平安京の住民が「嶋田」＝桂川流域や鴨川の河原に死体を放棄しており、それがかなり常態化していたことは間違いないであろう。そしてその清掃を京職、そして悲田院に担当させせたのである。京職の配下に「清掃丁」が配置されていたことは本章の1節で指摘したが、それに加えて「東西悲田院」が動員されていることに注目したい。というのは、二十三日条などから判断する限り、京職は監督に過ぎず、この清掃を実際に行ったのは悲田院であったと考えられるからである。

では、悲田院とはなにか。これは、奈良時代の光明皇后が仏教の「悲田・福田」思想に基づき貧窮者や病者や孤児を救済するために設置した施設に始まるが、平安京になってもその思想が受け継がれ東西両京に設置された。その救済施設に収容されている弱者に、料物や義倉物（救荒用の食料など）

を与えて髑髏＝死体の清掃をさせたのである。

　この事実に「京師に接近するは、凶穢を避くべし」という延暦十六年の勅の考え方を重ねたらどうなるであろうか。貴族を始めとする人々が「凶穢」として避けるべき死体の処理を、国家や公に救済を求めるしか術のない人々を「利用」して行ったということになろう。「凶穢」、後の言葉でいえば「死穢（しえ）」の清掃を弱者に担当させる、言葉を換えていえば、「キヨメ」を担う人々はこのようにして「国家」的につくられてきたのであった。

　それは、八七一（貞観十三）年に葛野郡・紀伊郡に葬送の地を定めた官符にもよく現れている（『類聚三代格』巻一六）。この時、両郡に一箇所ずつ葬送地が定められたが、紀伊郡の葬送地の北の境は「京南大路西末ならびに悲田院南沼」であった。葬送地の境界に悲田院が現れるのは偶然とはいえないであろう。悲田院という本来は弱者救済のための施設とそこに収容されていた人々は、徐々に葬送、死穢との関係を強化させられていったのである。

　そして、このような事態からいえることは、死穢に対する強度な忌避観念が、平安時代前期の貴族たちのなかにすでにつくられ始めていたことである。この死穢を中心とした穢（けがれ）観念＝触穢（しょくえ）思想は、この後の貴族社会ばかりでなく、現在の私たちの生活にまでも影響することになった（木村　一九八一）。

穢の国家管理

以上のように、触穢思想は、貴族政治の儀礼化や観念化が進み、その一方でさまざまな階層・職業の人々の平安京への流入と住民の多様化によって都市の肥大化と猥雑化が進むにしたがい、貴族たちを様々な側面でとらえるようになった。それは一〇世紀前半に国家によって編纂された『延喜式』に明瞭に反映されている。

『延喜式』の「神祇三、臨時祭」のなかには、触穢に関するいくつかの規定が見られる。このこと自体、穢を国家管理のもとに置こうとする思想の現れであり、異常な事態といわざるを得ないが、もう少し詳しく見てみることにしよう。

まず、「穢忌」の条には次のように規定されている。

> およそ穢悪しき事に触れ、まさに忌むべきは、人の死は三十日を限る（略）、産は七日、六畜の死は五日、（六畜の）産は三日（鶏は忌の限りにあらず）、宍を喫わば三日、

要するに、これらの「穢悪しき事」に触れた人は、規定の日限の間、忌み籠もっていなければならず、したがって出仕停止ということになる。人の死穢が非常に強いことが知れよう。出産も穢、六畜＝家畜などの動物の死も出産も穢だという。鶏が例外というのも便宜的でおもしろい。産卵は毎日（？）のことなので穢にしたら収拾がつかない、というのであろうか。

これ以外に女性の「懐妊・月事」についても規定がある。「月事（生理）有らば、祭日の前は宿廬

に退下し、殿に上ること得ざれ」とある。死・産・生理、すなわち「血」に対する忌避観念ないし恐怖観念が急速に肥大化していることが読み取れる。

これらは「穢悪」の種類とその差、そして穢の解消に関する規定であるが、当時の貴族たちはこれでも満足しなかった。彼らはさらに穢の伝播に関する規定も作ったのである。同じく「触穢」という条項には次のように規定されている。

> およそ甲の処に穢有り、乙、その処に入る、（著座を謂う、下また同じ、）乙及び同処の人皆穢となす、丙、乙の処に入る、ただ丙の一身を穢となす、同処人は穢となさず、乙、丙の処に入る、人皆穢となす、丁、丙の処に入る、穢となさず、その死葬に触たらむの人、神事月に非ずと雖も、諸司ならびに諸衛陣及び侍従所等に参著することを得ざれ、

このように、甲に始まった穢は乙・丙・丁へとレベルを変えながら伝播・拡散すると考えられていた。穢が発生するたびに自分の位置を確かめなければならなかった。そうしなければ、穢に触れた人が知らずに動けば動くほど穢は拡散し、その感染範囲は異常に拡大してしまうからである。そして触穢になってしまった人は、規定の後段にあるように、官衙へ出仕できなくなるのだから大変である。実際、一〇世紀以降の記録には、「内裏触穢により政務停止」という記事が散見する。貴族たちが穢に異常なほど反応するとともに、だからこそ常に穢との距離を測り、その解消の手だてに躍起になっていたのである。

このような穢の発生と拡散の序列に関する規定を「甲乙丙丁の穢」と呼んだのは大山喬平氏であった（一九七六）。そして大山氏は、この甲乙丙丁の穢とその穢の解消を意味する穢の日数の限定とが結合される時、穢の国家による管理は確定する、と評価した。まったくその通りである。と同時に、このように規定し管理すればするほど、解消するはずの触穢観念は逆に貴族の意識をとらえ、彼らの世界に蔓延することになったのである。

神泉苑御霊会

触穢とならんで当時の貴族層をとらえたのが「怨霊」の観念である。これは本来は自然の脅威を畏怖し、自然的な災異が「霊＝タマ」によるものであり、安定した生活や生産のためにはそれを鎮めなければならないとする観念から発したといわれる。しかし、都市生活の展開にともない、その「霊＝タマ」が自然発生的なものではなく、政治的な陰謀などによって非業の死を遂げた人々の怨みの霊＝怨霊であるとする考え方が流布するようになった。

長岡京遷都に際して起きた造宮使藤原種継の暗殺事件に関係した罪により、淡路国に配流になりその途中で非業の死を遂げた早良親王が、怨霊となって桓武天皇の周囲に祟りをもたらしたこと、そしてその祟りを恐れた天皇が早良親王の怨霊を鎮めるため八〇〇（延暦十九）年に追号して崇道天皇としたことは有名である。

このような怨霊の思想が都市平安京に広がる大きな契機となったのが、八六三（貞観五）年に内裏南面に接した神泉苑で行われた御霊会であった。『日本三代実録』によれば、この正月以来咳逆病＝流行性感冒によって多くの民衆が死亡しているので、それを鎮めるために御霊会を修することにしたと記している（同年五月二十日条）。そしてその御霊とは「崇道天皇」以下六柱の御霊で、これらは「事に坐して誅せられ、冤魂厲を成し」た人々であり、「近代以来、疫病繁発し、死亡甚だ衆」いのはこれら「御霊」による、ともいっている。実際、八六一年には赤痢が発生し、八六二年夏には大雨によって飢饉になり、さらにその秋には地震が多発するなど、京都の生活は混乱に陥っていた。

もちろん、政治的に排斥され死亡した人々の霊が、このような災害や疫病をもたらすわけではないが、彼らを陥れた貴族層にとってみれば、災害や疫病の流行を彼らの怨霊のせいにするとともに、災害や疫病が原因で生じた政治不安を彼らの怨霊を御霊として鎮撫することによって回避しようとしたのであった。

だからこそ、当日は神泉苑の四門を開放し、多くの都市民に見物させるとともに、御霊の前には花を捧げ、金光明経・般若心経を読経させ、さらに雅楽寮の楽人に音楽を奏させ、大唐舞・高麗舞を舞わせるなど、大々的な演出が行われたのである。

しかし、このことは災害や疫病の流行、さらには政治的な混乱が、非業の死を遂げた人々の御霊の祟りのせいであり、それは死者の一種の政治批判でもあるという観念を広く流布させることにもなった。これ以後、船岡山の御霊会、北野の御霊会など平安京周辺にさまざまな御霊会が成立してくることがそれをよく示している。そしてそれの代表が、八六九（貞観十一）年に始まったといわれる祇園御霊会である。祇園御霊会、今流のいい方をすれば祇園祭は以後京都の夏を彩る祭として定着するが、本来は災害や疫病を起こす怨霊を鎮撫することに目的があったのである。

怨霊とシダラ神事件

また前述したが、九四五（天慶八）年の七月末から八月にかけておきたいわゆる「シダラ神」事件の評価の一つとして、担がれていた神輿が「自在天神」＝菅原道真の霊であったことから、この事件が、藤原時平によって左遷された道真の霊を「筑紫」から京へ運ぶことによって、強化されつつある藤原北家による政治の独占を批判し、抵抗しようとする意志を表現するものであったという説があることを紹介したが（河音　一九七六）、この道真の霊こそこの時代を代表する怨霊であった（義江彰夫　一九九六）。

醍醐天皇は時平とともに道真の左遷を実行した首謀者の一人であったが、彼の皇太子保明親王が九二三（延喜二十三）年三月死亡した時、「世は挙げて、菅帥の霊魂・宿忿の為せるところなり」といったというし（『日本紀略』同年六月二十一日条）、九三〇（延長八）年六月清涼殿に落雷があり多くの公卿が死傷するという事件が起きたが、この事件も、そしてそれが原因で醍醐天皇が病気になってしまったのも、死後怨念のために火雷天神となった道真の怨霊のせいだといわれている（『日本紀略』同年六月二十一日条、『北野天神縁起』など）。

このように、道真の霊が怨霊として貴族社会に猛威を振るっていたからこそ、「シダラ神」事件において菅原道真の霊を神輿として担ぐ意味があったのであった。

以上、長々と述べてきたが、九世紀後半になって明確な姿を現してきた触穢観念と御霊信仰こそ、その後の肥大化した都市平安京の住民、とくに貴族層を中心とした支配階層の意識・生活を呪縛し続けることになった。

5　保刀禰から「町内名士」へ

保刀禰の構成

本章2節中の「内裏焼亡と治安体制の再編」で述べたように、一〇世紀後半以降の平安京の治安の維持を担当したのは検非違使の下での保刀禰であった。

保刀禰に関する記事は、一〇世紀後半以降の貴族の日記などに散見するようになるが、彼らの活動を知るうえで興味深いのが、一〇三五（長元八）年十二月から翌年正月にかけて書かれた一六通の「保刀禰等解」である（『平安遺文』五五四〜五六九号）。これらは、「九条家本延喜式」の裏文書として偶然残されたものなので、本来はもっと多かったはずであるが、これだけでも当時の平安京の保刀禰の実態に迫ることができる貴重な史料である。以下、この一六通の「保刀禰等解」を中心に彼らの活動を見てみることにしよう（北村　一九八五）。

さてこれらは、「博奕」（具体的には双六）の制止を命令した検非違使の符（下達文書）に対して出された保刀禰らの請文であるが、まずこのことから、当時の保刀禰が検非違使の下で博打の制止などを担当する存在であったことが確認できる。そして、一六通のうち条坊保の名がわかる「解」は八通あり、それには「二条三坊三保」から「八条二坊二保」まで含まれていた。そしてそれに加えて「冷泉院東保」「釆女町」の刀禰らからも出されているから、当時の平安京は、条坊（保）制に基づいた行政区画といわゆる「官衙町」のような区画から成り立っていたことがわかるとともに、そのような行政区画にも刀禰が置かれていたことが判明する。検非違使の命令は、保刀禰を介して京中のほぼ全域に伝達されたのであった。

次に、その保刀禰の構成をみると、一名から五名までばらつきはあるが、四名の「解」が五通あり、三名が二通、五名が一通であるから、だいたい四名から構成されていたと判断できる。一保は四町から構成されるのが原則であったから、一町に一人の刀禰が置かれたと推定することもできよう。

そして全体のなかでは三通だけだが（しかし、四名の構成をとる例五通のうちの三通である）、そのなかの一名が「行事」を名乗っていることが確認できる。他の例などから考えて、その期間が「月」なのか「年」なのか判断できないが、四名のうち一名がその時の責任者、ないし担当者として「行事」を名乗っていたと考えることができよう。

保刀禰と「町内名士」

さて、「保刀禰等解」のうち一通を紹介し、彼らの存在形態を見てみることにしよう（『平安遺文』五六二号）。

左京三条三坊四保刀禰等解し申し請う検非違使庁の符の事
　載せらるる壱紙　博奕を制止するの状
右、去年十二月十三日の庁符、今年正月十一日到来す、請くること件の如し、そもそも博奕の輩に制止を加うと雖も、只高家雑色牛飼ら、類を招き党を結び双六をなすの事、刀禰らをして制止を用いず、ややもすれば放言を致す、しかれば則ち双六の所、ならびに博奕の輩を指して、庁前に言上すべし、更に刀禰らの制止に及ばず、よって事の状を注しもって解す、
　　長元九年正月十二日　　刀禰粟田延時
　　　　　　　　　　　　　　上道「忠包」

一六通のうちこの史料を取り上げたのは、博打をやっている集団が判明するからである。他の「刀禰等解」は、検非違使庁符を請けて「近来京中奸濫（かんらん）の輩、類を招き党を結び、事（こと）双六を好む」と記しているだけであるが、この史料では、双六を行い禁止の対象となっているのが「高家雑色牛飼（こうけぞうしきうしかい）」らであると明記されている。「高家」とは身分の高い貴族層の家を意味しており、「雑色牛飼」とはその家で雑用や牛車の扱いなどをして働いている下部を指しているが、彼らは主人の家の権威を背景に刀禰

などのいうことはまったく意に介さないというのである。

このような事態は、平安京において身分制的な権威がいかに強いものであり、そのもとでの都市行政がいかに困難であったかを示しているともとれるが、実態はそうではないであろう。雑色牛飼が刀禰らに向かって「放言」まですると記されていることは、雑色牛飼と刀禰の両者が基本的に同じ階層に属しており、職務をはずすと「類を招き党を結ぶ」同類であったからではないだろうか。「更に刀禰らの制止に及ばず」という背景には以上のような事情があったように思うのである。

もちろん、だからといって刀禰らが犯罪者集団であったというわけではない。「双六」などという都市の日常で行われていた「賭事」の周辺にいた人々、「高家雑色牛飼」や刀禰の階層こそが、都市住人を構成する中心的な階層だろう、ということをいいたいだけである。

しかし、このような刀禰の地位も、検非違使―保刀禰体制が継続し、それなりに治安の安定に役割を果たすようになると、平安京のなかで「競望（きょうぼう）」される役職に変化する。

時代はやや新しくなるが、一〇八五（応徳二）年四月十七日に常陸光方なる者を九条二坊の保刀禰職に任命する「検非違使庁下文」が残されている（『朝野群載』巻一一、廷尉）。それによると、この光方は「すでに三代の刀禰たらば、早く保刀禰職に補任」すべきである、といわれている。すなわち、刀禰が三代にわたって受け継がれるような職務になっていたのであり、さらに保刀禰「職」といわれているように、保刀禰が単なる職務ではなく、職権と得分権をともなう「職（しき）」に変化していたことである（黒田　一九七六）。保刀禰を家職とする家の形成は、戸田芳實氏の「国内名士」という言葉に倣うならば、保内の有力者すなわち「町（保）内名士」の形成とでもいうべきであろうか（戸田　一九六二）。

三代継続というと、五〇年ほど前のことだと考えられるから、ちょうど前述した長元八・九年の「保刀禰等解」のころになる。あの時期が保刀禰の地位の変化の時期であったかもしれない。

自治のめばえ

保刀禰職＝「町内名士」の登場は、都市平安京の生活の変化の重要な現象であった。それは、マチの自治を生み出す要因ともなった。この変化を明瞭に証明することは難しいが、『今昔物語集』の一説話を用いてその芽生えらしきものを描いてみたいと思う。それは、『今昔物語集』巻二九─第一一に収められた「幼児、瓜を盗みて父の不孝を蒙りし話」で、概略は以下のようである。

「今は昔」、ある家の主人が数個の瓜を得たので、一日厨子（ずし）の中に入れて外出した。そして夕方帰宅して厨子をみたところ一個の瓜が紛失している。それで家中の人を集めて問いただしたところ、初めのうちは皆知らないといっていたが、しつこく責めるので、使われていた女性が「確か昼頃七・八歳ばかりの息子阿字丸が瓜を一個取り、食べているのを見た」といってしまう。これを聞いた親は、「ともかくも言わで、その町に住みけるおとなしき人々をあまた呼び集め」て、その人たちの前で息子の阿字丸を「ながく不孝（勘当）して、この人々の判を取」ってしまった。

その後、勘当された息子は成人して宮仕えなどをしていたが、ふたたび盗みをして捕えられた時、親が問題となり、検非違使庁にこの親が呼び出されることになった。犯罪の縁座制である。ところが呼び出された親は、以前に瓜を盗み勘当したときの「在地の判」を提出し、確かに勘当し親子の縁を切っていることが認められ、盗人の親としての罪から逃れることができた。

以上である。瓜一個の盗みでわずか七、八歳の子供を勘当してしまう、というドライな親子関係にも目を見張るものがあるが、ここでは、その勘当を証明した「その町に住みけるおとなしき人々」の存在に注目したい。彼らは別の箇所では「郷の人ども」ともいわれ、彼らの「判」は「在地の判」ともいわれていた。そしてなによりも彼らの「判」＝証明は、検非違使庁においても有効であったことである。

彼らは親と子との関係を証明し、彼らの証明は検非違使庁までもが認めざるを得ないという意味において、在地の秩序の維持を担当した組織であった。このような機能といい、「おとなしき人々」とは「乙名しき」とか「大人しき」と書いて、その地域の長老たちを指す語句であることなどから、彼らこそ前項で指摘した「町内名士」そのものであったということができよう。

＊

以上、九・一〇世紀を中心に、都市京都の変容過程と都市住民の性格について概観した。平安京が都市として成熟するにともない、新たな問題も惹起することになった。

それは都市人口の増大と多様化を前提とした都市問題としての性格をもっていた。そのなかでも大きな問題は「ゴミ」問題であった。一般的なゴミはもちろんであるが、それだけでなく、日常的に排泄される糞尿、さらに究極のゴミである死体は、都市を維持するうえでの大問題であった。これらに対処するために、検非違使・京職を中心にさまざまな手段がとられたが、最終的には葬送をめぐる触穢観念、さらに疫病を媒介とした怨霊思想として、貴族層を中心とした都市住民の心をとらえることになったのである。このような都市の精神構造をぬきにして、「国風文化」の精神的な背景を理解することができないことは明らかであろう。「国風文化」の華やかさのもう一面を明確に抑えておく必要がある。

また、そのようななかでも、都市の民衆階層は自分の職能を十分に発揮して自立した経営を行うともに、都市生活の基盤を支えていた。そして、自分たちの生活と経営を支えるために、徐々に自治的な組織を形成していった。前章で述べた中世村落の形成と軌を一にする動きであるといえよう。

「国風文化」の舞台となった一〇・一一世紀の京都とはこのような構造と性格とをもっていたのである。

Ⅲ章　九・一〇世紀の外交と排外意識の形成

1　伝統的対外意識の動揺

九世紀外交の特徴

「国風文化」の成立を論じる時、必ず指摘されるのが八九四（寛平六）年の遣唐使の中止事件である。これによって唐文化の流入がなくなり、文化も国風の色彩を濃くした、というのが「定説」のごとくである。しかし、「国風文化」を構成している中心的な要素がこの事件だけで全面開花したというのも奇妙な議論だし、近年の対外関係史研究においても、この事件を日本とアジアとの外交関係の大きな転換点と評価することには疑義がだされているから、「国風文化」の時代の特質を考えるためには、遣唐使の中止事件を含めて、九・一〇世紀の対外関係の特徴について改めて近年の研究の成果を確認しておく必要がある。以下、石上英一氏・石井正敏氏・酒寄雅志氏らの成果に基づきながら、「国風文化」形成の重要な条件の一つである当該期の対外関係の特徴について概観していくことにしたい

（石上　一九八二／一九八四、石井　一九九二a、酒寄　一九九三、など）。

九世紀における日本の対外関係の第一の特徴は、それまでそれなりに続いてきたアジア諸国への遣使が、この世紀の前半をもってほぼ終わってしまったことである。例えば、新羅との公的な関係は、七七九（宝亀十）年の新羅使節の来日をもって最後となり、日本からの使節も遣唐使の保護依頼という副次的な目的による使節が八三六（承和三）年に派遣されるが、後述するような大問題を起こしたこともあって、それ以後は派遣されなくなる。遣唐使も八三八（承和五）年が最後の派遣で、八九四（寛平六）年の遣使が計画だけで終わったことは周知の事実である。また、順調に継続されていた渤海との関係も、渤海からの使節は九一九（延喜十九）年まで続くものの、日本からの遣渤海使は八一〇（弘仁元）年が最後で、以後派遣されていない。

このように、それまで大陸の先進文化を取り入れるために積極的に使節を派遣してきた古代国家の外交姿勢が、九世紀前半を境に大きく変化した。この変化は「日本が主体的な外交を求めなくなったことを意味していると考えてよいであろう」（石井　一九九二a）。

しかしだからといって、九世紀後半以降日本の外交関係がまったくなくなってしまった、というような教科書的な理解も間違いである。詳しくは一〇世紀の対外関係の項で扱うが、公的な対外関係がなくなる一方で、商人らによる私的な交易関係は活発化する傾向にあったし、貴族層の舶来品に対する憧憬はいっそう増幅されていく。おおまかにいって、公的な外交関係に対する消極的な対応と、私的な貿易に対する積極的な対応というのが、九世紀後半以降の朝廷の外交姿勢であった。
少なくとも遣唐使の派遣中止事件は、このような脈絡のなかで評価されなければならない。

「東夷の小帝国」

古代律令制国家としての日本の伝統的な対外意識を「東夷の小帝国」と規定したのは石母田正氏である（一九七三）。

それは、「臣下と人民を『王民』として組織し、それによって『化内』と『化外』を対立せしめ、化外の民に夷狄と諸蕃とを設定し、居留外国人を夷狄視し、捕えた夷狄を賤民とするような体制」をもつものであり、律令編纂の国際的意義は「諸蕃と夷狄に君臨する小帝国＝『日本国』として、大唐国と『隣好ヲ結ブ』地位をかちとることにあった」と論じた。したがって、八世紀の日本の対外関係は、「『隣国』＝唐国、『諸蕃』＝朝鮮諸国、『夷狄』＝隼人・蝦夷等という三類型」から成り立っていたというのである。石上氏がいうように、唐を隣国とし、新羅・渤海を諸蕃の朝貢国と位置づけることが、現実の国家関係においてはいかに実体のないものであったとしても（石上　一九八四）、支配者たちの意識構造のなかには、常に甦る伝統的な意識として潜在していたのである。

例えばそれは、平城京からの遷都という大事業と、エミシ侵略という「領土」の拡大とを同時に遂行しようとしていた桓武天皇の時に象徴的に現れる。天皇は、長岡京に遷都した翌年の七八五（延暦四）年に、長岡京南郊の河内国交野柏原で「昊天上帝」＝天神を初めて祀っているが、それは、天命思想に基づいて、天帝から地上の支配権を委ねられた天皇が、天子として天帝を祀る、という意味を込めた行事であったのである（佐藤　一九八八）。日本の天皇こそが天帝から地上の支配権を委ねられた天子である、という独善的な考え方である。

そして七九七（延暦十六）年、『続日本紀』が完成し、撰者菅野真道（すがののまみち）らが桓武天皇に奉った上表文には次のように書かれていた（『日本後紀』同年二月十三日条）。

（天皇の仁徳は）ついに仁は渤海の北に被（かがふ）りて、貊（ばく）種、心を帰し、威は日河の東に振（にぎわ）いて、毛夷、息を屏（ひそ）めしむ、

天皇の仁と威を誉め讃えるために引き合いにだされたのが「渤海」と「毛夷」＝エミシであり、そして天皇の徳は「エミシはもとより渤海の地」までを覆うほどである、と賞賛されているのである。「諸蕃と夷狄に君臨する（東夷の）小帝国＝『日本国』」としての意識が明瞭に示されているといえよう。

「新羅執事省牒」事件

しかし石上氏がいうように、実体をともなわない意識構造は常に崩壊の危機をはらんでいる。それが明確な形で現れたのが八三六（承和三）年の「新羅執事省牒（ちょう）」事件であった。

朝廷は、同年正月、遣唐使の派遣を決定して使者を任命するとともに、七月に出発することにした。そしてそれに先立つ閏五月に、万一遣唐使船が新羅に漂着した場合の保護を「告諭（こくゆ）」するための太政

官符をもたせて、紀三津を遣新羅使として派遣した。ところが、その交渉の際に三津が「専ら通交のため」と説明してしまったために、太政官符の「告諭」との違いを指摘され、さらに偽使の疑いまでかけられて三津は帰国することになった。

これだけでも新羅を「諸蕃」＝朝貢国であると位置づけてきた日本にとっては認められない出来事であったが、さらに三津が持ち帰った「新羅執事省牒」には、これまでの日本の対外認識を根底からくつがえす文面が書かれていた。それは、

小人（紀三津）の荒迫の罪を恕し、大国（新羅）の寛弘の理を申す、

という箇所によく現れている。すなわち、「『大国』である新羅は、『小人』である（日本の使者）紀三津の罪を広い心をもって許しましょう」というのである。ここでは日本を指して直接「小国」とはいっていないが、言外にそれを含んでいたことは十分察することができよう。対外認識の明らかな逆転である。

さらに、この「牒」のなかでは、「使（三津）、専対にあらざれば、憑みとなすにたらず」ともいい、「旧好を求め尋ぬるならば、彼此何ぞ妨げん」ともいっている。三津の罪を「大国」であるが故に許すが、そのうえで、日本が「旧好」のように「専対の使」＝責任をもって交渉できる外交官を派遣するならば妨げはない、ともいっているのである。告諭を拒絶し対等外交を求める立場が明瞭に主張されているといえよう（『続日本後紀』承和三年十二月三日条）。

このように、紀三津がもたらした「新羅執事省牒」では、それまでの日本の「東夷の小帝国」という認識がまったく否定されてしまっている。日本の伝統的な対外認識は大きく動揺することになった。

この事件が、当時の支配者層にとって衝撃的な大事件であったことは、いままで述べてきた「新羅執事省牒」の全文を『続日本後紀』に収録するとともに、その理由をわざわざ記していることからでも理解できるし、その理由もまた彼らの動揺がいかに大きかったかを十分示している。

此のごときの異論、誣罔（ふもう）に近し、この事、もしただ大略を存して、首尾を詳びらかにせざれば、恐らくは後に観るもの得失を弁ずることなし、因りて全て執事省牒を写して、之を附載す、

すなわち、新羅国のいい分は「誣罔」＝偽りに等しい。他の条文のようにその大要だけを記して全体を明らかにしておかなければ、後世の人が真理を理解することができなくなるに違いない。だから執事省牒の全文を掲載することとした、というのである。

編者たちは「執事省牒」の内容が異例であることも、さらにそのような「牒」を全文掲載することが「異例」であることも十分認識していた。彼らの意識の動揺を示すだけでなく、将来に起こる可能性のある「事件」を危惧した文章であるといえよう。

2 排外意識の強化と神国思想

張宝高一件

『続日本後紀』の編者の「危惧」が早くも四年後に現実化する事件が起きた。それは新羅の軍人張宝高に関する事件である。

張宝高は唐に渡り軍人として活躍した後新羅に帰り、清海（全羅南道莞島）を拠点に活躍して、清海鎮大使に任命されるとともに、唐・新羅・日本を結ぶ貿易に従事して勢力を拡大していた。ところが八三六年頃より新羅王位をめぐる対立が起ったため、それに介入した張宝高は八三九年金祐徴を擁して反乱を起こし、勝利して彼を神武王として即位させた。そして神武王死後はその王子を擁して王位につけ文聖王とした。

このようにして新羅の実権を握った張宝高は、八四〇（承和七、新羅文聖王二）年十二月使者を大宰府に派遣し、方物を献じてきた。朝廷は、張宝高は「蕃外新羅の臣」であり、「人臣たれば、境外の交無し」、「宝高はこれ他臣たり、敢てたやすく貢を致さんや」という立場から、翌年二月方物は返却し、民間との貿易のみ認めるという対応をとったのである。この立場は「日本政府の一貫した立場」であり、「その目的は、国内の君臣関係の秩序の維持とともに、貿易は確保しつつも他国の紛争に介入しない、他国に介入の口実を与えないという防衛的なものであった」という（石上　一九八四）。

ここで終息していればなんら問題はなかったのだが、事態は新たな展開を見せる。それは張宝高の死が発端である。

というのは、宝高に命じられて大宰府に献じた方物を取り戻しに来た廻易使李忠らは、帰国後宝高が死んだことを知り、宝高の部下や子弟の財物をもってふたたび大宰府に逃れてきたのである。宝高を破り実権を握った閻丈（えんじょう）は、早速、使者を大宰府に派遣し、張宝高の死とその後の経緯を報告するとともに、日本へ逃亡してきた宝高の部下の追捕と、李忠らがもたらした宝高らの財物の返却を要求してきた。

朝廷は、閻丈が送ってきた牒（ちょう）が筑前国宛になっていて大宰府宛でないことなどを理由に牒は受け取らずに返却し、李忠らがもってきた財物は大宰府に勘録させ、李忠らには粮を与えて帰国させるという処置をとった。

張宝高一件に関する朝廷の一連の処置は「他国の紛争に介入しない、他国に介入の口実を与えない」という基本方針に則った機敏な対応といえるが、しかし日本がそのような立場を取ったとしても、隣国新羅で起こった政治的な紛争が政治的な「亡命」などという関係を通じて、直接的に日本に影響を及ぼすことを経験したのである。

さらに彼らの緊張を高めたのが、文室宮田麻呂（ぶんやのみやたまろ）の事件である（戸田芳實　一九六七）。それは前筑前守文室宮田麻呂が、以前に唐国貨物を購入するために張宝高に絁を前払いしていたこと、張宝高が死んだので、再来した李忠らの貨物を唐国貨物の代わりに差し押さえていたことが判明し、宮田麻呂は李忠らから得ていた貨物を返却させられてしまった（『続日本後紀』承和九年一月十日条）。筑前国司が張宝高らと直接貿易関係を結んでいたという事実も興味深いが、ここでは、政治的な紛争という条件だけでなく、貿易関係を通しても新羅の政治的な混乱が日本国内に持ち込まれるという危険性が存在することを認識させたことが重要である。

このように、張宝高を中心としたいくつかの事件は、防衛的なものであったとしても、「貿易は確保しつつも（略）他国に介入の口実を与えない」という日本の外交姿勢の基本が深刻に問い直されなければならない状況を作りだしたのであった。

日本政府の対応

上記のような対新羅関係の悪化のなかで、日本の対外政策の手直しが図られる。その契機となったのが八四二（承和九）年八月に大宰大弐藤原衛から提出された「四条起請」であった（『続日本後紀』同年八月十五日条）。その第一条には次のようにあった。

> 新羅朝貢、その来れるや尚し、しかるに聖武皇帝の代より起こり、聖朝（仁明）にいたる迄、旧例を用いず、常に奸心を懐き、苞苴（贈物）を貢ぜず、事を商賈に寄せ、国の消息を窺う、方今、民窮し食乏す、もし不虞有れば、何を用いて夭いを防がん、望み請うらくは、新羅国人、一切禁

断し、境内に入れざらんことを、

藤原衛の大弐任命は承和九年一月十三日のことであるから（石上　一九八四）、一連の張宝高事件が終息した直後に赴任したことになる。事件の余韻のせいであろうか、非常に緊張した内容になっている。とくに「常に奸心を懐き、苞茅を貢ぜず、事を商賈に寄せ、国の消息を窺う」という箇所は、宝高と文室宮田麻呂との関係のように、日羅貿易が紛争の火種を日本に持ち込む危険性を指摘しているし、「民窮し食乏す、もし不虞有れば、何を用いて夭いを防がん」という箇所は、民衆が窮乏している状況では、いったん事が起これば国内も混乱に陥る危険性があることを指摘している。だからこそ、その火種になる可能性のある新羅人の入国を一切禁止すべきである、という上奏になったのである。

この背景には、直前の七月十六日に発覚したいわゆる承和の変による政情の混乱があったことが当然想定されるが、それだけでなく同じ八月二十九日に本郷放還が決定された前豊後介中井王のように、豊後だけでなく筑後・肥後国らにも「浮宕」して活動していた連中の存在があったからにほかならない（『続日本後紀』同日条）。宮田麻呂のような可能性は北九州地方のどこにでも存在していたのである。このような観点から見るならば、衛が第二条で指摘している「管内に留住し、常に農商を妨げ」ている「五位の徒」とは宮田麻呂や中井王のような存在ではなかったろうか。

このような藤原衛の申請に対して、朝廷は「徳沢遠くにおよび、外蕃化に帰す」と「東夷の小帝国」としてのイデオロギーを確認したうえで、もっぱら入境を禁止すれば、仁がないのと同じになってしまうので、「流来」＝漂着した人々と同じように粮を充てて放還することにし、商人は従来通り来航を認めることにして、衛が申請した全面禁止という処置はとらなかった。

しかし、全面入国禁止という方針はとらなかったものの、「外蕃化に帰す」、すなわち外蕃の者で帰化を求める者は帰化を許すという従来の方針からみれば大きな変化であったといわざるを得ない。紀三津の失敗、そして張宝高一件という一連の対新羅の外交関係は、新羅人の帰化を認めないという外交政策の大転換をもたらしたのであった。

そしてその結果、それまでの「諸蕃」という位置づけに代わって、藤原衛の上奏にあったように、新羅は「奸心を懐き」「国の消息を窺う」国であるというような差別的な、排外的な認識を醸成することになったのである。石上氏をはじめとする諸氏が、八四〇年代初頭をもって「古代対外関係史の画期」だとする評価はまったく正しいといわざるを得ない。

新羅海賊襲撃事件

しかし、八四〇年代初頭の「古代対外関係史の画期」は、藤原衛の上奏に対する朝廷の方針にもあったように、帰化政策においては大きな変化であったが、商人、すなわち貿易は以前と同じように継続された。「貿易は確保しつつも他国の紛争に介入しない、他国に介入の口実を与えない」という方針は、徐々に消極的になってきているとはいえ、「貿易は確保しつつも」という側面では維持されてきたのであった。しかし、その貿易も含めて反新羅的な外交方針が取られる事件が起きた。それは八六九（貞観十一）年の新羅海賊襲撃事件とそれに関連するいくつかの事件である。

貞観十一年五月二十二日夜、突然二艘の新羅海賊船が博多津を襲い、豊後国の年貢絹綿を積んだ船を略奪するという事件が起きた。これは、大宰府管内の諸国の貢調船は「一時共発」すべきところ、理由は不明だが「豊前一国、独り先に進発」してしまったために、この事件にあってしまったのだが、朝廷の衝撃は大きく、

ただ官物を亡失するに非らず、兼ねてまた国威を損辱すること、これを往古に求むるにいまだ前聞あらず、後来に貽（のこ）すに、まさに面目なかるべし、

という反応であった（『日本三代実録』同年七月二日条）。政府の驚愕の様子は、後述するように新羅海賊事件だけが要因でないとはいえ、同年十二月十四日には伊勢神宮、さらに二十九日には石清水八幡宮へ奉幣し「告文（こうもん）」を捧げてその鎮静化を祈願し、さらに翌年二月には神功皇后陵へ報告していることからも知れるであろう。

問題は、あの張宝高の一件から二七、八年も経過しているのに、政府がこのように異常なほどに恐怖感をもち、対応をしなければならなかったことである。それは、張宝高事件の時の文室宮田麻呂のように貿易の側面での接近だけでなく、新羅と政治的に内通する勢力が現れていたからであった。

八六六（貞観八）年七月十五日、大宰府の駅使は、肥前国基肆（きい）（肄）郡人川辺豊穂の「告」として、「同郡擬大領山春長が、新羅人珎賓長とともに新羅国に渡り『兵弩器械』を造る術を教えて、対馬島

を撃取しようとしている。藤津郡領・高来郡擬大領・彼杵郡人らも同謀者である」ということを報告しているし（『日本三代実録』）、同じ年、隠岐前守越智貞厚が新羅人と反逆を計画しているとの密告があったりしている（同貞観十一年十月二十六日条）。隠岐国の場合は「誣告（ぶこく）」であったようであるが、そのようなことが起こっても不思議がないような状況だったのであろう。というのは、『日本三代実録』同年十一月十七日条には、朝廷が、最近「恠異頻見（かいいひんけん）」するのは「新羅賊兵、常に間隙を窺（うかが）う、災変の発（おこり）はただこの事に縁る」という認識があったことが記されているからである。

また、新羅海賊襲撃事件の後であるが、翌八七〇（貞観十二）年二月には、新羅に漂着し逃げ帰った対馬島人が、新羅が大船を建造し対馬島の「伐取」を計画したと報告しているし（同年二月十二日条）、さらに同年十一月には、大宰少弐藤原元利麻呂ら五人が新羅国王と内通し、国家を害せんとしたかどで逮捕されるという事件も起きている。

以上のような一連の事件は、新羅の対馬島来襲が現実的な可能性を帯びていること、そしてそれが新羅の一方的な襲撃ではなく、それに呼応しようとする日本の中の動きと連動して起きる可能性が高いということを、十分日本政府に知らしめることになったのであった。

八六〇年代末から七〇年代初頭にかけては、八四〇年代初頭とはレベルが違った意味で、新羅国との緊張関係が増幅された時期であった。とくに新羅の来襲とそれに積極的に呼応しようとする国内勢力の存在は、国家の存亡にも発展しかねない現実的な危機感を日本の支配者層に認識させるとともに、新羅に対する敵視と排外意識とを強化させることになったのである。

国家の対応と神国意識

それは、以上のような新羅との関係に対する日本政府の対応によく表現されている。新羅海賊襲撃事件の後、伊勢神宮と石清水八幡宮に「告文」を捧げたことは前述したが、これに象徴的なように、新羅との対応のなかで、朝廷は日本が神国であることを強く意識するようになっていく。

それは八六六（貞観八）年の肥前国基肆郡擬大領山春長の内通事件頃から見られるようになる。当時の朝廷が、最近「恠異頻見」するのは「新羅賊兵、常に間隙を窺う、災変の発はただこの事に縁る」という認識をもっていたことは前述したが、その時、この文章に続けて、

> それ災の未だ兆（あらわ）さざるを攘（はら）い、賊に将（まさ）に来たらんとするを遏（とど）めるは、ただ是神明の冥助のみ、豈（あ）に人力の為すところと云わんや、

といい、能登・因幡・伯耆・出雲・石見・隠岐・長門・大宰府ら日本海沿岸の諸国に命じて、「邑境諸神」に幣帛を捧げ「鎮護の殊効を祈」らせているのがそれである。

そして、新羅海賊襲撃事件があった八六九年の十二月には相次いで伊勢神宮と石清水八幡宮に奉幣し「告文」を捧げ、その鎮護を祈願している。その告文によれば、新羅海賊襲撃事件だけでなく、大宰府の庁楼兵庫らの上に大鳥が飛来するという「恠」や、さらに肥後国・陸奥国に地震が相次いで起こったことなどが要因のようだが、その中心は新羅海賊襲撃事件であったことは間違いない。そして

そこには次のような文章が見られる（『日本三代実録』貞観十一年十二月十四日・二十九日条）。

　しかれば我が日本朝は所謂神明の国なり、神明の助け護り賜ば、何の兵寇か近来すべき、

日本＝神明の国という意識が表現されていることは明らかであろう。日本は神国だから「兵寇（へいこう）」（具体的には新羅の襲撃であろう）は起きないのだ、という考え方、すなわち神国思想の登場であった。

　このような独善的な神国思想は、さらに新たな展開を遂げる。それは排外主義と新羅に対する差別意識の強化である。

　その第一は、翌八七〇（貞観十二）年一月に「太元帥法（たいげんのほう）」が修されたことである（『平安遺文』四九〇二号）。太元帥法は、八三九（承和六）年に遣唐使に随行した僧常暁が唐から将来した修法で、王の国境内を守護し、隣国怨敵を承伏させ、逆臣を滅し、国内から諸疾・疫苦を消滅させるという真言密教の大法で、臣下の修法は許されないまさに王のための修法であった。外部からの侵害に対して自国内の安寧・平和のみを祈る修法であり、その極度の閉鎖性に特徴がある。これが「隣国賊難を降伏すべきの勤めは専ら太元帥の力なり、すべからくよく勤仕すべし」という宣旨を受けて、すなわち「新羅の賊」を降伏するために修されたのであった。天皇を中心とした日本という国家は、閉鎖性と排外性とをもってアジア世界のなかに自らを位置づける方向へと進み始めたのである。

　さらに新羅に対する意識を悪化させる契機になったのが同年二月の香椎廟（かしいびょう）と神功（じんぐう）皇后陵への奉幣である。香椎廟への奉幣は石清水八幡宮・宗像（むなかた）神宮・甘南備（かんなび）神の奉幣と一緒に行われたのだが、この香

椎廟こそ「三韓征伐」の神話で有名な神功皇后を祀る廟であった（香椎廟は、仲哀天皇を祀る香椎宮の側に、託宣によって七二四（神亀元）年に天皇の皇后である神功皇后を祀ったことに始まるという伝説をもっている）。そして香椎廟だけでなく、神功皇后の陵である「楯列山陵」にも「新羅寇賊を禦すべき状」の告文を捧げたのである。明らかに「三韓征伐」という「神話」に依拠して朝鮮諸国（この場合は新羅）への差別意識を復活・増幅させることによって、「隣国賊難を降伏」させようとするものであった。実際、香椎廟への告文のなかには他の告文にはない以下のような一文が挿入されていた。

> 況やまた彼の新羅人の相敵い来れりける事は、掛けまくも畏き御廟の威徳に依て、降伏し賜て、若干の代時を歴来たり、しかして今此の如に狎侮の気色を露出するは、最も是御廟の聞き驚き怒恚り賜べき物なり、

新羅人は以前に「御廟の威徳に依て降伏」させたにもかかわらず、「今」ふたたびこのような事件を起こすということは「御廟の聞き驚き怒恚り賜」うところである、というのである。明らかに「御廟の威徳」＝神功皇后の「三韓征伐」という神話の復活によって、今回の新羅海賊襲撃事件に対処しようとしているといえよう。そしてそれは新羅に対する差別意識の復活でもあった。

王土王民思想

さらに最近、村井章介氏は、九世紀中頃における新羅観の変化の背景には「中世的な王土王民思想」の形成があったことを明らかにしている（一九九五）。村井氏は「王土王民」思想に関する史料

を博捜し検討を加えたうえで、次のようにまとめている。やや長くなるが、重要な論点なので紹介しよう。

八世紀以前の王土思想は、顕教（「たてまえ」の世界）としては、中国の王土王民思想をうけて、際限なき「天下」「率土」への支配を揚言しつつ、密教（内部的世界）としては、中国周辺の〈小中華〉にすぎないという日本の現実的な地位をふまえて、「天下」「率土」を「大八州」「くにのうち」とこっそり読みかえるものであった。

これに対して九世紀以降の王土思想は、天皇の絶対的支配のおよぶ範囲を、「食す国の内」「九州の内」「九州の地」という、日本国家の支配領域に明確に限定される内容として表現される。密教の場で語られていた「くにのうち」が顕教の世界に姿をあらわしたのだ、と。そしてこの王土思想とは、日本の支配層が、「王土」が現実には閉じた空間としての「国土」にすぎないことをはじめて対自的に意識化したという内容をもつものであり、これこそ「中世的王土思想」であると。

このように、中世的王土思想を確定したうえで、氏は九世紀における日本の新羅観の変化を分析し、これは新羅観にとどまるものではないとしながらも、どの国家とも正式な国交を結ばないという原則のもとで、必要な文物は摂取しつつ、中国とは対等、朝鮮半島の諸国家に対しては優位という地位を観念のなかで保存してゆくことが、以後の支配層の伝統的なスタンスとなったこと。そしてこのスタンスを確保するには、現実の国際政治の力関係から日本の国家領域を観念のなかで切り離し、聖別するイデオロギーが必要とされるが、その役割を果たしたのが中世的な王土王民思想や神国思想であったと評価する。

このように九世紀後半の日本の対外意識は、対新羅との関係を中心としながらも、アジアの国際社会で具体的に展開する外交関係には積極的に対処し得ないまま、「三韓征伐」という「神話」を拠り所にした観念的な神国思想や、支配領域としての国土を観念的に閉じた空間としてしか認識することができない中世的王土王民思想などによって、閉鎖的で排他的な、さらに差別的な構造を特徴として現出してきたのである。

したがって、九世紀後半から一〇世紀にかけて準備された「国風文化」とは、以上のような対外意識を前提にして形成されたことを確認しておかなければならない。

九世紀外交のもう一つの側面

さて、これまでは九世紀後半における日本の支配者を中心とした対外意識の変化を具体的に描きだすために、その変化の側面、すなわち神国思想に基づいた閉鎖的・消極的で、かつ差別的な対外意識の形成に焦点をあてすぎた感が否めないが、石上氏をはじめとする当該期の対外関係の研究者が注意深く叙述しているように、支配者を中心とした対外意識の変化の一方で、現実的な対外関係も着実に前進していた。

詳細は専門の研究にゆずるが、例えば、承和の遣唐使の入唐学問僧として渡唐し、九年間にわたる旅行記『入唐求法巡礼行記』を残した天台僧円仁の巡礼行は、在唐の新羅人の助力・庇護なくしてなし得なかったことは有名な話であるし、承和の遣唐使自体楚州の新羅船九艘と新羅人を雇って帰国できたのであった。また、あの太元帥法を請来した常暁においても、在唐中の新羅人、新羅船の援助なくしては帰国できなかったという（石上　一九八四）。在唐新羅人が日唐貿易に深く関わっていたのである。先に「張宝高一件」などとして取り上げた張宝高自身こそ、このような唐・新羅・日本の間の貿易に従事した商人であり、そこで貯えた富が彼の出世の条件をつくったのである。

また、徐公直・公祐兄弟のように、日本と在日の唐僧を介して深く関係をもった唐商人の存在も指摘されている（石井　一九九二）。

このような新羅や唐の商人によって私的貿易が活発化するのも九世紀中葉であった。八三一（天長八）年には「まさに新羅人の交関物を検領すべき事」という太政官符が出されているが（『類聚三代格』巻一八）、それは、人々が新羅人のもたらす品物を争って高値で購入してしまうので、まず中央政府が必要とする物品を買い付け、その後に一般が適正な価格で取引をするよう大宰府に命じたものである。新羅の商人がもたらした船来品に対する強い要求があったことがわかる。新羅使節の来日は七七九（宝亀十）年以降途絶えていたから、日羅間の交易はこのような商人の手によって支えられていたのである。

また、これは日本が消極的な外交姿勢をとってから後のことであるが、九〇三（延喜三）年には「まさに諸使の関を越えて私に唐物を買うを禁遏すべき事」という太政官符も出されている（『類聚三代格』巻一九）。これも新羅商人に対する官符と同じような内容である。それは、唐商人が来着すると、政府が派遣した交易使が到着する前に、院宮王臣家が関所を越えて遣わした使者や、大宰府内に住む富豪層が唐物を高値で買うため、品物の値段が定まらない状態である。これは大宰府や関司がしっかり監督を行っていないことが原因であるから、以後は律令に規定されているように、政府の交易使に先んじて院宮王臣家の使者らが唐物を私的に買うことを禁止せよ、と命じたものである。

これは、九世紀後半になって、政府が消極的・閉鎖的な外交方針を取ろうとも、新羅や唐の商人は私的な貿易を求めて日本にきていたことを示すとともに、彼らが運んでくる舶来品に対して、貴族や地方の富豪層ばかりでなく、公的な貿易を認めていない政府自身が強い関心をもち、彼らからの購入に頼っていたことを示していよう。

実は、このような実態、すなわち新羅・唐などの諸国からの頻繁な商人の到来と私的貿易の展開があったからこそ、そして彼らを通じて豊富な文物がもたらされたからこそ、政府は消極的な外交姿勢を取ることができたともいえる。後述のように、遣唐使の派遣中止によって、日本が鎖国のような状態になり、唐および大陸からの文物の流入がまったくなくなった、という理解は大きな間違いである。

3　遣唐使の中止と一〇世紀の対外関係

遣唐使中止の要因

最初に述べたように、古代日本における外交関係の「大転換」は八九四（寛平六）年の、菅原道真の建言による遣唐使派遣の中止であるといわれてきた。しかし、これまで諸氏の研究成果をもとに叙述してきたことからもわかるように、それは道真の「勇気ある」建言ではなく、彼が建言する三〇年も前に国家の意志としてはほぼ方向づけられていたのである。そして今回の中止も、九世紀後半以降の対外関係の延長線上で考えられるというのが研究の成果である。中止に至る過程を追いながら考えてみよう。

八九四年、政府は承和の遣唐使以来六〇年ぶりに遣唐使の派遣を決め、大使に菅原道真、副使に紀長谷雄を任命した。しかし、それからわずか半月後の九月十四日、道真は在唐日本人僧中瓘からの報告をもとに再検討を要請したのであった。僧中瓘からの報告には、①唐の凋弊が激しいこと、②航海が危険であること、③入唐後も国内の旅程に危険があること、などが記載されていた。そして、道真の建言からこれもわずか半月ほど後の九月三十日に突然遣唐使派遣の「中止」が決定されたのである。

このように、承和の遣唐使以後半世紀以上も過ぎていること、派遣計画も、そして計画の廃止も非常に突然であることから、寛平の遣唐使をめぐってはこれまでもさまざまな議論がなされてきた。例えば、もはや危険を冒して派遣しても衰退しつつある唐から学ぶべきものはなかったからだとか、派遣に必要な膨大な経費の支出が困難であったとか、あるいは政府は当初から派遣の意志はなくジェスチャーに過ぎなかったとか、などなど。

実際、八七五年に起きた黄巣の乱以後、唐の政治的・経済的衰退ははなはだしく、ついには九〇七年に滅亡してしまう状況であったし、国内の財政事情も、八七九（元慶三）年のいわゆる元慶の官田の設置に見られるように、破綻した財政の再建に汲々としていた状態であった。そして、最近ではこれらの事情を前提にしつつも、中止の大きな要因として評価されているのが②の航海の問題である。

改めていうまでもなく、九世紀四〇年代から七〇年代にかけての日本の外交問題の焦点は新羅との関係であった。そして、その後新羅との関係がふたたび緊張するのが八九三（寛平五）年頃からなのである。いくつかを摘記しても次のような状況である。

八九三年五月十一日、新羅の賊が肥前国松浦郡・肥後国飽田郡に来襲、

八九四年四月十四日、対馬島に来襲した新羅の賊を大宰府が討つ、

　同十六日、再来襲に備え北陸・山陰・山陽道諸国に武具を備えて警護を命じる、

九月十七日、対馬守文室善友らが新羅の賊を破る、

そしてこのような状況は翌年も続いている。遣唐大使に任命された道真のもとにこのような情報が入らないはずがないであろう。そしてなによりも新羅との関係の悪化は半世紀も前からのことであり、そう簡単に解決できるような問題ではなかった。それがふたたび緊張関係に入ったのであるから、道真が再検討を建言するのも十分理解できるといえよう。

もう一つの評価

以上のような評価に対して、さらに根底的な批判がだされた。それは、派遣停止の真偽と計画の要因についてである。寛平の遣唐使に関する史料を再検討した石井正敏氏は、次のような疑問を提起する（石井　一九九二b）。

まず第一に、遣唐使の派遣は中止されたか。

石井氏は、九月三十日に停止されたとすると、その後も道真ら遣唐使が正規の文書にその称号を付して署名しているのはおかしい、と疑問を呈する。そして、派遣停止の記事が『日本紀略』という平安時代末期に編纂された書物にしかなく、それにも「其の日、遣唐使を停む」と記されている。ところが『日本紀略』の「其の日」という記述は、他の例から見ると「某日」の意味で使用されていて、したがって九月三十日その日を指すわけではない、というのである。

さらに氏は『日本紀略』の停止記事は、寛平の遣唐使の主要史料である『菅家文草（かんけぶんそう）』（菅原道真の漢詩文集。「日本古典文学大系」）の「入唐の人を停む」という文に引かれて書かれた可能性が高いともいう。そして「つまり遣唐使停止が朝議を経て決定した事実はないのではないかと憶測される」と結論している。

そして第二に、九世紀後半以来外交に消極的になっていた日本の朝廷が、この時期に派遣を企てた理由はなにか、と問題を提起する。氏は同じく『菅家文草』に、

中瓘録記の状をもって、遍く公卿・博士に下し、詳らかに其の可否を定められんことを、

としかないことに注目し、「中瓘の情報にもとづいて公卿らの検討を経たものではなく」、「この計画が宇多天皇の指導のもとに、天皇周辺で進められたことを推測させる」と評価する。そして「中止」に関しても朝議で決定された様子がないことから、この派遣については朝廷のなかで意見の対立があったことを想定し、次のように述べる。

今回の遣唐使派遣計画は、みずから政治外交を求めて計画されたというよりも、きわめて国内的事情によるもので、国内政局打開の常套手段としてとられる、目を国外に向けさせるという意図が強かったのではなかろうか。つまり政権基盤の弱い宇多天皇が、権力集中の一つの政策として打ち出した計画ではないかと憶測されるのである。

「コラム」という短い文章だけに十分に論が展開されていないし、石井氏自身が、第一・第二両方の結論部分で「憶測」という言葉を使用しているように、まだまだ詰めなければならない点はあるが、計画が突飛であり中止も突然であること、そしてその過程も不明な点が多いという寛平の遣唐使派遣

計画の真相にせまるための重要な問題提起といえよう。菅原道真の左遷という問題までも含めて、九世紀最末期の宇多朝の政治構造の特徴の究明が新たに提起されているといえる。

そして、この問題提起でなにより重要なのは、石井氏が、この寛平の遣唐使派遣計画がそれまでの外交に対する消極的な方針を転換させるような意義があったと認めることはできない、と結論づけていることである。なんども述べてきたように、八四〇年代初頭に「大転換」を迎え、それが六〇年代末・七〇年代初頭に徹底されることによって決定的になった日本の外交方針は、その後一〇世紀後半に中国の宋との関係が開始されるまで基本的に維持されたのであった。

そしてこれも繰り返しになるが、九世紀後半から一〇世紀にかけて形成されてくる「国風文化」とは、新羅との関係を軸とした神国思想に基づいた閉鎖的で消極的で、かつ差別的な対外意識のなかで準備されてきたことを確認しておく必要があろう。

一〇世紀以降の対外関係

国家的には公的な外交が実施されない状況のもとでも、新羅・唐との私的な交易が行われており、政府も彼ら商人がもたらす舶来品の動向に注目せざるを得ない状況が続いていたことについては先述した。このような関係は一〇世紀以降も原則的には継続されるが、一〇世紀初頭にはその私的な貿易に対しても政府の介入が強化されるようになる。

前記のように、九〇三（延喜三）年に政府は「まさに諸使の関を越えて私に唐物を買うを禁遏すべき事」という太政官符を発布して（『類聚三代格』巻一九）、唐商人の来着に際しては、律令の規定を守り政府の交易使に先んじて院宮王臣家の使者らが唐物を私的に買うことを禁止したが、どうも効果は上がらなかったようで、続いて政府は九〇九（延喜九）年新たな政策を実施する。それは、

　唐人貨物、年来使を遣わして検じ進らしむ、この度使を遣わすことを停め、大宰府をして検じ進らしむ、また蔵人所の牒を給い、進上すべき物の色目を大宰府に仰せしむ、

という内容であった（『扶桑略記』同年閏八月九日条、酒寄　一九九三）。京からの交易使の派遣を中止し、大宰府に交易の管轄を任せる。その代わりに、大宰府は政府が有していた先買権を行使して、蔵人所の牒（命令文書）によって指示された物品を買い揃えて進上するように、というのである。政府から見れば、どちらとも舶来品に対する間接的な統制ではあるが、臨時に派遣される交易使よりは、常置の国家機関である大宰府による管轄の方が徹底されることはいうまでもないであろう。しかし、その一方で、アジア諸国との貿易関係における大宰府の位置を非常に高くする結果になったことも間違いない。

　大宰府の位置の上昇を懸念したわけではないであろうが、政府はさらに私的貿易に対する統制策を出す。それが九一一（延喜十一）年の商人来航の年期制である。一一世紀後半大宰権帥を勤めた源経信の日記『帥記』の、一〇六八（治暦四）年一〇月二十三日条には次のような記事が記されている。

　件の商客の参来は、延喜の頃、年記を定めらるるの後、あるいは彼の年記を守りて廻客に従い、

あるいはその参来を優して、安置を聴(ゆる)さる、外国からの商人が、延喜の頃(十一年のことといわれる)に定められた年記(期)＝一定の年限を守って参来(来航)するならば、安置＝大宰府周辺において貿易することが許された、というのである(石上 一九八二)。同一の外国商人が頻繁に来航することによって、承和期の張宝高と文室宮田麻呂との関係のように、大宰府官人が博多周辺の商人との人的結合が強まることを恐れたのであろうが、同一商人の連年の来航は許さないという政策は、それまでの交易使の派遣による統制と比べるならば格段の進歩である。正式な外交は結ばないが、私的貿易に対しては積極的に介入していこう、という当時の政府の姿勢が読み取れよう。これが一〇世紀の日本の政府の対外政策であった。

呉越国・高麗との交渉

政府が正式な国交は結ばなかったが、私的貿易はそれなりの統制のもとで容認されていたためであろうか、九〇七年の唐の滅亡の後混乱していたアジア世界が安定を取り戻すと、日本に国交を求める国が現れ始める。最初に扉を叩いたのは、中国の長江(揚子江)下流を中心に興った呉越国であった。

九三五年(承平五)年・九三六年と連続して来航した呉越国の使者は、第二代王銭元瓘の「贈物」を天皇および左右大臣に進上して国交を求めた。しかし政府は呉越国を中国の一州としてしか認識せず、左右大臣の分は受領して返牒を与えたが、天皇の分は返却し、正式な外交関係の締結は拒否したのであった。しかし、貿易の面での関係は継続され、九七九年に中国を統一して興った宋と宋の商人に引き継がれていくことになった。

呉越国に続いて外交を求めてきたのが、朝鮮半島を統一した高麗国であった。高麗国は九三七年・九三九年・九四〇年と使者を派遣して朝貢を求めてきたが、政府は高麗国の朝貢は名目にすぎないと判断して、その要求を拒絶した。

以上のような経過と対応をとった九・一〇世紀の日本の外交姿勢を、石上英一氏は「公的交通関係を持つことにより東アジアの動乱に捲き込まれたり、それが国内の治安問題にまで波及したりする事態を防がんがために高麗や呉越との公的通交を拒絶しつつも、経済的目的での貿易関係は維持していくのが、当時の日本政府の外交の基本姿勢であった」と評価し、それを一概に「消極的」とか「退嬰的」であると決めつけることに反対している（石上　一九八二）。そして九八三（永観元）年に求法のためとはいえ、貿易船に便乗して入宋し、さらに宋の皇帝太宗に謁見（「朝覲」）して、日本から携えてきた『王年代記』『職員令』『鄭氏注孝経』らを献上した僧奝然の動向に注目し、彼らの活動のなかに準公式的な関係が樹立されていく可能性を評価している。

実態的な外交は、研究者諸氏が強調するように、外国商人の頻繁な往来によって保たれており、なかには奝然のようになかば「公的」な使節のような役割をする日本人も現れてくるが、支配者層を含め、日本の知識人層の観念のなかには、新羅との関係を中心とした朝鮮半島の国々に対する排他的で差別的な認識が根強く残存していったことも忘れてはならない。

今ここで論を展開することはできないが、一一世紀後半から一二世紀初頭にかけて、その原型が成立したといわれる膨大な仏教説話集『今昔物語集』の編目構成が、天竺＝インド、震旦（しんたん）＝中国、本朝＝日本、の三国からなっていたことがそれをよく示している。仏教が百済国聖明王から日本へ伝えられたという知識をもちながらも（『日本書紀』など）、仏教説話を収集する時は、百済も新羅も高句麗も落ちてしまうのである。この「三国史観」は以後中世を貫く日本人の世界観となる（村井　一九八二）。このような狭隘な世界観は、九世紀中葉から後半にかけて生じた新羅問題を契機にして形成されたのであった。同時に形成される「国風文化」の世界観も、上記のような狭隘な、排他的な性格の世界観と別物でなかったことはぜひ留意しておかなければならないであろう。

Ⅳ章　「日本」的儀式の形成と文人貴族

1　文章経国思想の衰退

文章は経国の大業

「文章は経国の大業、不朽の盛事なり」。魏文帝の言を引用してこう明言したのは、嵯峨天皇の時代に編纂された漢詩集『凌雲集』（八一四年？）の序文である。いうまでもなく九世紀前半の嵯峨天皇の時代は、『凌雲集』を初め『文華秀麗集』（八一八年？）『経国集』（八二九年）の三勅撰漢詩集が編纂されるなど、文章＝学問や漢詩文を中心とした唐風文化が隆盛を極めた時代であった。現代の国文学者をして「国風暗黒の時代」といわしめたほどであることは、序章で述べたとおりである。

しかし、「文章」＝学問や漢詩文などが、国家を運営していくうえで非常に重要な要素であると認識されていたのは嵯峨天皇の時代だけではない。律令国家が、都に大学を設置し、地方に国学を置いて、貴族の子弟の教育を目指したのもその現れである。「文章経国思想」は律令国家の基本理念の一つであった（小原仁　一九八七。以下、この節の叙述は小原氏の成果に拠るところが大きい）。

現存最古の漢詩集である『懐風藻』（七五一年）の序文は、大学などの設置の意図を次のように述べている（『日本古典文学大系』）。

風を調へ俗を化むることは、文より尚きことはなく、徳を潤らし身を光らすことは、孰か学より先ならむと。爰に則ち庠序を建て、茂才を徴し、五礼を定め、百度を興したまふ。

「日本古典文学大系」本を参考にして訳を記すと、

風俗を整え民を教化するには、文（学問など）より貴いものはなく、徳を養い身を立派にする（出世の意か）には学問が最も大切であって先である。ここにおいて学校を建て、秀才を召し、五礼を定め、もろもろの法規を興し定められた。

となる。「風を調へ俗を化むること」＝民衆教化、すなわち広い意味での政治にとっても、「徳を潤らし身を光らす」＝立身出世のためにも、なによりも学問が根本であり大事なので「庠序」＝学校を建設した、というのである。

同様な考え方は、嵯峨朝では『凌雲集』以外にも見られる。八一二（弘仁三）年の「勅」には「国を経め家を治めるは、文より善きことはなく、身を立て名を揚ぐるは、学より尚きはなし」とある（『日本後記』同年五月二十一日条）。「文章経国」思想が広く社会的に認知されていたことの反映といえよう。

さらに、『経国集』という「文章経国」思想をそのまま反映させた書名をもつ漢詩集の序文は、「文」のもつ積極的意義を次のように指摘している。

古へ採詩の官有り、王は以てその得失を知る、故に文章は上下の象を宣べ、人倫の叙を明らかにし、理を窮め性を尽くし、以て万物の宜を究むる所以のもの也、

「文章は万物の宜＝正しい筋道を究める」ためのものである、というのである。このような積極的な意義付けに加えて、その前段で「古へ採詩の官有り、王は以てその得失を知る」とある点も興味深い。古来より詠まれた漢詩によって、王はその時々の政治の得失を知ってきた、というのである。すなわち、漢詩というのは、単に花鳥風月を詠むのではなく、君主の政治的判断に資するために詠むべきものであり、公的性格をもつものである、という認識である。だからこそ、作詩し政治の動向を指し示す「官」＝文人貴族層が必要であり、作詩の世界こそ文人貴族層の活躍の場所である、という自己主張につながっていくのであろう。まさに「文章『経国』」集にふさわしい序文といえる。

大学寮の荒廃

しかし、文人貴族層が自己主張するほど「文章経国」思想は安定した基盤をもっていなかった。先ほど「文章経国」思想が社会的に認知されていた例として弘仁三年の「勅」を引用したが、実はこの「勅」は「文章経国」思想の前提である大学の制度の改編を行うためのものであった。「勅」には、

大同の初めより、諸王及び五位以上の子孫で一〇歳以上の者を、皆大学に入れて教習させてきた

が、「朽木琢き難く、愚心移らず、徒らに多年を積み、未だ一業を成さず」という状況なので、今後は前勅を改めて、その好むところに任せ、物情に合わせよ。

と、改編の理由が記されている。せっかく上級貴族の子弟を大学で教習させようとしても無駄なので、向学心のある者だけを学ばせよう、というわけだ。そして八二七（天長四）年には、良家の子弟の大学入学が禁止されることになる。

上級貴族の子弟で大学へ入学する者が減少する一方で、「好むところに任せて」というより、その道でしか立身出世ができない文人貴族層の子弟が大学で学ぶ割合が多くなることは改めていうまでもない。このような現象が、文人貴族の果たすべき役割を明確化するとともに、彼らの政治的・社会的位置をも明確化することになった。

しかし、彼らの地位が明確になったとしても、肝心の上級貴族層が大学に関心を示さないわけだから、文人貴族は、彼らの地位や活躍の場を貴族社会のなかで安定的に保つことができなかった。詳細な経過ははぶくが、九一四（延喜十四）年に提出された三善清行の「意見封事十二条」の第四条は、彼ら文人貴族層の基盤がいかに不安定であったかをみごとに表現している（『古代政治社会思想』「日本思想大系」岩波書店）。

「意見封事十二条」の第四条は、「大学の生徒の食料を加へ給はらん」ことを進言したものであるが、ここで清行は最初に大学の沿革を述べた後、一〇世紀初頭の現状を次のように指摘する。

年代久しくなり、大学の財源も減少し、学生は飢寒をしのいで研学に勉めているが、採用される者は一〇分の三・四に過ぎず、帰るあてのない不才の者たちが学舎の前で飢え臥している。後進の者はこの状況を見て大学に進む気もおこさない。また、博士らは、才の高下や学の勤怠を基準とせず、ただ学生の名簿だけで官職に推挙するため、請託も行われるようになり、権門の力を頼れる者だけが就職でき、そうでない者は嘆いて校舎を去ってしまうので、学校は丘墟と化している。

文章的な修辞があるとしても、大学が経済的にも、なによりも理念的な側面において荒廃してしまっていることは明白であろう。これが、前述の弘仁三年の「勅」からほぼ一世紀後の大学の状況であった。大学が財政難から正常に運営されず、権力や財力にものをいわせた請託が公然と行われている状況の下では、学業に優れ君主に率直に天下の行方を資するような文人貴族が生まれるはずがないし、当然「文章経国」思想もまた再生産されるわけがない。大学寮の荒廃は「文章経国」思想の衰退の象徴であった。

大学別曹の成立

清行の指摘によれば、大学寮の財源の減少は「承和年中」から始まる。承和年間とは八三四〜八四八年の期間であるから、前記の弘仁三年の「勅」の二〇年後、そして天長四年の官符から約一〇年後には早くも減少が始まったのである。清行は大学寮の財源だけを問題にしているが、もう一つの弊害である権力や財力にまかせた請託の前提ができるのもこの時期であった。

というのは、弘仁から承和にかけて有力諸氏の大学別曹が作られ始めるからである。和気氏の弘文院は九世紀初頭のことであるが、藤原氏の勧学院は八二一（弘仁十二）年、橘氏の学館院は承和年間（八三四〜八四八）の設置である。もちろん、このような別曹が氏族の子弟の教育を目的にしたものであることは承知しているが、いわゆる「阿衡事件」で藤原基経を援助して活躍する藤原佐世が基経の家司であった例を出すまでもなく、氏族と学問との密接な関係を生み出すことになったことも否定できない。

さらに、八二〇年代になって文章道が大学の中心的な学科となると、菅原清公（菅原道真の祖父）によって承和年間頃に文章院が設立されたのも見逃せない。これは勧学院などのように子弟に限った教育機関ではなく、多くの氏族の子弟を収容し教育する施設であったが、東曹と西曹（寄宿舎）がそれぞれ大江氏、菅原氏によって管理されたように、伝統的な学問の家の強い影響下に置かれるようになり、一〇世紀には菅原・大江両氏の独占という状態が作られるに至るのである（川口久雄　一九八一）。また、それら東西の曹とは別に、清公の子是善（道真の父）の時に菅家廊下という菅原氏の「私塾」的なものが生まれ、是善の薨卒伝（官人の薨卒に際して記された伝記や事績）には「上卿・良吏、儒士・詞人、多くはこれ門弟子なり」と記されるほど、その独占傾向が進んだ（『日本三代実録』元慶四年八月三十日条）。道真自身も「是より先、秀才進士（文章生と文章得業生）のこの局（菅家廊下）より出たる者、首尾略計ふるに百人に近し。故に学ぶ者この局を目けて龍門と為せり」と豪語するほどであった（「書斎記」『菅家文草』巻七、五二六番、「日本古典文学大系」）。

このように、三善清行が大学寮の荒廃の要因として指摘した財政問題も、有力貴族による大学の「私物」化も、承和年間頃を境にほぼ同時に進行した。唐風文化が華やかに花開いた嵯峨・淳和朝の終了とともに大学寮は弱体化し始めたのであり、それは「文章経国」思想の衰退、そして文人貴族の地位の後退の前提でもあった。

しかし、前述の清行の「意見封事十二条」の段階は、第四条で「大学寮の復興」が建言されている点においても、またあるべき政治に関して文人貴族の見解を徴せられ、それに応えて清行が堂々かつ理路整然と見解を述べていること、すなわち「意見封事」の制度が行われたという点においても、形骸化しながらも「文章経国」思想がまだ生きていたと評価することができよう。

意見封事の形骸化

さて、「意見封事」が「文章経国」思想の一つの表現形態であると述べたが、この「意見封事」の制度は律令にも明確に規定されていた（所功　一九六九）。『律令』公式令第六五条（陳意見条）は、

およそ事有りて意見を陳べて、封進せむと欲はば、即ち任に封上せよ。（以下略）

と規定されている。そして、その意見とは、「令」の官撰の注釈書である『令義解』には「国家の利害」を述べることとあり、平安時代前期に法曹官人の解釈を集めた『令集解』の一説には「時政の

宜を量りて申し奏せよ」とある。これから「意見封事」制が、「時政の宜を量り」「国家の利害」についての意見を述べるものであったことが理解できる。これこそ『経国集』の序文で、「古へ採詩の官有り、王は以てその得失を知る」といわれた「文章経国」思想そのものであった。もちろん上記のような内容をもつ「意見」がすべて「意見封事」であるわけではないが、ここでは「意見封事」と「文章経国」思想との密接な関連を確認しておきたい。

このような「意見封事」の歴史を扱った所功氏は、それを三期に分け、「延喜～康保」の期間を第三期目「後期」として区分するとともに、後期は三善清行の「意見封事十二条」以後記事も少なくなり、徴召の詔の内容も固定化し、意見の内容も「類型的」「観念的」になっていると評価している（一九六九）。すなわち「意見封事」制度の形骸化の進行である。そして氏はそのような「意見」の代表として、九五四（天暦八）年の菅原文時の「意見封事」をあげている。それは以下のような三箇条であった（本文略、『本朝文粋』「新日本古典文学大系」）。

一、奢侈を禁ぜんと請ふの事

一、官を売ることを停めんと請ふの事

一、鴻臚館を廃失せずして遠人を懐け文士を励まさんと請ふの事

これは、清行の「意見」と比べれば、条数で四分の一、字数では約七分の一にすぎず、内容においても、漢文学史の研究者は「やや抽象的でぼやけている」と評価しているし（川口　一九八一）、所氏

は「抽象的な観念論に終わっている」と評価している。そして小原仁氏も、第三箇条と三善清行の「意見封事」の第四条「大学の生徒の食料を加へ給はらむと請ふの事」を比較して、「文時が力説するのは鴻臚館（こうろかん）復興の方策ではない。文人貴族の立場から見た鴻臚館の意義が説かれるのみである」。「清行の実務的な発言に対して、文時の場合は、文人貴族の保身の言が先行していると言ってよい」と手厳しい評価を加えたうえで、「文章経国思想は公的承認性を衰退させつつあった」と結論している（小原　一九八七）。

実際、諸氏の指摘のように、菅原文時の「意見封事」には迫力がなく、漢文学者としての観念的な修辞や思考が目立つ文章ということができる。そして所氏の整理のように、文時以後、「意見封事」は九五四（天暦八）年・九六二（応和二）年・九六五（康保二）年の三度しか確認できず、後の二件は徴召時も不明という状態であるから、「意見封事」の制度は一〇世紀に入って急速に衰微していったといえよう。小原氏のいうように、これは文章経国思想の衰退をも意味していた。

消極的外交と文人貴族

菅原文時の「意見封事」が封事制度の衰退と、文章経国思想の衰退を示していることは間違いないにしても、文時が村上天皇の意見徴召に応えて、その一箇条に「鴻臚館」問題を取り上げていることは、文人貴族の立場として興味深い。それは、文時が「鴻臚館は外賓（がいひん）のために置くところ也」と書き出しているように、鴻臚館は外交問題と関係するからである。最終的には小原氏のいうように、文時の主張は「今この館を廃せざらんことを陳ぶることは、蓋しまた文章の道の為なり」という点に落ちつくのだが、もう少し文時の鴻臚館に関する意見を聞いてみよう。

文時はまず、鴻臚館の荒廃した状況を指摘し、これを修復しないならば、日本の「化に帰する国、徳を慕ふ郷」が、君の恩が薄いため周囲の国を巧みに手懐けて従わせる情がないのではないか、さらに国用が乏しくて万物を包み込む広い徳に欠けているのではないか、と疑いの念をもつことを恐れる、と述べる。

また、次のようにもいう。国内で文章が盛んであれば、

> 敵国これを見て、智者あることを知る。故に憚りて侵さず、殊俗（風俗の異なる他国）これを聞きて、賢人あることを覚る。故に畏りて自づから服す。

と。そして、結論として、鴻臚館を廃失しなければ、遠方の国々は心を離さず、文人貴族も業に励むことができる。そしてこのことは、日本の仁沢の広いことを海外に示し、威風の高いことを天下に輝かすことになるであろう、と主張する。

このように、文時の意見をまとめると、彼は鴻臚館の廃失を論じながら、実は九世紀後半以来の日本の消極的な外交関係を問題にしていることがわかる。Ⅲ章で述べたように、貞観年間の新羅海賊事件以来、日本は私貿易は認めながらも、正式な外交は結ばないという外交方針をとってきた。その結果、「蕃客」が朝貢してきた時、文人貴族が接待の役を仰せつかり、「賓主筆を闘はしむ」（漢詩を作

って競う）ことがなくなってしまい、その結果正式な外交の場である鴻臚館も廃失し、文人貴族も活躍する機会をなくしてしまった。そしてこのように「文章」が廃れるということは、「日本の化に帰する国」や「日本の徳を慕ふ郷」に対しても、日本の仁沢の狭さを知らしめることになっているのではないか、というのである。

文時の主張は、鴻臚館の修復と文人貴族の「保身」が前面にでるように構成されているが、正式な外交関係の場所における漢詩贈答とそこにおける文人貴族の活躍こそ、日本の仁徳の広さを示すものであるという考え方は、当時の外交方針に対する厳しい批判を含んでおり、全体的にみれば衰えているとはいえ、文章経国思想の最後の「発露」とでも評価できるのではないだろうか。そして、この背景には天暦期を中心とした漢文学の高揚の影響を指摘できると思う（川口　一九八一。石上英一氏は一〇世紀の外交関係の変化との関連で、文時の「鴻臚館」問題を評価している〈一九八二〉。参照をお願いしたい）。

と同時に、文時の意見は、正式な外交関係の中断が文人貴族の活躍する場、文人貴族としての職務を果たす場をせばめることになったことも表現している。文人貴族の地位の低下、文章経国思想の衰徴は、大学寮の荒廃、意見封事制の衰退だけが要因ではなかった。

というより、正式な外交関係の中断が、「文」をもって周囲の国家と対等に付き合い、外交関係の優位を保つという文章経国思想の衰微をもたらし、それが文人貴族の活躍の場をうばい、その地位の低下をもたらしたというべきなのかもしれない。

2 「日本」的儀式の形成

承和の変

唐風文化の隆盛を実現した嵯峨天皇は、八二三（弘仁十四）年、弟の淳和天皇に譲位後も上皇として地位を確保し、さらに八三三（天長十）年、淳和天皇が退位し、皇太子であった正良親王が即位して仁明天皇となると、天皇の父として権力を振るうようになった。この時期に、天皇の父としての権威、すなわち家父長的権威が強化されたことは、正月に天皇が父の居所である院に詣でる朝覲行幸（ちょうきんぎょうこう）が、嵯峨上皇と仁明天皇の間で確立したことによく示されている（目崎徳衛 一九六九）。このように、嵯峨上皇の家父長的な権威のもと、嵯峨・淳和両上皇、仁明天皇と皇太子恒貞（つねさだ）親王（淳和の子）との関係は、大きな波乱もなく良好に保たれていた。

しかし、仁明天皇と藤原良房の兄弟である順子との間に道康（みちやす）親王が誕生すると、祖父の嵯峨上皇が健在であったこともあって、恒貞親王の地位は不安定なものになった。とくに八四〇（承和七）年、淳和天皇が死ぬと、その不安定性はより明確になった。そして、八四二（承和九）年七月に嵯峨上皇が死ぬと、その二日後にいわゆる承和の変が起こった。

これは、春宮坊（皇太子の政務を司る役所）の官人伴健岑・橘逸勢らが、皇太子恒貞親王を奉じて東国に赴き、謀反を起こそうとしたことが発覚した事件である。首謀者の伴健岑は隠岐国に流され、橘逸勢は非人の姓を与えられて伊豆国に流された。そして皇太子恒貞親王は廃位、淳和上皇の近臣であった大納言藤原愛発、中納言藤原吉野、および春宮坊の官人らが左遷されたりした。事件を伝えている『続日本後紀』によれば、処罰は六〇人にも及んでいる。そしてその一方で、良房は中納言から大納言へ昇進し、翌八月には甥にあたる道康親王が皇太子に立った。

この事件は一〇世紀中ごろまで続く藤原北家による他氏排斥事件の最初のものとして著名であるが、陰謀事件は、どれもそうであるように、真相は十分に解明できていない。ここでその真相を究明するつもりはないが、この事件を単なる他氏排斥事件として片づけてしまう気にもならない。

そこで注目されるのが、この事件の結果、官人構成が大きく変化したことである（弥永貞三 一九六一、玉井力 一九六四）。太政官の要部に源常・信・弘ら嵯峨源氏と良房・長良・良相ら藤原冬嗣の子らが徐々に進出する一方で、嵯峨朝以来参議クラスで政務を実際に担ってきた文人貴族層が、急速にその地位を失うことになった（弥永 同上）。右大臣清原夏野が承和四年に、続いて右大臣藤原三守が承和七年、左大臣藤原緒嗣と参議の三原春上が承和十年と、実務を担っていた文人貴族出身者が相次いで没する一方で、前述のように淳和天皇の近臣で文人貴族であった大納言藤原愛発・中納言藤原吉野などが排斥されて、淳和系の公卿はほぼ一掃されてしまった。このような傾向は武官である左右近衛府の将官や実務官僚である弁官の場合も同じだという（笹山晴生　一九七六）。

この後、八四五（承和十二）年の法隆寺僧善愷（ぜんがい）の事件、さらに八六六（貞観八）年に起こった応天門事件によって、文人貴族を中心とした実務官僚の相対的な低下がいっそう進行し、藤原北家・嵯峨源氏を中心とした門閥貴族による宮廷の独占化傾向が進むといわれている（弥永・玉井　同上論文）。

本章第1節でも指摘したように、文人貴族の育成の場であった大学寮が変質し始めるのも承和年間であった。文人貴族の地位の低下傾向や文章経国思想の衰微にとって、承和の変を中心とした藤原良房政権が大きな意味をもっていたと考えざるを得ない。

藤原良房と和歌・陰陽道

藤原良房の政治思想を考えるうえで、参考になるのが儀式と和歌との関係の強化である。それまでの嵯峨天皇の唐風文化を背景にした朝廷儀式のなかに、唐風文化の背後に押しやられていた和歌が朝廷の儀式に持ち込まれるのが良房の政権の時期なのである（川崎庸之　一九六五）。

これは文学史のなかでは著名な事実であるが、八四九（嘉祥二）年三月、仁明天皇の四十の賀に際して、興福寺の僧侶が聖像四〇軀や金剛寿陀羅尼経四〇巻らを献上するとともに、長歌を副え奉った（『続日本後紀』同年三月二十六日条）。三〇〇句を超える長歌で、天皇が無事四十の賀を迎えたことを祝い、仁政を讃え、儀式の内容を語り、献納された長寿を祈願する像の伝説や由来を述べるとともに、末尾の方で、漢詩文でなく和歌で祝意を言上したことを次のように強調していることが注目される。

> 大御代を　万代祈り　仏にも　神にも　申す　上る　事の詞は此の国の　本つ詞に　逐い倚りて
> 唐の　詞を仮らず　書き記す　博士雇わず

「唐の　詞を仮らず　書き記す　博士雇わず」という部分は、単に「此の国の　本つ詞に　逐い倚りて」長歌を作ったというだけにとどまらず、唐風文化とそれを担っている博士＝文人貴族に対する排除の意識さえ感じる文脈である。

そして、この文に続いて、次のような文意の歌が続いている。

> 我が国の言伝（言い伝え）に、「我が日の本は、言葉に霊力があって、その霊力が幸する国である」といっており、これが古語として神語として、伝えられている。また本朝本来のしきたりを尋ねると、すべて神事に関し、皇事に関することは倭語にいい表すべきもの、のみならず倭語の中の風雅な調子の歌詞にいい直して表現すべきものとなっている。

この倭歌を評価して国文学研究者秋山虔氏は、「漢詩に対するきわめて明確な自土意識が示され、自国の固有の文芸である和歌が神聖な王家に保たれる伝統の名において強く主張されている」といっている（一九八二）。

そして、この記事の奇異なことは、この長歌に続いて編者の次のような特別の感想が記されていることである。

> それ倭歌の体、比興を先と為す、人情を感動すること、最もここにあり、季世陵遅、斯道已に遂

つ、今僧中に至りては、頗る古語を存す、礼失う時は之を野に求むるものと謂うべし、故に採りて之を載せたり、

「季世陵遅、斯道已に遂つ」、すなわち「時代も衰えて末の世になり、この道（儒教や道徳に則った道、学問）もすでに衰退している」というのが、嵯峨朝に誇った唐風文化を指しているのか否かさだかでないが、礼を失った時に、古語を用いた倭歌は人の心を感動させるものだ、といっている。明らかに伝統的な文芸としての和歌を賛美しようとする意図が強く働いた文章といえよう。

そしてさらに注目すべきことは、実はこの記事の端緒になった興福寺の僧侶が「右大臣家に寓居」していたことである。すなわち、この興福寺の僧侶の行動の裏側には右大臣藤原良房の存在があったと推定され、さらに上記のような内容の倭語による長歌を載せ、上記のような編者の感想を挿入した『続日本後紀』の編者の中心的人物もまた良房であった。

川崎庸之氏は、『続日本後紀』にはこれより以前にも、尾張浜主という一一三歳の伶人の献歌二首が載せられていることを指摘して、「『続日本後紀』編者の和歌にたいする新たな関心をうかがわせるものがある」と評しているが、まさにそのとおりである（一九六五）。

そして、これらの事実に対して、前述の秋山氏は次のような評価を加えている（一九八三）。

律令政府の最高官としての時めきの保証を、王家との身内関係の形成によって取得するという藤原北家の動きこそ、公的な宮廷文学としての漢詩繁栄の裏側、すなわち私的生活・民間世界の土

着の固有の文芸であった和歌を公的世界に押しあげる運動を必然化したと考えられよう。その意味では、興福寺大法師らの長歌奉献は藤原氏のイデオロギーのかなり露骨な発現であった。公式な宮廷文学＝漢詩と、私的生活・民間世界の土着の固有の文芸＝和歌を対比させ、後者を押し上げる運動の要因を「王家との身内関係の形成によって取得するという藤原北家の動き」に直接的に求めることには躊躇があるが、これが藤原良房らによって、強引に宮廷世界のなかに持ち込まれようとしていたことは事実であろう。

良房の和歌に対する関心は他でも確認できる。それは八五一（仁寿元）年、前年死亡した仁明天皇の追善供養において法華経を講ぜしめたときに、良房は、天皇が約束の染殿第（そめどのてい）の桜を観ずに亡くなったことを嘆き、参会の公卿大夫らに、「或は詩を賦して懐（おもい）を述べ、或は歌に和して逝を歎じ」させたという（『文徳天皇実録』同年三月十日条）。同じく川崎氏は「たんに『賦詩述懐』だけでなく、更めて『和歌歎逝』と記されてきたことの意義を軽視すべきではないと思う。少なくともここでは他ならぬ『公卿大夫』の世界で『賦詩』と『和歌』とが対等の扱いをうけるようになってきている」ことに注目すべきであると指摘している。

この後も川崎氏は、光孝朝（八八四〜）になって朝廷の儀式のなかに次々と和歌が採用されていく事実を上げて、「一つの画期的な事実」とまで評価している（一九六五）。この時期は良房の養子基経の時代なので、ここでは、藤原良房の時代に和歌に対する関心が高まり、それが宮廷の行事として意図的に取り入れられており、かつその中心的な推進者が当の良房であった可能性が高いことを指摘しておくことにとどめたい。

良房の和歌への関心と関連して、彼が陰陽道に基づく呪術的迷信的思想にも関心をもっていたことが注目される（村山修一　一九八一、米田雄介　一九八四）。それは八四三（承和十）年七月の嵯峨天皇の周忌御斎会の際の対応によく示されている。周忌御斎会は当初十五日を予定していたが、当日は仁明天皇と太皇太后橘嘉智子の「本命日」（生まれた年の干支のことで、陰陽道では病難を忌むべき日となっている）にあたっていたため、一日前の十四日に行ったというのである。これについては、天皇の皇子たちが、天皇の「遺誡」に「俗事に拘ることなかれ」とあることを理由に本命日に拘るべきでないと主張したが、大納言良房らは、これは「俗事」ではなく「朝家行来の旧章」なのだということを理由に一日繰り上げて催したのであった（『続日本後紀』同年七月十四日条）。

さらに、翌承和十一年良房は、文章博士らに命じて嵯峨天皇の遺誡について議論させ、嵯峨天皇は物怪あるごとに先霊の祟りだというのはいわれのないことだというが、所司に卜わせると先霊の祟りが明らかに卦に出ている。だから、遺誡といえども改めるべきは改めるのがよろしいであろう、という理由で、今後は「卜筮告ぐるところ信ぜざるべからず」、すなわち物怪があれば卜占に頼るべきことが決まってしまったのである（同承和十一年八月五日条）。良房の陰陽道に基づく呪術的思想に対する関心の高さは並大抵ではない。村山氏は、仁明朝より藤原氏の進出が明確になるにしたがい吉凶事項の上奏や吉凶改元の風潮が高まってきたことを詳述されている（村山　一九八一）。先の嵯峨天皇の遺誡にもあるように、陰陽道に基づく行事は「俗事」であり、儒教的合理主義に反するものであった。それが嵯峨天皇の死後、良房政権のもとで取り入れられていっていることは、仁明天皇の四十の賀に、それまでの大陸文化に基づいた漢詩に対抗して、倭歌を持ち込んだという思想と相通ずるものがあると考えてもよいであろう。

良房政権の位置

前述のように、良房政権期は、その一方で承和の変による文人貴族層の排除、同時期における大学寮の変質と文章経国思想の衰微傾向が進んだ時期でもあった。これらの事実と、陰陽道思想や民間の呪術的な行事への関心と儀式への取り込みやさらに伝統的な和歌の導入による儀式の日本化傾向の進展とを、同一のレベルで論じることには危険があると思うが、私はこのような傾向の背景として、承和の「新羅執事省牒」事件から張宝高一件へと続く、一連の新羅国との対外関係の悪化事件を想定できると考えている（Ⅲ章1・2節参照）。

といっても明確な傍証を持ち合わせているわけではない。ただ気になるのは、張宝高一件の後大宰大弐となった藤原衛（まもる）は四箇条の起請文を提出して、強力な排外的な政策を主張したが、実はこの藤原衛は良房の叔父（父冬嗣の兄弟）であったことである（『尊卑分脈』）。政府が衛の主張のような排外主義的な政策を取らなかったことも前述したが、衛が大宰大弐として実感した新羅国に対する危機感が良房に頻繁に伝えられたことは想像に難くない。

「新羅執事省牒」事件によって「東夷の小帝国」として地位が揺らぎつつあることを認識し、さらに張宝高一件によっては、隣国の政治的危機が日本の内政にまで持ち込まれるという危険性を認識したものの、正式な外交関係を推進する方策をもち得なかった政治状況のなかで、良房らが選択した道が、伝統的な和歌＝知的・政治的な伝統文化を持ち込むことによって支配者階級の結集を図ろうとしたことではないだろうか。もちろん、彼らが自覚的にそのような「道」をとったとはいい切れないが、そのような道を取らざるを得ないような対外的・国内的条件があったように思う。承和の変を最初として、一〇世紀中葉まで続くいわゆる藤原北家の「他氏排斥」事件もこのような脈絡のなかで考えられるのではないだろうか。

やや推測に推測を重ねすぎてしまった感がしないでもないが、承和期を中心とした良房政権の位置を以上のように評価しておきたいと思う。

基経と年中行事障子

藤原良房の後を継いで権力を掌握したのは養子の基経である。基経の政権獲得とその政治についてまず検討しなければならないのは「関白」就任問題であり、さらにその後の八八八（仁和四）年に起きたいわゆる「阿衡（あこう）」事件であるが、それは次節で触れることにして、ここではその三年前の仁和元年に基経が献上したといわれる「年中行事障子」の意味について、考えてみたいと思う。

「年中行事障子」がこの年に立てられたことには、当該期の正史『日本三代実録』には記されていないが、中世の編纂物である『帝王編年記』仁和元年五月二十五日の記事に、

> 太政大臣（昭宣公）年中行事障子を献ず、（殿上に立つ、一年中の公事を書く、奥に服仮、ならびに穢などを書く、絹の突立障子なり）今按ずるに、彼年始めて立てらるるか、（小野宮記に見ゆ）

とあるのが唯一である。

昭宣公（しょうせんこう）＝藤原基経が、一年中の公事（公式な行事）と服仮（喪に服すべき期日）や穢（え（けがれ））を書き連ねた障子を献上し、それを今年初めて清涼殿の殿上に立てた。そのことは「小野宮記」（基経の孫の藤原実（さね）頼（より）の日記）に見える、というのである。

実際、『続群書類従』（公事部）に「年中行事御障子文」が収録されているが、成立に関する記載はなく、残念ながら他の史料でも確認できない。しかし記載されている行事などの内容から、「仁和年間か寛平初年ころに基本形が成立し、その後一世紀余り経た長和年間か寛仁初年ころ若干の行事が付け加えられたもの、とみて大過ないであろう」といわれる（所　一九八五）。

そして、この障子に関する記事は、平安時代中期以降の日記や儀式書などに頻出するし、なによりも摂関時代以降の主要な年中行事書の一つである「小野宮年中行事」（藤原実頼著）とほとんど内容が同じであり、かつ「平安中期の儀式書の年中行事は多少の出入りはあるが、ほぼ同じ項目から成り立って」おり、「その共通の基盤となったのが『御障子文』であると考えられる」と評価されているこ

とは重要である（古瀬奈津子　一九八六）。

このような評価に対して、所載されている行事の成立時期の検討などを通じて、弘仁年間から貞観年間にかけて「原年中行事障子」と呼ぶべきものがあり、基経はこれを新調したにすぎない、という黒須利夫氏の見解もあるが（一九九三）、氏が、障子の前提とした「壁書」が清涼殿に懸けられたことは確認できないし、もしそのようなものがあったとしても、氏自身がいうように、基経が新調・献上して体裁が整えられると、「後代の年中行事障子はほぼその形を踏襲して行くことにな」ったことこそが重要であろう。

藤原基経が、この時「年中行事障子」を献上した意図は図りかねるが、以上のような諸氏の見解を尊重するならば、摂関時代とそれ以降の宮廷の儀式の基本は、基経が献上した「年中行事障子」によって決定付けられたということができよう。

そして注目しなければならないのは、前項でも述べたように、これらの儀式の成立と和歌の導入が密接に関係していたと考えられることである。

八八二（元慶六）年八月二十九日、侍従局南の右大臣の曹司で「日本紀竟宴（きょうえん）」が行われた。これは、元慶二年二月二十五日に始まった日本紀講読が、一時停廃はあったものの、同五年六月二十九日に終了したことを祝って行われた宴である。基経の日本紀講読に対する執着の強さを示していよう。これらの成果が「年中行事障子」に反映しているとも考えられる。そしてその時、日本紀中の聖徳帝王と名のある諸臣を抄出し、それらを太政大臣藤原基経以下講席に預かった六位以上に分け充てて、「各々倭歌を作らせた」のであった（『日本三代実録』同日条）。これは、「中国史書講読竟宴の際に探題して詠史詩をよむこと」と同等に、「史を探って之（和歌）を作らせた」のであって、「日本化の潮流を象徴的に示すものであろう」と評価されている（川口　一九八一）。『三代実録』の編者は、その様子を「琴歌会を繁くし、歓飲景をきわめる」と記し、盛会であったことを伝えている。

また二年後の元慶八年には、十月の孟冬宴に勅によって「琴を弾き歌を為らしめ」ており、同様のことは八八五（仁和元）年・八八六年の孟冬宴でも確認できる。そして後者の場合は左右近衛府が音楽を奏した後、藤原諸葛に「和琴を弾」かせて、「王公並びに歌を作り、天皇自ら歌ふ」とも記されている（『日本三代実録』同年十月二日条）。孟冬宴（四月の孟夏宴も）には、それまで左右近衛府の奏楽がつきものであったが、新しく「弾琴為歌」が加わってきたことは「光孝朝の新事実」であり、「一つの画期的な事実」であると、川崎氏が評価したのはこのことである（一九六五）。

私が、この節の表題を「『日本』的儀式の形成」としたのは、このような傾向を指してである。藤原良房の時代から顕著になった儀式と和歌との接近は、養子基経の代になってより徹底されるとともに、その精神は「年中行事障子」として結実した。

基経と陰陽道

基経の父良房が陰陽道に深い関心を示し、それを儀式の中に持ち込んだことは前述したが、子の基経もそのような流れを受け継いでいる。村山修一氏の研究（一九八一）に拠りながらいくつかの事例を紹介しよう。

まず注目されるのが、八七二（貞観十四）年から八九一（寛平三）年にかけて、諸国に陰陽師（おんみょうじ）が置かれている事実である。それは貞観十四年に出羽・武蔵などの国に初めて陰陽師を置いたのをかわきりに、同十八年には下総国で官人一人に代えて置き、八八二（元慶六）年には陸奥鎮守府に・人新設、寛平三年には常陸国で官人一人を減じて置く、というようである。東国に多いのはエミシの反乱に対処するためであろうが、その対処に卜占（ぼくせん）を用いているところに、この時期の特徴が出ているように思う。

また、このような呪術的な傾向が強まったことの反映であると考えるが、光孝天皇は即位すると間もなく「御体御卜（みうら）」の儀を復活している（『日本三代実録』元慶八年六月十日条）。これは、卜庭神二神を祀り、夏冬二季に聖体の卜占を行うものであった。神祇官の行事ではあるが、担当した宮主・卜部は陰陽道的な亀卜（かめのうら）を司る者たちであった（村山　一九八一）。これは光孝天皇の即位（同年二月）の直後であったことにも重要な意味があるが、それよりも、六月五日に、天皇の即位にともなって、天皇に奏上するすべての政務や文書をあらかじめ基経に諮問するようにという詔が出された、すなわち基経が後の内覧に相当する地位を獲得した直後であったことの方が大きいように思う（『日本三代実録』同日条）。

さらに、九〇三（延喜三）年六月十日の醍醐天皇の日記によると、「大臣（時平）曰く、前代は天一・太白を忌まず、貞観以来この事あり」とあるように（『三代御記逸文集成』）、陰陽道の天一神・太白神を祀る信仰が貞観年間から行われ始めたことがわかる。米田雄介氏は「これをただちに藤原良房に関連させるわけにはゆかないが」としながらも、「九世紀中ごろ、良房による前期摂関体制の形成期に、陰陽道に基づく呪術的迷信的思想が人々の間に定着しはじめたことをうかがわせる」と評価されている（一九八四）。基経も入れるべきであろうが、この評価はほぼ間違いないであろう。

このような呪術的迷信的な思想が、貞観年間頃から盛んになるという指摘を受けた時、八六三（貞観五）年に催された「御霊会」を思い出さざるを得ない。詳細はⅡ章4節「触穢と怨霊」を参照願いたいが、崇道（すどう）天皇（早良（さわら）親王）以下六柱の霊を神泉苑で祀り、その霊の鎮撫を願ったのは、彼らの霊が怨霊となって流行性感冒などの疫病を流行させているからであった。そして、この会に都市民を自由に参加させたのは、彼らもまた怨霊に対する不安感を抱いていたからだけでなく、「京畿より始めてここにおいて外国に及び、夏天秋節に至るごとに御霊会を修す」とあるように、御霊会はすでに民間で行われていた行事であったのであり、それを国家的に吸収して開催したためである。怨霊による政治的社会的不安を、民間儀礼を採用することによって一気に解決してしまおうという政治的意図が明白であるが、御霊信仰という呪術的な信仰が貴族社会にも広がっていたことの現れであろう。

基経政権の意味

今は、陰陽道思想の導入さらに呪術的な民間信仰の採用という側面から、「貞観年間」という時期に着目したが、実はこれまで述べてきた中にも「貞観年間」以来といういくつかの事柄があった。Ⅰ章2節の「国例の形成」の項で指摘したように、国司がそれまでの支配形態に代えて、国例として富豪層を賦課対象にした収取形態をとるようになったのも「貞観以来」であったし、Ⅱ章2節の「地方民の流入と勘籍人の増大」の項で述べた「勘籍人」の増大が問題化したのも「貞観」年間であった。律令制支配を根底から崩しかねない富豪層の活動に対して、本格的な対応を取り始めたのが貞観年間なのである。

そしてさらに、Ⅲ章2節の「新羅海賊襲撃事件」「国家の対応と神国意識」の項で指摘したように、承和年間以来の新羅との関係がさらに悪化し、日本が排他的な、閉鎖的な外交方針をとるに至ったのは貞観十一（八六二）年が大きな契機であった。

それぞれが根拠としている「貞観年間」が、良房の執政期を指すのか、それとも八七二（貞観十四）年以後の基経執政期を指すのかは、個別にかつ慎重に検討しなければならないとしても、後世、といっても二〇年後ほどであるが、以上のような在地支配・都市対策、さらに外交方針という多様な側面における変化が、貞観年間から始まったという認識が支配者階級のなかに成立していたことは注目しなければならない。今まで述べてきた文脈からいうならば、承和年間に始まった流れが貞観年間になってより明確化し本格化したと評価することができよう。逆からいえば、国内外の矛盾が抑えることができないほど激しくなり、それへの対応をそれなりに取り始めたのが貞観年間であったというべきなのであろう。このような状況のなかで、基経は「日本紀講読」を続け、それが終わった宴では「賦詩」ではなく「倭歌」を詠み、さらに「年中行事障子」を作り上げて清涼殿に設置したのであった。

貞観年間、そしてそれ以後の基経の執政時代は、狭い意味での政策的な画期であったのではなく、政治的にも外交的にもそして思想的・文化的にも和風化へ向かう大きな画期であった。

宇多天皇と年中行事の復活

藤原基経が「年中行事障子」を献上した頃、即位後間もない宇多天皇も宮中行事の復活と整備に力を注いでいた（山中裕　一九八二、村山　一九八一）。

まず八八九（寛平元）年に踏歌と相撲の節会を復活している。踏歌は、正月十五日前後に足で地を踏み拍子をとって歌う集団舞踏を内容とする行事で、国家安寧と五穀豊饒を祈る行事であった。本来は中国のもので、日本では天武・持統朝より文献に見え始めるが、平安京遷都後に行われて以後確認できなくなっていた。それを宇多天皇が復活させたのである。それを記す「年中行事抄」によれば、天皇は橘広相に「踏歌記一巻」を「造撰」させ、仁寿以後四代にわたって中絶していたものを、「承和の旧風」を尋ねて行った、と記されている（『続群書類従』第一〇、公事部）。一方相撲の節会は、「貞観以後」行われていなかったのを復活したものであった（『扶桑略記』同年八月十日条）。さらに同年十一月、天皇は賀茂臨時祭を新たに催した。これは、天皇が即位前に聞いた賀茂明神の夢告に応えたものであったという（『大鏡』など）。

翌二年には、天皇の一月一日最初の行事である「四方拝（しほうはい）」が開始されることになった。四方拝は、天皇が寅の刻（午前四時）に内裏清涼殿の東庭に出て、属星（ぞくしょう（せい））（北斗七星のなかで自分の生年にあたる星）・天地四方および山陵（父母の陵）を拝して、年災をはらい、幸福無事を祈る行事である。嵯峨天皇の時代に成立したらしいが、本格的に行われるようになったのは宇多天皇の時からであった。『江次第抄（ごうしだいしょう）』には、「宇多天皇日記」の八八八（仁和四）年十月十九日の記事として、「わが国はこれ神国なり、よって朝ごとに四方大中小神祇を慶拝す、敬拝の事、今度より始めて、一日たりとも怠ることなかれ」と書かれていると記した後、

元日四方拝、始めて寛平二年御記に見ゆ、これを濫觴（らんしょう）（始まり）と疑せん、

とある（『三代御記逸文集成』同日条）。毎日の四方拝は仁和四年の秋から、一月一日の四方拝は寛平二年から確認できるというのである。四方拝を始める根拠が「わが国はこれ神国なり」であったことは、貞観期の新羅海賊船への対応の中で形成されてきた神国思想との関連で注目される（Ⅲ章2節の「国家の対応と神国意識」の項参照）。

また、「属星」信仰という陰陽道に基づいた信仰と「神国」思想とが重複して構成されている点も興味深い。この重複は摂関時代になると問題になったようで、一一世紀初頭に藤原公任によって著さ

れた儀式書『北山抄』には、わが国では神を拝することになっているので、天地四方を拝する時は「唐土の風」によって「再拝」し、山陵二陵を拝する時は「本朝の例」に任せて、それぞれ「両段再拝」（四度の拝礼）すべきである、としている。伝統的な踏歌や相撲の節会を復活する一方で、天皇制にふさわしい行事とはいえ、陰陽道に基づいた四方拝を開始しているのは、陰陽道が当時の知識人層に広く受け入れられていた状況を示している。

また天皇は、民間で行われていた行事を国家的な行事に取り入れることも行っている。『宇多天皇日記』の八九〇（寛平二）年二月三十日条には、次のように記されている（『三代御記逸文集成』同日条）。

> 正月十五日七種粥、三月三日桃花餅、五月五日五色粽、七月七日索麵、十月初亥餅など、俗間に行来す、以て歳事となし、自今以後、色毎に弁じ調え、宜しく供奉すべし、

これによると、「これらの行事は、それまで「俗間」＝民間で行われていたが、これからは「歳事」、すなわち宮中の年中の行事とせよ」といっていることになろう。呪術的迷信的な民間の年中行事にも関心をもつという、宇多天皇の儀式・行事の拡充・整備に対する積極的な姿勢を示す事例といえる。

問題は、天皇がこのように儀式・行事の拡充・整備を積極的に実施した理由である。これを、天皇が文人であったことや、後述する「阿衡事件」などによって、政治を藤原基経に握られ、政治的な活動ができなかったことに求める見解もあるが（村山　一九八一など）、私も、天皇のこのような活動が「阿衡事件」の翌年である寛平元年から開始されていることに注目したい。

しかし、それは天皇が政治の場面から後退したからではなく、儀式・行事の整備を政治の問題として理解したからではないか、と考えるからである。まず第一に、八八九（寛平元）年とは、藤原基経が「年中行事障子」を献上してからわずか五年目のことであり、第二に、踏歌の行事の復活に橘広相が関係していたように、これらの行事の整備が広相の生きていた時期（寛平二年五月没）に集中していることであり、そのうえ、この時期は基経の末年でもあったことである（寛平三年一月没）。

さらに、踏歌と相撲は仁寿期・貞観期以後廃絶していた伝統行事だとあるが、仁寿・貞観期とは藤原良房が権力を掌握していた時代であった。良房の時代に廃絶され、かつどちらも淵源を中国にもつ伝統行事を復活したのである。また、先ほどは民間の呪術的な行事として紹介した五節供に類した行事も、三月三日、五月五日、七月七日など奇数が重なった日に行われるのは、奇数を重んじる中国の慣習にならったものである（山中　一九七二）。

もう一つの四方拝は、陰陽道の思想に基づいてはいるものの、神国思想を発現するための天皇制にとって重要な儀式であり、天皇制イデオロギーの強化をもたらすための儀式であったといってよいであろう。

このように整理してみると、明らかに基経を中心とした藤原北家が主導する和風な年中行事（具体的には「年中行事障子」）を意識しており、それに対抗して唐風の行事の復活・新設・整備が図られているように思う。偶然かもしれないが、天皇と橘広相が、基経に大きな屈辱をなめさせられた「阿衡事件」の直後に、これだけのことを立て続けに行っていることの意味を、以上のように考えてみたい。現存の「年中行事障子」が「仁和年間か寛平初年ころに基本形が成立し」たといわれるのは、上記のような経過からではないだろうか。このようにして「日本的」儀式の基礎が形成されたのであり、国風文化の基礎的な環境を形成している宮廷、ないし貴族社会の年中行事もこのようにして準備されたのであった。

3　藤原氏と文人貴族

文人貴族層の分裂

九世紀後半から一〇世紀前半にかけて、文章経国思想が衰微し文人貴族の政治的地位の低下が進んだことは1節で指摘したが、その地位の低下の原因は、正式な外交関係の中断・大学寮の荒廃・意見封事制の衰退など政治全体に関わる大きな問題だけでなく、文人貴族層の内部にも存在した。それは、上記のような状況のなかで進行した文人貴族層の分裂である（佐藤宗諄　一九八四）。

例えば、当代を代表する漢文学者菅原道真は、八八八（仁和四）年に起きたいわゆる「阿衡事件」に関連して、任国の讃岐国より次のような内容の漢詩を旧師の島田忠臣に送っている（『菅家文草』巻四、二六三番、「日本古典文学大系」）。

天下の詩人　京に在ること少らなり
況むやみな阿衡を論ずるに疲れ倦みにたらむや

また、京の家から来た手紙について感想を述べた詩の中でも、阿衡事件に関して次のようにいう（同上、二六一番）。

論危くして更に喜ぶ　通儒ならざることを

道真と阿衡事件との関係は後述するとして、この二つの漢詩によれば、道真は阿衡事件に関連して、次のような考えをもっていたことが知れる。

天下一流の「詩人」は（京を去った者が多く）、在京の者は少ない。京にいる者も、阿衡事件という危険な論議に巻き込まれ疲れきっているが、私がそのような「通儒」でなかったのが幸いである。

すなわち、ここで道真が「詩人」と「通儒」を対置していることがわかる。いうまでもなく自分や旧師の島田忠臣は「詩人」であり、阿衡事件の一方の立て役者である藤原佐世らは「通儒」であった。同じ漢詩文をもって政治的地位を保っている文人貴族のなかにも「詩人」と「通儒」という二つのグループが形成されていたのである。

通儒とは、本来「博学で万事に通達する」儒者のことであり、「文章家であると同時に経世家・理論家でもあるような儒者」のことであるが（佐藤　一九八四）、ここで道真が使用している「通儒」はややニュアンスが違っている。では道真がいう「通儒」とはなんであり、それと対置されている「詩人」とはどのような儒学者なのであろうか。もう少し道真の漢詩を見てみよう。

道真は文章得業生紀長谷雄に送った詩文のなかで、「風情断織す、壁池の波、更に怪しぶ、通儒の四面多きことを」（同上、九四番）と記している。これは、「紀伝文章の道にはずれて、中途で大学の学問をすててしまうものが、風に波だつ壁池の波のように多い。それにもかかわらず、不思議なことに、世間には学問に通達したと自称する学者があちこちに充満している」という意味である（川口一九六六）。

さらに道真は、この詩文の題「詩を吟ずることを勧めて、紀秀才に寄す」の注として、次のように記している。

> 元慶より以来、有識の士、或は公に或は私に、争ひて論議を好めども、義を立つること堅からざれば、癡鈍といふ。その外はただ酔狂して、罵辱凌轢すらくのみ。故にこの篇を製して、寄せて勧む、

簡単な訳を示せば次のようになろう。

> 元慶以来の学者たちの多くは、いろいろ議論はするが基礎的な教養が確立していないので「癡鈍」＝ばかのように見えるし、そのほかの者は官能に溺れて、いたずらに他人を中傷するばかりである。だから、君（紀長谷雄）は詩を吟じ純粋な学問を目指してほしい。

これが、先に記した「通儒」について述べた詩の題の注なのであるから、道真が考えていた「通儒」とは、「議論が好きだが、基礎的教養のない痴鈍とか、自分の能力をしらずにいたずらに他人を中傷するような学者」とでもいうことになろう。このような学者こそ道真の批判の対象であった。

しかし、その一方では通儒の詩人（詩儒）に対する批判もあった。道真の旧師島田忠臣は貞観八・九（八六六・八六七）年頃の詩に、「儒家問いていう詩無用なりと、近来盛んに詩人無用なりという」と記している（『田氏家集』）。純粋な学問に根ざした詩儒は無用だというのである。学問に根ざせば根ざすほど観念的な側面が強くなり、現実的な課題に柔軟に対応できないことをいっているのであろう。

このような文人貴族層の分裂は、承和十（八四三）年前後から明確になってきた。当時の文人貴族の一人である春澄善縄の薨卒伝には、彼が文章博士であった頃のこととして、「諸博士は常にそれぞれ名家が容赦なくお互いにおとしめあい、非難しあった。また弟子たちも門を異にすれば、お互いに分かれていがみ争う状態であった」ことが記されている（『日本三代実録』貞観十二年二月十九日条）。善縄が文章博士になったのは承和十年のことである。改めていうまでもなく、承和十年とは、承和の変が起きた翌年であった。すべてを藤原良房に引き付けて評価することは慎まなければならないが、偶然ともいえないように思う。承和の変を契機として文人貴族層の内部に対立が生じ始めていた。それが、前記の菅原道真の意見に見られたような「通儒」と「詩儒」との対立へと進行していったのである。佐藤宗諄氏は、このような状況を、「本来の通儒的な官人（略）が、形而上学的な論議を事とする通儒と、修辞を事とする詩人に分裂していく」ものとして評価しているが（一九八四）、まさにそのとおりといえよう。

仁和二年の内宴

藤原氏の動向と文人貴族層の分裂との関係をよく示している事例を紹介しよう。それは八八六（仁和二）年の正月に行われた内宴（天皇のごく身近な廷臣を内裏の仁寿殿に召して小規模な宴会を行い、文人に詩を詠ませた儀式）前後の政治状況の問題である。八八二年（元慶六）年から八八七（仁和三）年の期間の人事異動を克明に追いかけて、この時期の政治状況をみごとに解明したのは弥永貞三氏の「仁和二年の内宴」という論考である（一九六二）。人事異動の詳細な変遷とその特徴については氏の論考を参考にしていただくとして、ここでは氏の結論部分を用いて、この内宴前後の藤原氏と文人貴族との動向を考えてみたい。

仁和二年一月二日、太政大臣藤原基経の長子時平の元服式が仁寿殿で行われた。光孝天皇自らが冠をとって時平の首に加え、即日正五位下の位が授けられた（『日本三代実録』同日条）。時に時平は一六歳であった。基経の後継者の確定・承認の儀式であるとはいえ、これまでにない破格の扱いであった。貴族層の驚きのなか、時平の地歩が確実に固められる一方で、それから十数日後の一六日に人事異動が発表された（同上、同日条）。菅原道真が文章博士の任を解かれ讃岐守に任命されたのは、この人事であった。

実はこれ以前にも外記局（太政官の事務機関の中心）の人事異動があり、これら二度の人事異動で事務官僚のなかに大きな変化が起きた。というのは、北家出身の藤原佐世、時平・忠平兄弟の学問の師であった大蔵善行、善行の弟子である紀長谷雄らがそれぞれ左少弁・大外記・少外記に任ぜられるなど、藤原北家寄りの文人貴族が内官に任ぜられたのに対して、道真を筆頭に、式部大丞大江玉淵は日向守、大外記島田惟之は土佐守、巨勢文宗は河内介など、それまで文人貴族として名門であった者たちが外官に任命されるなど、大幅な入れ替えが行われたのである。とくに菅原・大江という大学を支えてきた名門の首領が外官に任命されて都を離れなければならなかったことの意味は大きい。そしてこれによって、文人貴族の門閥化もいっそう進むことになった。

さらにもう一つの事件が内宴の前日（二十日）に起こった。『日本三代実録』に基づいて記してみると次のようである。

太政大臣の家から、飯六〇櫃、酒六〇缶、魚六〇缶、菓六〇缶、衣物の韓櫃二〇合が仁寿殿東庭に運ばれ、金銀華美を尽くした調度品が揃えられ、音楽が奏せられて、盛大な宴会が開始された。そして、天皇の子貞数親王を始め四位以上の貴族の子どもたちが出てきて舞をまったりした。それは事前に稽古してあったものである。群臣らも大いに飲んで楽しんだ。これまでならいいのだが、実はこれは時平の加冠と拝爵を祝うための宴会であったのである。

弥永氏がいうように、「このようなことを国史が詳しく記していることは、破天荒な出来事」だったからである（一九六二）。自分の息子の加冠の祝い事を内裏のなかで、それも天皇の皇子まで駆り出して行ったのであるから、光孝天皇と基経との関係を考えても異常な事態である。それも天皇と身近な廷臣とが行う儀式である内宴を明日に控えた日に、それも同じ仁寿殿で行っていることは、内宴に対する挑戦とも考えられる。宮中の私物化とでもいえる事態であろう（本書二〇七頁図参照）。

このような北家の破天荒な行動が他の貴族を刺激しないわけがない。『扶桑略記』寛平元（八八九）年十二月二十八日条には興味ある記事が載せられている。

> 時平朝臣の母、書を尚侍（ないしのかみ）に送りて曰く、左大臣勅を奉たまわるに、時平の位記、已でに正下に造る、而して広相朝臣、主上の命ずるところ正下に非らずと称し、而るに已にその位記を毀（こぼ）つと云々。

すなわち、時平の母が左大臣源融あたりからの情報では、翌年正月に行われるべき加階で時平は正四位下になるはずであったが、橘広相（たちばなのひろみ）が「それは主上（天皇）の命令と違う」といって正四位下の位記を壊してしまった、というのである。そしてその結果、従四位下に昇進するにとどまったという意味であろう。左大臣までも巻き込んだ時平の加階問題に橘広相が異を唱えたのである。ここに、文人貴族である橘広相と藤原氏との対立の様相が見てとれるように思う。

問題はこれが何時のことか、である。弥永氏は『大日本史料』（第一編—四）の見解を評価しながら、これが先の時平の元服に伴う加階・拝爵の時、すなわち仁和二年の記事であろうとしている。時平の加階・拝爵の儀式は、前述のような破天荒な殿上加冠や祝宴だけでなく、天皇の意にさからってまで加階するという異常な状況の下で進められていたのだ。『扶桑略記』の記事は、そのような藤原氏の思うがままの行動に、文人貴族の広相が敢然と異論を唱えた政治的行為を記したものといえよう。

人事異動による門閥的な文人貴族＝通儒の取り込みと詩儒の排除、一方における藤原北家による宮廷政治の私物化がはっきりと進行していたのであり、その一つの契機が時平の元服・加階・拝爵の行事であった。

このようなはなやかで破天荒な「祝宴」の翌日、恒例の内宴も無事行われた。本来なら外官に任命された者は招かれないのが立てまえであったが、特別に招かれた菅原道真は、名誉と思うと同時に、讃岐に下っていかなければならない悲しみに打ちひしがれて参加していたのである。

阿衡事件と文人貴族

分裂しつつあった文人貴族層の対立が象徴的に現れたのが「阿衡事件」ではないだろうか（『政事要略』巻三〇）。

「阿衡事件」とは、宇多天皇の即位にともなって藤原基経を関白に任じる際に起こった、いや基経によって起こされた事件である。宇多天皇の即位にいたる基経との込み入った関係はここでは省略するが、天皇はすでに二〇歳を過ぎていたため、即位した八八七（仁和三）年十一月に、

万機巨細、百官己に総べ、皆、太政大臣に関り白し、然る後に奏下すること、一に旧事の如くせ

よ、

という文章を含んだ詔書を基経に下した。いわゆる初めての「関白」任命に関する詔である。これを受理していれば、違った展開になったのだが、当時の貴族社会にあっては、このような特別の職に任ぜられた時は、何度か辞退したうえで就任するのが慣例であったから、基経も慣例にしたがって辞退の表（ひょう）を奏上した。

そうすると翌日改めて関白就任に関する勅答があった。その勅答が問題となったのである。それには、

　宜しく阿衡の任を以て卿の任となすべし

という一文があった。この「阿衡」という官職が問題となった。

まずこの官職について疑義を申し立てたのが、基経の家司で左少弁兼式部少輔藤原佐世（すけよ）であった。「阿衡」はただ位だけで決まった職掌がない、と主張したのである。基経はすぐさま佐世の意見を入れて勅書を受けず、自宅に引き籠もり出仕しようとしなかった。太政大臣が出仕しないため政務の渋滞ははなはだしく、天皇も再三基経に謝意を表し詔を改めるまでしたが、依然基経は立場を変えず、政務につかない。一方、詔を書いた文章博士橘広相も引き下がらず自説の正当性を主張したため、京都にいた学者にも意見が徴せられた。しかし、文章博士善淵愛成（ちかなり）・少外記紀長谷雄・大内記三善清行らはすべて「阿衡に職掌がない」ことを論じたのである。彼らこそ前述の仁和元〜二年にかけての人

事異動で内官に登用された者たちであった。そしてついには、広相を罰しようという意見がまとめられるほどであった。このような状況を知った菅原道真が詠んだ詩が、先に紹介した、

　天下の詩人　京に在ること少(まれ)なり
　況むやみな阿衡を論ずるに疲れ倦みにたらむや
　　　　　　　　　　（『菅家文草』巻四、二六三番、「日本古典文学大系」）
　論危くして更に喜ぶ　通儒ならざることを（同上、二六一番）

である。

このような大論争に発展したにもかかわらず、約一年後突然解決し、基経が出仕することになった。解決の原因は、基経の女温子(おんし)が入内して女御となったためといわれている。

これが事件の概略である。この背景には、時平元服時の橘広相の抵抗があったことも考えられるが、やはり宇多天皇の後継をめぐる基経と橘広相との間の確執があったためであろう。広相が、すでに女義子(ぎし)を天皇の女御に入れて子どももあり、外祖父の位置を得ていたのに対し、基経はそのような関係を作り得ていなかった。基経はこの事件によって、橘広相を重用する宇多天皇と、政治的には外祖父の地位をめぐって対立関係にある広相に一撃を与えるとともに、事件のどさくさのなかで女温子を入内させることに成功したのである。

しかし、問題はこれだけでないように思う。すでに多くの人によって指摘されているように、この

問題に関して、菅原道真が橘広相の側に立って機敏に対応しているからである（弥永　一九六一など）。それは道真が基経宛に出した一通の書状である（『政事要略』巻三〇）。この書状をめぐっては弥永貞三氏の「菅原道真の前半生」（一九六一）にくわしい。その書状で道真が、基経に向かって橘広相と宇多天皇との関係の深さを説いていることも興味深いが、ここでは、学者としての広相の立場を擁護していることに注目したい。道真は次のようにいう（阿部猛　一九七九）。

学者は文を作るとき、必ずしも経史の全説をとらず、たまさかにこれをとっても、章を断じて義となすものであり、広相が伊尹（殷の賢相で湯王を助けて夏の桀王を討った）の旧義をとって太上大臣の典職にあてたのは、その本義は「詩」「書」にそむくが、おのずから『漢書』以下の義にかなうものであり、異心をもって作文したのではない。もしこれをもって広相を処罰することがあれば、のちの文を作るものは、みな罪科を免れない。こういうことでは文章は廃れてしまう。

ここで、前項の「文人貴族層の分裂」で紹介した道真の「通儒」批判を思い出していただきたい。彼は明らかに「詩儒」の立場から橘広相を弁護している。したがって当然、その背景には基経の政治的な道具になり果ててしまった藤原佐世を筆頭とする「通儒」に対する批判があった。道真は本当に「天下の詩人　京に在ること少らなり」と思っていたのであり、「論危くして更に喜ぶ　通儒ならざることを」といいながら、逆に「京には『詩儒』がおらず『通儒』ばかりだから、このような事態を招いてしまうのだ」と批判したのである。

しかし、この事件は藤原北家の絶対的優位のもとで、基経に与する「通儒」がついに文人貴族の「主流」になったことも意味していた。そして、それは本来の文人貴族の没落を示すとともに、文人貴族全体の地位の低下をも意味していたのである。佐藤宗諄氏は、前記の通儒と詩人への分裂に関する記述に続いて、「そこには生きた政治理念は喪失され、〝文人〟が形成される。（略）詩人も通儒も前代に比較すればより形式・論理を重視して現実から距離をおき、結果的には逃避していた。それを〝文人の形成〟といってもよかろう」と評価している（一九八四）。このような「文人」の形成こそ「国風文化」形成の基盤であった。

宇多親政

即位直後の「阿衡事件」によって藤原基経に政治の主導権を握られてしまった宇多天皇であったが、八九一（寛平三）年一月に基経が死亡すると、その長子時平が弱冠二一歳であったこともあって、積極的に政治の刷新を目指した。その代表的な事例が菅原道真の登用である。

道真は前年春に讃岐守の任を終え帰京したばかりであったが、同年三月九日に式部少輔、三月二十九日には蔵人頭に任ぜられ、さらに四月十一日には左中弁を兼ねることになった。そして翌々年（寛平五）二月十六日には参議に昇進した。『公卿補任』によると道真の同年の官職は、左京大夫・式部大輔・左大弁・勘解由長官・春宮亮を兼ねるというすさまじいものであった。宇多天皇の抜擢であることは間違いないであろう。

道真の出世とその後の左遷事件については後述するとして、ここでは、道真の抜擢に象徴されるような初期の宇多朝の政治の特色について考えてみたいと思う。

まず第一に注目したいのが、即位のその年（八八七）の末か、翌仁和四年初めに意見封事の徴進がなされたことである（『日本紀略』仁和四年一月二十七日・同年二月二・五・七日条。所　一九六九）。それぞれの内容は不明であるが、以下のような人々が封事を奉進した。

左大弁橘広相　　意見十四条
蔵人頭藤原高経　意見五条
中務大輔十世王　意見六条
弾正大弼平惟範　封事七箇条

橘広相を筆頭に宇多天皇の側近が多いことも、天皇の政治に対する意気込みを感じさせる。この封事徴進に天皇の「親政意図」を感じ取った基経が、天皇と寵臣の広相に一撃を加えたのが「阿衡事件」であった、という所氏の評価はまったく正しい。

さらに、この意見封事から二年後の寛平二（八九〇）年にも興味ある催しが行われている。それは閏九月十二日に、宇多天皇が勅を下し、文章の士一二人に賦詩を献じさせていることである（『日本紀略』同日条）。その勅には次のように記してあった（菅原道真「未旦求衣賦」『本朝文粋』巻一、「新日本古典文学大系」）。

> 賦は古詩の流れなり、詩は蓋し志の之く所なり。各一篇を献じて、具に汝が志を言へ。詩と云ひ賦と云ひ、一文一字も、その興を風雲にすべからず、その詞を河漢にすべからず。未だ旦けざるに衣を求むとは、人主の政を思ふ道を陳べしめんと欲ふなり。寒霜晩菊とは、人臣貞を履む情を叙べしめんと欲ふなり。

二行目の中ほどから、文意をとると次のようになろう。

> 詩であっても賦であっても、一文一字でも実態から離れたものにしてはいけないし、とりとめもないものにしてはいけない。なぜならば、今回の賦の題である「未だ旦けざるに衣を求む」とは、君主の政治を思いやる心に資するものを述べさせようと思うものであり、詩の題である「寒霜晩菊」とは、人臣に忠義の心を述べさせようと思うものだからである（同上『本朝文粋』注参照）。

ここには、本章1節の「文章は経国の大業」の項で指摘した文章経国思想がみごとに表現されている。三番目の勅撰漢詩集『経国集』の序文にあった「古へ採詩の官有り、王は以てその得失を知る」と同じ思想である。その時も指摘したが、「古来より詠まれた漢詩によって、王はその時々の政治の得失を知ってきた。だから、漢詩というのは、単に花鳥風月を詠むのではなく、君主の政治的判断に資するために詠むべきものであり、公的性格をもつものである」という認識である。

しかしこのことをもって、小原仁氏のように、この時期においても「文章経国思想が、君臣ともに承認するところの社会的観念になっていたことを、十分窺知しうる」と評価することはやや無理があるように思う（一九八七）。これまで長々と述べてきたように、承和の変・応天門の変、そして文人貴族層の分裂という状況を勘案するならば、この時期に「文章経国思想」が「律令社会全体に承認されたところの、公認の価値観」であったとはどうしても考えられないのではないだろうか。

それよりも、そのような「文章経国思想」の衰退のなかで、宇多天皇が即位後の意見封事徴進といい、今回の漢詩文の召進といい、「文章経国思想」を前面に立てて流れに逆行するような政策を行ったことの意味の方が問題にされなければならないであろう。なによりも、意見封事徴進の際の中心人物は寵臣の文人貴族橘広相であり、漢詩文の召進の際の中心人物は、その年の春に任を終えて京に戻ったばかりの文人貴族菅原道真であった。道真がこの時抜擢された状況についてはわからないが、その年の五月に広相が死亡していることと関係あることは間違いないであろう。

すなわち、宇多天皇は藤原北家と血縁関係が薄く、一方文人貴族である橘広相の女を女御にしており、かつ二一歳という青年で即位したこともあって、理想に燃えた政治を展開しようとしたのであろう。その思いが即位直後の意見封事徴進として早速現れたのである。これに橘広相の助言があったことは十分想定できる。現在確認できる意見徴進者四人のうち、最初の意見提出が橘広相であり（一月二十七日）、意見の条数も他が五〜七条であるのに対して、広相の意見は一四箇条というように体裁として整っていることも、天皇との周到な準備のもとで行われたことを示している。

ところが所氏のいうように、このような動きに宇多親政の意図とその背景の広相の存在を知った基経が、機先を制して持ちかけた難題が「阿衡事件」であった。これによって一時天皇の意図は停滞するが、まもなく藤原基経が病気になり、その後継である時平がまだ若く、まだ参議にも入っていない状況のなかで、今度は広相に代わって道真を用いて君子の政治に資するために漢詩文の召進を行ったのであった。ちなみに時平が非参議に登るのは、この漢詩文の召進が行われてから二カ月半後の十一月二十六日のことである。時平の非参議昇進の背景には、もちろん基経の病気の進行ということはあるが、もう一つ天皇の上記のような行動も微妙に影響を与えていたと思われる。

逆コースとも思える天皇の文章経国思想に依拠した政策は、青年天皇としての意気込みの反映であることは間違いないが、そのことによって、天皇が意図的に行ったか否かは別として、一貫して政治文化・儀式の日本化を目指してきた藤原北家と真正面から衝突することになったのである。

遣唐使派遣計画

このように、宇多天皇初期の政治を理解することができるならば、問題の遣唐使派遣計画事件も異なった評価が可能になるのではないだろうか。その時参考になるのが、この遣唐使派遣計画が「きわめて国内的事情によるもので」、「政権基盤の弱い宇多天皇が、権力集中の一つの政策として打ちだした計画」ではないか、という前章で紹介した石井正敏氏の評価である（一九九二）。この石井氏の評価を念頭に置きながら考えてみよう。

文章士一二人による漢詩文召進が行われた八九〇（寛平二）年末、藤原時平が非参議に登ったことは前述したが、その後の時平の昇進は目を見張るものがある。翌年三月には参議になり、そしてわずか二年弱勤めただけで寛平五年二月には中納言に就任している。その時の左大臣源融と右大臣藤原良世はともに七二歳で、中納言の藤原諸葛も六八歳という高齢であったから、実質的な政治的主導権はもっていなかったであろう。残るのは、同じ四九歳の大納言源能有と中納言源光、そして二三歳で中納言の時平である。前者のふたりはそれぞれ文徳源氏・仁明源氏で、それほど政治手腕があったとは考えられないから、ほぼ時平による権力掌握ができた段階といえよう。

実は、時平が中納言に登った同じ除目(じもく)で参議に昇進したのが菅原道真であった。重複するが、道真は三年前の寛平二年春に讃岐守の任を終えて上京したばかりであった。それがあっという間に参議に登り、かつ左京大夫・式部大輔・左大弁・勘解由長官・春宮亮を兼ねるという出世ぶりであった。この背景に宇多天皇の強い働きがあったことは間違いない。時平の権力集中に歯止めをかけるためでもあったであろう。

しかし、良房・基経と続いた摂政・関白家では、時平の元服の時のような強引なことも可能であるが、いくら名門とはいえ文人貴族の出身に過ぎなかった道真を、時平と同様に出世させることは天皇の力をもってしても無理があることは明らかである。ところが二年後の八九五（寛平七）年には、時平と同じ従三位、中納言に登ってしまう。前年は従四位下、参議であったから、なんと一回の除目で四階級特進であるし、権中納言藤原国経を初め、参議五人を抜いての中納言任官である。彼が蔵人頭に任ぜられ、参議に登ったことも「抜擢」そのものであるが、これまた「抜擢」としかいいようがないであろう（『公卿補任』各年条）。

では、このような抜擢がなぜ可能であったのであろうか。私はそれが遣唐使派遣計画ではないかと思う。もちろん前章で紹介したとおり、この計画は歴史的事実として有名な割には、史料的に恵まれていないので、確信ある解答を準備することはできないが、遣唐使派遣計画が持ち上がったのが、道真が抜擢される前年の寛平六年七月から九月にかけてであったことがヒントになる。すなわち、遣唐大使への任命という事実が従三位、中納言昇進への条件をつくったとは考えられないであろうか。

遣唐使は文人貴族にとっては名誉ある職務であったし、彼らの宮廷内の地位を示す格好の官職であった。実際、道真は寛平七年五月、遣唐大使のまま、鴻臚館に入った渤海客使を迎え、勅を奉じて副使の紀長谷雄とともに酒餞を賜い、詩の贈答を行っている。道真はその時詠んだ詩を『菅家文草』のなかに八通も残しているから、外交官としての面目を十分発揮したのであろう（同巻五、四一九〜四二五番）。そして彼の昇進には、延暦の遣唐使の大使であった藤原葛野麻呂が、帰国した八〇五（延暦二十四）年に従三位、非参議に任ぜられ、翌年には参議、さらに二年後の八〇八（大同三）年には中納言に昇進していたことなども根拠とされたかもしれない。

周知のように在唐の僧中瓘から唐の衰徴や航路の危険性についてはすでに報告されていたし、前年春から新羅人の漂着や来襲が問題となり、今年四月には、新羅の賊が対馬島に来襲し、それを防備することが北陸・山陰・山陽道諸国に命じられている時に（『日本紀略』）、遣唐使派遣が計画されることも奇妙である。天皇と道真にとっては、実際に行かなくとも、遣唐大使に任命され、それなりの活躍ができればよかったのである。その意味では渤海客使の来航とその接待は絶好の機会であったといえよう。宇多天皇は道真が遣唐大使に任命されたことを根拠に、一挙に従三位、中納言へと昇進させることに成功したのである。

都合のいい解釈に終始したが、石井氏の問題提起をもとに、寛平七年に道真が中納言へ登ることができた条件を考えた時、遣唐使派遣計画にたどりつくことになった。物事の一面しか評価していないようにも思うが、一つの解釈として提示しておきたい。

菅原道真の左遷

寛平七年の抜擢を成功させたことによって、宇多と道真との提携は一応安定することになった。そしてその後の道真の昇進は有名である。年表風に記すと次のようになろう（以下、菅原道真に関する基礎的事項は〈弥永　一九六二、阿部　一九七九、坂本太郎　一九六二〉に拠るところが大きい）。

八九六（寛平八）年八月　民部卿を兼ねる
八九七（寛平九）年六月　権大納言に任じ、右大将を兼ねる
　　　　　　　　　七月　宇多天皇譲位、醍醐天皇践祚、正三位に叙す
八九九（昌泰二）年二月　右大臣に任じ、右大将は元の如し（時平、左大臣・左大将）

九〇一（延喜元）年一月　従二位に叙す、大宰権帥に左遷（時平、従二位）

参議になったのが八九三（寛平五）年のことであるからわずか七、八年で右大臣、従二位という地位まで上り詰めたことになる。この間宇多天皇は、譲位にあたって醍醐天皇に与えた『寛平御遺誡』に時平と道真を用いて政治を行うようにと記し（『古代政治社会思想』）、さらに、天皇が幼少なので、時平と道真が「一日万機の政、奏すべき請くべきこと、宣すべく行うべし」という詔を発したため、諸納言以下が二人以外は政務に携わってはいけないと解釈し、政務をボイコットするという事態まで生じている（『日本紀略』）。後者の件は上皇が納言らを説得して事なきを得たが、この事件は、二人というより、宇多上皇が道真を余りにも重用し過ぎることに対する批判がそうとう強いものであったことを物語っていよう。文人貴族でありながら、という批判は強くなるのは当然である。

同じ文人貴族の一人である三善清行は、このような道真に対して政界から身を引くようにとの忠告文を送っている。道真が右大臣に就任した翌年（昌泰三）のことである。それには、自分は学生の頃、陰陽道の術数を学んだが、それによると、明年は「辛酉」の年で変革のときに当たるので、その禍はきっとあなたに及ぶだろう。だから、

伏して、惟るに、尊閤（道真）は翰林（学問の家）より挺して槐位（大臣の位）にまで超昇せらる。朝の寵栄、道の光華、吉備公（右大臣吉備真備）の外、また美を与にするもの無し、伏して冀ふらくは、其の止足を知り、其の栄分を察せよ、

と述べている（『本朝文粋』巻七、一八七番、「新日本古典文学大系」）。文人貴族でありながら大臣の位にまで昇り、このような栄誉と繁栄を得た者は奈良時代前期の吉備真備以外にはいない。だから己の分をわきまえ、政界から身を引くべきである、というのである。

この忠告がなにに基づいて、かつ目的がなんであったのかは難しいが、同じ文人貴族として道真の栄誉を支持していくのではなく、現実の政治の前では分相応の働きをすればよいのであり、分を超えることは災いの元になる、という清行の主張は、まさに「通儒」の認識でしかないであろう。藤原時平の元服加階に際して、基経の策略を「位記を壊して」抵抗した橘広相、「阿衡」問題では文人貴族の立場を守るために敢然と基経に意見を表明した菅原道真。彼らがもっていた文人貴族としての気概と自負はまったく感じられない。ここに文人貴族の分裂というレベルを超えて、文人貴族の終焉とその一方における通儒、すなわち文人世界の定着が決定的になったと評価することができよう。

このような状況のなかで道真が左遷されるのはなんら不思議なことではない。道真の左遷の理由は、醍醐天皇を廃して、自分の娘の婿斎世（ときよ）親王（天皇の弟）を立てようとしたこと、といわれる。左遷を命じた宣命には、「道真は寒門（身分の低い家柄）の出でありながらにわかに大臣に取り立てられて、己の分をわきまえず、権力を専らにしようとし、うまく媚（こ）びへつらって前上皇（宇多）をあざむき、廃立を行って父子の慈しみを離間し、兄弟の愛を破ろうとした……」とあるが（阿部　一九七九）、基本的には清行の政界引退勧告と同じ思想である。この宣命を清行が作成したとはいわないが、政治の世界においても、文人貴族の世界においても、「分」ないし「家柄」が重要な価値観になっていたのであった。

それは道真の思想のなかにも見られる。彼は右大臣になってからたびたび辞任の表を出しているが、一応そうすることが当時の貴族社会の慣例であったとしても、「臣地は貴種に非ず、家はこれ儒林」といっているのは単なる謙遜ではないだろう（『菅家文草』巻一〇、六二九番）。彼が文章博士になった時の周囲の誹謗を詠んだ詩のなかにも、

吾家は左将に非ず、儒学帰耕に代ふ

（わが菅原の家柄は代々武官の筋ではなく、儒学をもって仕官し、禄をはむのがならわしである）

という文章が見える（同上巻二、八七番）。博士になった時と右大臣になった時では状況も意識も違うであろうが、彼のなかにも「家柄」や「家業」という意識が形成されていたことは間違いない。佐藤宗諄氏が佐藤進一氏の研究（一九八三）に触れながら、家業の確立＝固定化の時期は、一一世紀後半とすべきであるが、その端緒的成立は九世紀とみてよいとしたのは正しいであろう（佐藤宗諄　一九八四）。朝廷政治社会の門閥化は文人貴族の門閥化をも生みだした。そしてそれはいわゆる文人貴族の終焉をも意味していたのである。この後の文人貴族＝通儒は、家業を守りながら現実の社会に生きていく「文人」と呼ぶにふさわしい存在なのである。

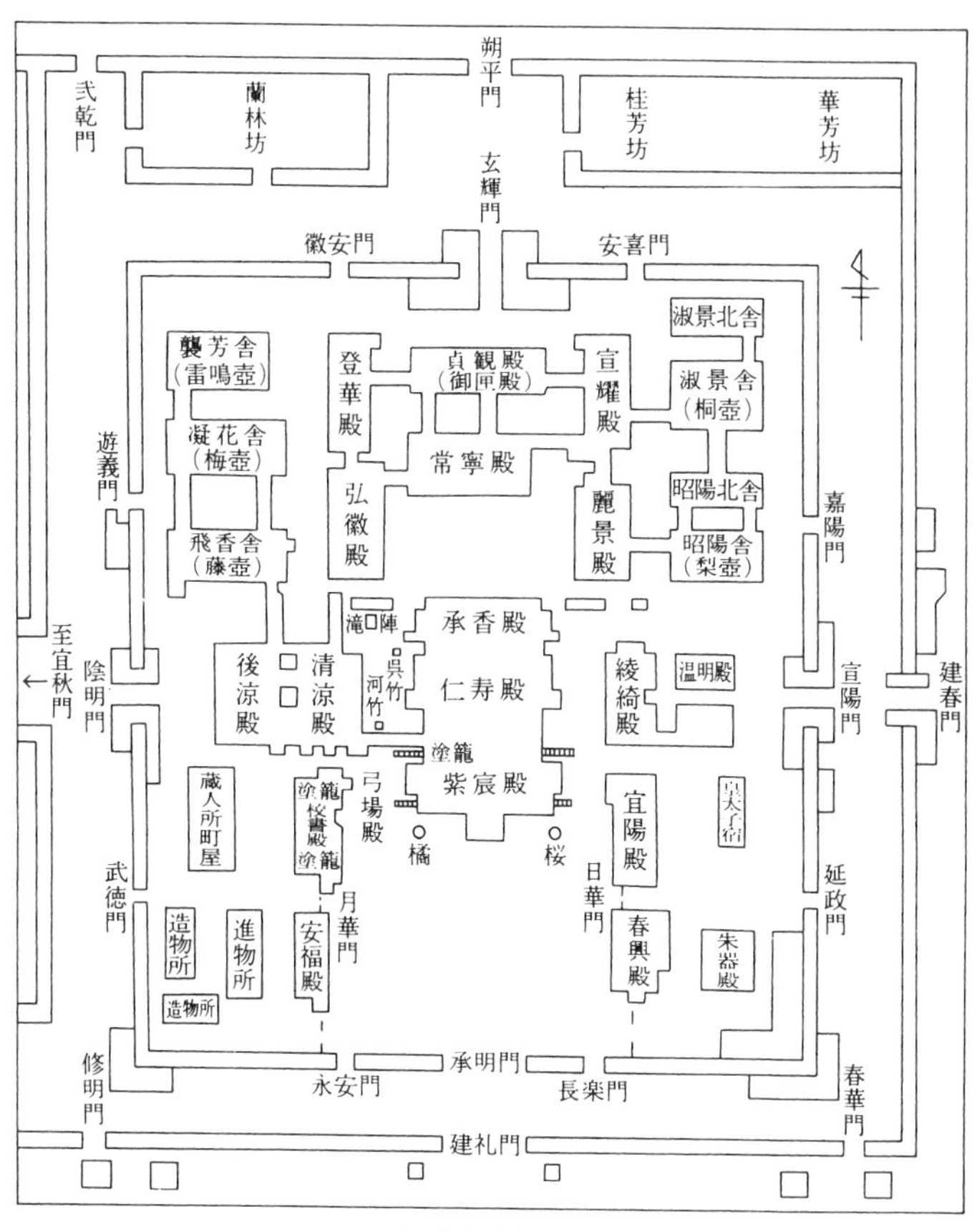
朔平門
玄輝門
式乾門
蘭林坊
桂芳坊
華芳坊
徽安門
安喜門
襲芳舎（雷鳴壺）
登華殿
貞観殿（御匣殿）
宣耀殿
淑景北舎
淑景舎（桐壺）
凝花舎（梅壺）
常寧殿
弘徽殿
麗景殿
昭陽北舎
昭陽舎（梨壺）
遊義門
飛香舎（藤壺）
嘉陽門
滝口
陣
承香殿
後涼殿
清涼殿
呉竹
河竹
仁寿殿
綾綺殿
温明殿
至宜秋門
陰明門
宣陽門
建春門
塗籠
紫宸殿
弓場殿
蔵人所町屋
校書殿
宜陽殿
皇太子宿
橘
桜
武徳門
日華門
延政門
月華門
造物所
進物所
安福殿
春興殿
朱器殿
修明門
承明門
永安門
長楽門
春華門
建礼門

平安内裏図

飛香舎藤花宴と古今和歌集の成立

かくて菅原道真は、九〇一（昌泰四）年二月二十五日に大宰権帥に左遷され、二月一日京を発った。道真が京を去ってから約一年後の九〇二（延喜二）年三月二十日、内裏紫宸殿（ししんでん）の西北にある後宮（こうきゅう）飛香舎（ひぎょうしゃ）で盛大な宴が行われた。「飛香舎藤花和歌」である（『三代御記逸文集成』同日条、田中喜美春一九八四）。これは、時平の同母妹穏子（おんし）の入内一周年を記念して、時平が奏請して醍醐天皇の臨席を仰いで開催したものであった。これが、時平の政権掌握を確実ならしめるためのものであったことはいうまでもない。

しかし、それは単に道真なき後の宮廷を掌握しようという意味だけではない。というのは、I章でも取り上げたが、律令国家から王朝国家へ転換する際の重要な法令である、いわゆる「延喜荘園整理令」が出され、延喜の国政改革が「宣言」されたのが、この宴が開催される七・八日前だったからだ（『類聚三代格』）。三月十二・十三の両日に発布された九通の官符の評価は、I章を参照していただくとして、ここでは、これらが時平政権の新しい政治方針＝新制であったことが確認されればよい。なぜなら、このことによって、二十日の藤花和歌の宴の真の目的が、穏子の入内一周年記念を標榜しつつも、時平自身が、天皇を迎えて群臣とともに自分の新制を祝うことにあったことが鮮明になるからである。みごとなデモンストレイションというべきであろう。

さらに注目すべきは、この曲宴では「飛香舎藤花和歌」を題とした詠歌があったのだが、実は賦詩

＝漢詩を詠むことがなかったことである。田中喜美春氏もいうように、女御や女房が列する後宮の曲宴に賦詩はなじまないとしても、公宴では賦詩が主体なのであり、藤原基経の「日本紀竟宴」においても、和歌が加わったところに画期性があったのであった。そしてこの「藤花和歌」の宴によって、和歌を主体とした曲宴が開始されたのである。このことは、本章の最初からの課題であった和歌と政治・儀式との密接な関係の成立、政治文化の「日本化」の過程を考えるうえで非常に重要であると考える。

そして、この経験が初めての勅撰和歌集である『古今和歌集』を誕生させることになった（以下、『古今集』という）。『古今集』の成立年代は、九〇五（延喜五）年と九一三・四（延喜十三・十四）年とがあるが、もし、延喜五年の成立だとすると、「それぞれ家集ならびに古来の旧歌を献じ」（『古今集』真名序）、「万葉集に入らぬ古き歌、みづからのをもたてまつらしめ給ひて」（『同』仮名序）編集したならば、資料収集、部類分けと配列作業とに、少なくとも数年はかかるであろうから、『古今集』撰集のきっかけは、前述の「藤花宴」にあった可能性があるという（田中　一九八四）。

このように考えることができると、「藤花宴」の政治的な性格からして、『古今集』の撰集も相当政治性をもっていたことになる。じつは、『古今集』撰集には「特殊な環境」があり、「先を見通した深い撰集意図」のあったことが別の側面から指摘されている。それは撰者の紀貫之らが詠んだ和歌が圧倒的に多いという事実である。

田中氏によれば、『古今集』全体で約一一〇〇首の和歌が収められており、そのうち「よみ人しらず」の和歌が四五三首あるから、詠み人が判明している和歌は約六五〇首ほどになる。歌人は墨滅歌を除くと一二四人であるから、一人平均五首の和歌が採用されていることになる。しかし、実際に五首以上採用されている歌人はわずか一九名に過ぎず、そしてその一九名が詠んだ和歌を合計すると四七六首にも及ぶという。詠み人が判明している和歌の約七三パーセントを一九人の歌人が詠んだ計算になり、非常に片寄った選歌が行われたことが知れる。この片寄りは撰者四人になるともっと鮮明になる。撰者四人の歌数をあげると、紀貫之九九首、凡河内躬恒六〇首、紀友則四六首、壬生忠岑三五首で、合計二四〇首である。詠み人が判明している和歌の約三分の一は彼ら撰者が詠んだ和歌だったのである。『万葉集』以来の古今の秀歌を収集することを目指して編んだ和歌集としては、あまりにもひどい不均衡といわざるを得ないであろう。

このような状況になってしまった要因として、田中氏は「歌人の歌員が不足していたために、撰者たちが場当り的に創作して補った結果である」という衝撃的な見解があることを紹介しながら、「それはともかく、和歌が限られた人々によって支えられていたという事実は否定できない」と結論している。『古今集』は、「歌人として実力を有する者は、数えるほどしかいなかったという」「特殊な環境」で編纂されたのであった。

このように理解できるとするならば、田中氏とは違った意味で、なぜそのような条件のもとで編纂が「強行」されたのか、ということが問題にされなければならない。

その時参考になるのが、『古今集』が、勅撰という意味を超えて、醍醐天皇の強い指導で進められたことであり（奥村恒哉　一九五四）、「仮名序」で、

　この歌、天地の開闢初まりける時より出来にけり。

と記されているように、「和歌神授」説が明確に主張されていることである（西郷信綱　一九九六）。天上では下照姫、地上では素戔嗚尊が歌を詠んだ初めであり、天皇では仁徳天皇が最初であり、その後「古の世々の帝、春の花の朝、秋の月の夜ごとに、侍ふ人々を召して、事に付けつゝ、歌を奉らしめ給ふ」と和歌の歴史を説明している。これによって、「『やまとうた』は和国の神代にはじまる特殊な文学として聖化されて、宮廷の晴の座に返り咲」くことになったのである（西郷　同上）。

私は、このように重要な意義をもった『古今集』であるにもかかわらず、和歌の撰集に上記のような不均衡性があり、それが「和歌が限られた人々によって支えられていた」段階であったことに起因するとするならば、『古今集』の編集には、醍醐天皇を中心とするグループの、和歌を国家的な文化の位置にまで押し上げなければならないとする相当強い意志が働いていたと考えざるを得ない、と思う。それは、前述のように、『古今集』編纂の契機が延喜二年の「藤花宴」であったこととも符合しよう。

そして、「藤花宴」から『古今集』へと展開される前提は、やはり宇多天皇の文化事業であったと

考えられる。宇多朝の文化的特質について、ここで詳しく述べることはできないが、天皇が歌合など和歌に積極的な姿勢を示すのは譲位後のことであって、在位中の「内裏菊合」「寛平御時后宮歌合」さらに「亭子院女郎花歌合」などは、形式的にも内容的にも、その積極性を示すものではないという立場に賛意を表しておきたい（奥村　一九五四）。

それに対して在位中の事業として、大江千里と菅原道真という二人の漢文学者に行わせた『句題和歌』と『新撰万葉集』の編纂がある。『句題和歌』は、八九四（寛平六）年に天皇の勅命によって大江千里が撰進したもので、『白氏文集』などの漢詩の一句を題として千里自身が和歌を詠んだものである。それに対して『新撰万葉集』は、八九三（寛平五）年頃、菅原道真が当時宇多天皇が催した歌合の和歌二〇〇余首を上下二巻に編集し、その和歌に対する七言絶句の漢詩に翻案したものを添えたものである（これが道真の作でないという説もあるが、今は上巻の序文の通り道真の作と考えておくことにしたい）。

両者とも、漢詩と和歌の交流を示す事例として評価される場合が多いが、ここでは、後者が、すでに当時の和歌が仮名を用いて記されていたにもかかわらず、わざわざ万葉仮名（漢字の音などで仮名を表現する『万葉集』時代の表記法）を用いて和歌を記し、さらに和歌の文学的な表現や内容を漢詩を用いて表現し直しているという作業内容に注目したい。

それは、「ひと続きの漢詩の文脈が場面的・情景的に詳細であるのに対して、和歌があくまでも心象風景として定位する」というように、「二者の表現の根本的な相違」を自覚しながらも（鈴木日出男一九八六）、当時隆盛の兆しをみせつつある和歌に対して、漢詩のもつ表現の可能性をもう一度示そうとしたものではなかったか、と考えるからである。そして、それを実行したのが宇多天皇と菅原道真とのコンビであり、その題名がわが国最初の和歌集の名を採った『新撰万葉集』であった。

このような文化的な作業が前提となって、推進者であった天皇が譲位し道真も左遷された後に、醍醐天皇―藤原時平のラインが実行したのが「藤花和歌宴」であり、『古今集』の勅撰計画ではなかったであろうか。『古今集』が和歌神授説を唱えなければならなかったのも、漢詩文が、その源である中国においても、明確に「文章経国」という思想を付与されていたことに対抗するためであったからであろう。

もちろん、西郷信綱氏も指摘するように、『古今集』が勅撰されたということは、「たんに和歌が漢詩にとって代わったとかいうことで尽くされないもの」があり、「和歌が神秘ないわれをもつ風儀として聖化された点を見なければ」ならないが（一九九六）、「藤花和歌宴」から『古今集』の勅撰へ至る政治文化的な環境を上述のように把握することが可能のように思う。

藤原良房から始まった和歌と儀式の関係が、基経そして宇多朝を経過して、延喜年間に一つの達成を見たことは間違いない。しかし、それは和歌の隆盛、漢詩文の衰退という単線的な推移をとって実現されたわけでないことも事実である。少々誇張していうならば、最後の文人貴族菅原道真の排斥はこのような変化の象徴的な事件であったというべきなのかもしれない。

そして、このように理解すると、いわゆる延喜の国政改革も単なる土地制度、収取体系の変化だけで評価することができなくなることは明らかである。総合的な新しい研究が待たれるのは私だけではあるまい。

4　藤原流儀式の成立

藤原忠平政権

菅原道真の排斥と延喜新制の発布、そして「飛香舎藤花和歌」の宴によって華々しく発進した藤原時平政権であったが、時平のあっけない死（九〇九年）によって、藤原北家の政権は一時停滞する。しかし、時平の弟藤原忠平が登場し、九一四（延喜十四）年には右大臣に昇り、この前後に権力をほぼ手中に収めることになった（木村　一九九三）。そしてこの忠平政権のもとで、摂関政治の基礎が形成されていく。

平安時代の貴族政治史研究の第一人者である橋本義彦氏は、忠平の時代を「摂関体制の成立期とみなすことができる」とし、その理由として、摂政・関白の制度的定着、貴族政治に重要な意味をもつ儀式・故実の成立、摂関政治を支える貴族連合体制の成立、の三点を指摘している（一九七六）。肝心の儀式・故実の成立については次項で考えることにし、ここでは摂政・関白制が確立していく過程を概観しておこう。

前記のように、病死した時平の後を継いだのは弟の忠平であった。彼は時平の死後権中納言になると、以後九一〇（延喜十）年には中納言、翌十一年には大納言と順調に昇進していく。しかし、左大臣が空いているにもかかわらず、彼は大納言のままで三年間を送る。しかし同十三年に右大臣の源光（みなもとのひかる）が落馬して死亡すると、翌十四年右大臣に任ぜられる。この昇進に際して、意見封事の徴進を実施するとともに（三善清行の「意見封事十二条」はこのときのものである）、二通合計一〇箇条に及ぶ太政官財政再建のための官符を発することによって、一種の徳政状況を作り出すことを忘れなかった（木村　一九九三）。兄時平が、菅原道真排斥後に延喜荘園整理令＝新制を出したのと同じである。先に延喜十四年には権力をほぼ手中に収めた、といったのはこのことによる。

しかし、多くの研究者が注目するように、忠平は左大臣空位のまま右大臣として一〇年ほど政治をとる。しかし、九二三（延喜二十三）年、保明（やすあきら）親王が病死し、時平の女の生んだ慶頼（よしより）王が皇太子に立てられ、忠平の妹の穏子が皇后になったためだろうか、翌年（延長二）に左大臣に就任する。名実ともに権力を掌握したのであった。時に四五歳である。

この後は順調であった。二年後慶頼王の病死によって皇太子に立った穏子の子寛明（ひろあきら）王が、九三〇（延長八）年、醍醐天皇の譲位によって即位したうえに、譲位の詔のなかで「幼主を保輔して摂政するべき」ことが忠平に命ぜられた。これは、父藤原基経が清和天皇の詔によって幼主（陽成天皇）を保輔して天子の政を摂行すべきことを命ぜられた前例に倣うものであり、これによって天皇幼少の間摂政を置く制と、その任命が譲位の詔によって宣せられる方式が定式化する道を開いたのであった（橋本　一九七六）。

さらに、九三六（承平六）年に太政大臣に昇り、九四一（天慶四）年には朱雀天皇の元服にともない摂政を辞すとともに関白に任ぜられた。これも「仁和の例に准じて、関白の事あり」とあるように（『本朝世紀』同年十一月十三日条）、基経の関白の例に倣うものであった。そしてこの時、「初めて吉日を擇び、官奏に候ぜしめんがため」と記されているように、摂政在任中に行われなかった官奏文書の奏覧が復活されることになったのである。このような一連の事態の進行を橋本氏は次のように評価している（橋本　同上）。

ここに基経のときにはまだ混同されていた摂政と関白の別が明確に自覚され、さらに天皇の大権を代行し得る摂政と、天皇の補佐に止まる関白との原則的な差異が次第に制度化し、ついに天皇幼少の間は摂政を置き、成年の後はそれを改めて関白となすパターンが成立するに至るのである。

このようにして忠平の時代に原則的に成立した摂政・関白の制は、村上天皇の親政の時期を経過して、九六七（康保三）年、忠平の長男実頼（さねより）が冷泉（れいぜい）天皇の即位に際し関白に就任して以後、摂関常置の時代に突入していくのである。

忠平政権と道真

以上、橋本氏の研究に拠りながら忠平政権の成立過程とその特質について見てきたが、忠平政権の成立過程において忘れられないのは菅原道真の存在である。といっても、道真は九〇三（延喜三）年に左遷の地大宰府で非業の死を遂げているから、道真本人でなく、彼の怨霊の存在である。偶然的な要素が多分にあるとは思うが、忠平の昇進には必ずといっていいほど道真の怨霊が関係している。

例えば、彼が九一四（延喜十四）年に右大臣に昇ったのは、その前年に前任の源光が落馬して死亡したためだが（『日本紀略』延喜十三年三月十二日条）、光の死は、彼が道真排斥の一味とみなされていたことから、道真の怨霊のためではないかという風潮があったという（黒板伸夫　一九六九）。

また、忠平が九二四（延長二）年に左大臣に昇った要因は、妹の穏子が前年（延喜二十三・延長元）に皇后になったことが大きいが、前述のように、この年には醍醐天皇の皇太子保明親王が急死している。当時の人々が、これを「菅帥（道真）霊魂の宿忿のなすところ也」といった、と『日本紀略』は伝えている（同年三月二十一日条）。そして、翌四月二十日には、詔して「故従二位大宰権帥菅原朝臣を本官の右大臣に戻し、兼ねて正二位を贈り、（さらに道真を大宰権帥に任命した）昌泰四年正月二十五日の詔書を棄てるべき」ことが命じられている（『日本紀略』同日条）。道真の怨霊が相当強く貴族社会を覆っていたことが知れよう。このような事件があった翌年の正月の除目で忠平は左大臣に就任したのである。

さらに、彼の摂政就任は醍醐天皇の譲位と冷泉天皇の即位に伴うものであることは前述したが、醍醐天皇が譲位を決意した契機も道真の怨霊であった。その前に、皇太子保明親王の急死が、天皇に強いショックを与えていたことは『日本紀略』の記事から想像できるが、実は保明親王の後に立太子した慶頼(よしより)親王もわずか二年で死亡してしまう。天皇のショックは並大抵のものではなかったであろう。

そしてこのような状況のなかで、九三〇(延長八)年六月二十六日に大きな事件が起こった。干ばつのため、諸卿が請雨(せいう)のことを内裏清涼殿で議していたところ、にわかに黒雲が起こり雷鳴がしたと思うと、その清涼殿に落雷したのである。この落雷で大納言藤原清貫(きよつら)のほか一人が死亡し、火傷を負って倒れた者が三人という大惨事になってしまった(『日本紀略』同日条)。政務の中枢であった清涼殿に落雷があったことは、このころには雷神＝道真の怨霊という認識が形成されていたから、「またもや道真の怨霊」ということで、天皇にとって非常な衝撃であったと思われる。実際、天皇はこのショックで病気になった(同前)。そして九月に譲位し、死亡してしまう。忠平が摂政についたのはこの時であった。

このように、偶然といえばそれきりだが、忠平が右大臣・左大臣・摂政に昇る時は、すべて道真の怨霊事件が引き金になっていた。忠平が道真の怨霊を恐怖していたためなのか、逆に忠平が道真の怨霊を巧みに利用したのか、残念ながら確定することは難しいが、少なくとも、文人貴族菅原道真の左遷とその非業の死がいかに天皇を含めた貴族社会に浸透し、彼らがその怨霊をどれほど恐怖していたかを知ることができるであろう。当時の貴族社会にとって、道真の左遷問題はそれほど大きな事件であったのである。怨霊一般の問題に解消することはできないであろう。

口伝と教命

「閑話休題」。やや話題が呪術的になってしまったので、話を元に戻そう。

藤原忠平の時に摂関政治の基礎が形成されたことは先述したが、藤原北家の覇権が確立し、政治体制が安定するに伴い、政治は年中行事を中心とした儀式的な側面が強調されるようになった。橋本氏が、摂関政治の基礎として第二番目に指摘したのが「儀式・故実」の成立である。しかし、これをもって政治の形式化というのは間違いである。土田直鎮氏によれば、「平安時代の政務というものは、儀式とかけ離れて政務という別のグループが存在するのではない。（略）これは儀式であるから実際の政治は別にあったのだと考えてはいけない」のであって（一九七四）、貴族社会においては政務と儀式は一体不可分の関係にあったのである。橋本氏は、この具体的な作法故実の成立は、宇多朝から村上朝の間、とりわけ忠平の時代であった、という。氏の指摘に従いながら、この辺の成立事情について記してみよう。

政務と儀式が不可分の関係になることによって、それらを遂行するためには前例や作法が重んじられることになった。このような儀式の前例や作法が成立するうえで画期になったのは、「年中行事障子」を献上した藤原基経の作法であった（竹内理三　一九五八）。基経の作法は、彼の死が早かったこともあって、本康親王（仁明天皇皇子）・貞保親王（清和天皇皇子、時平・忠平の従兄弟）を介して基経の子時平・忠平に伝えられたが、時平は若くして死んだため、基経の儀礼は忠平に受け継がれることになった。

そこで忠平は、それに自らの経験等を加味して儀礼を集成するとともに、子の実頼と師輔に熱心に教授した。それは、

九条殿（師輔）、貞信公（忠平）教うるところを承り、注し置かるる口伝太略見るところなり

と、実頼の子実資が記しているように（『小右記』寛仁四年八月十八日条）、「教えるところ」＝教命と口伝の二種類があったことがわかる。それらはほとんど伝存していないが、師輔が忠平の教命を即座に記しておいたものが、「九条殿口伝」（東京大学図書館所蔵）および「九暦記」（陽明文庫所蔵）であろうといわれる（山中裕　一九五七）。もちろん、これらが教命のすべてであったわけではない。

「忠平教命」は実頼と師輔がそれぞれ筆録した二巻があったようだが、実頼がその巻頭に、

殿下の教命を奉り記すところなり、但し恐るるは愚頑の質、必ずや失有らんか、事次第なく、ただ承るに従って之を記す、

と書き、師輔も

これの如き教命、時々承わるといえども、愚拙の身、自らもって亡失するか、但し承覚するに至りて之を略して書す、

と記していたという。両者にとって「忠平教命」を伝授されることがいかに重要なことであるか理解できよう。

実際、この二人は、後世「貞信公の一男摂政実頼公、小野宮と号す、二男右大臣師輔公、九条殿と号す、公事の秘説、この両流に出づ」といわれているように（『江次第抄』第一、『続々群書類従』六）、それぞれ小野宮流・九条流とよばれる故実の形成に重要な役割を果たすとともに、摂関時代における儀式・故実の世界でも大きな位置を占めたのである。

このように、基経そして忠平の時代になると、政治の世界においても儀式・故実の世界においても、藤原北家の独占が図られたのであり、土田氏がいうように政務と儀式が不可分の関係をもつに至った段階においては、北家が圧倒的な力をもつことになったのであった。小野宮流の祖実頼の時、摂関常置の時代を迎えたことが示すように、ここに至って、摂関政治展開の磐石の基盤が形成されたのである。

藤原流年中行事の特色

以上のように、「『日本』的儀式」は、藤原基経の「年中行事障子」の献進、宇多天皇による若干の追加などを経過して、一〇世紀前半、基経の子忠平によってほぼ集大成された。忠平はそれを「口伝」と「教命」として子の実頼・師輔に伝えた。残念ながらそれらは一部が残存しているに過ぎないが、彼の「口伝」と「教命」は二人の息子らによって「年中行事」としてまとめられ、現在に伝わっている。その一つが実頼の養子実資（実際は孫）によって編纂された「小野宮年中行事」であり、もう一つが師輔自身によってまとめられた「九条年中行事」（一月全部と二月初が欠ける）である（ともに『群書類従』公事部）。

現存の「年中行事障子」と比べると、条数においても篇目においても「小野宮」の方が近似している。「年中行事障子」の項目で説明したように、「障子」の原型の成立は九世紀末だが、一〇世紀末～一一世紀初頭に一部付け加えられている部分があるから、一〇二九（長元二）年以後に成立した「小野宮」の方が、師輔の晩年（九六〇年没）の作といわれる「九条」より現存の「障子」に近いのは当然かも知れない。

一応現存の「障子」の原型が九世紀末に成立しているという立場から、「障子」と「小野宮」を中心に、私のいう「『日本』的年中行事」＝藤原流年中行事（以下『年中行事』と記す）の特徴を簡単にみてみることにしたい。

『年中行事』は、大きく区分すると、月ごとの行事を日順に列挙した「年中行事」部分（これが大半であるが）とそれ以下の部分に分けられる。それ以下の部分とは、「障子」によれば、「月中行事」九条、「神事」四条、「御服事」三条、「御画事」一条、「廃朝（事）」三条、「雑穢事」九条、の二九カ条である。なかでも「雑穢事」が詳しく、Ⅱ章4節の「穢の国家管理」の項で述べた「服喪」の期間や「穢の伝播（甲乙丙丁の穢）」などはすべて記されている。繰り返しになるが、当時の貴族にとって触穢がいかに恐怖すべきものであったかが理解できよう。

さて、「年中行事」の部分の条数は、「障子」が二八一カ条、「小野宮」が二九三カ条である。もちろん同日に催される行事が多々あるから単純に計算できないにしても、ほぼ毎日に一つの行事があったことになる。儀式書・故実書が必要になることも実感できそうである。これら二九〇にも及ぶ行事を逐一検討することもできないので一月の行事にしぼってその特色をみてみることにしたい。その前に、「障子」に記された月別の行事数を表にしておこう。

正月の四八件のうち、一日が一四件を数え、圧倒的に集中している。しかし、この四八件のなかには、「公文」や「補任帳」の徴進など公文書徴進の儀式も入っているから、それらを除くと、二二件ほどの行事が残る。

月別行事件数（年中行事障子）

正月	48件	7月	15件
2月	18件	8月	21件
3月	10件	9月	10件
4月	39件	10月	24件
5月	10件	11月	32件
6月	22件	12月	34件

出典：甲田利雄　1976

それらの内容については山中裕氏の『平安朝の年中行事』（一九七二）などを参照していただくとして、ここでは山中氏の成果を参照して、行事の成立年代から『年中行事』の特色を検討することにしたい。

行事の成立年代に着目して整理すると、平安時代以前にまで遡って確認できる行事が意外に少ないことがわかる。一日に行われる「受群臣朝賀」とその後に行われる「所司供屠蘇白散」＝歯固め、午後の「宴会」＝元日節会、それにともなう「中務省七曜御暦」「宮内省奏氷様及腹赤御贄事」、さらに十五日の「進御薪事」、上卯日の「献御杖事」などである。「大極殿御斎会」(八日)は奈良時代後期に始まるといわれるが、行事として定着したのは桓武天皇の時代であるし、御斎会に行われる「殿上論議」=内論議が開始されたのも八二八(天長五)年である。また、「射礼」(十七日)も七六〇(天平宝字四)年に確認できるが、それと密接に関係する「賭射」(同日)が始まるのは八二四(天長元)年であるから、このころ二つに分離して行事として定着したのであろう。「踏歌」(十六日)も天武朝に確認できるが、これは前述のとおり八八九(寛平元)年、宇多天皇によって復活された行事であった。このように、淵源を平安時代以前にもつものもあるが、継続している点から考えるならば、わずか六、七件に過ぎない。

それに対して平安時代に入ってから行われるようになった行事は一五件を数える。それらを前期・後期に区分して挙げてみよう。

〈前期〉(一〇件)

八〇二(延暦二十一)年　大極殿御斎会始事(八日)、諸国吉祥悔過事(同日)、大極殿御斎会竟事(十四日)、

八一三(弘仁四)年以前　内宴事(二十日)、

八二四(天長元)年　射礼事(十七日)、賭射事(十七日)、

八二八(天長五)年　皇后宮及東宮拝賀事(二日)、殿上論議事(十四日)、

八三四（承和元）年　行幸事（四日）、
八三九（承和六）年以後　太元帥法始事（八日）、
〈後期〉（五件）
八五〇〜八七五年　小朝拝（一日）、
八八九（寛平元）年　踏歌事（十六日）、
八九〇（同　二）年　朝拝天地四方拝属星及二陵事（一日）、主水司献七種御粥事（十五日）、
平安時代　主水司献立春水（立春日）、

「小朝拝」のように、宇多天皇の時中止されたが藤原忠平によって復活させられた行事もあるし、なによりも嵯峨・淳和朝期（弘仁・天長年間）は、「弘仁式」「弘仁儀式」「内裏式」など最も早い儀式書の成立した時期であるから、制度的な始まりをそこに求める傾向があることは留意しておかなければならない。その点を承知したうえでも、平安時代前期から中期にかけて成立した儀式によって、藤原流の儀式が成立していることが理解できる。

ただ、ここで注目したいのは、前期に成立した行事の多くが、御斎会（ごさいえ）に関する行事を別にすれば、「内宴（ないえん）」（天皇主催の私宴）、「皇后宮及東宮拝賀」＝二宮大饗（だいきょう）宴（群臣が皇后などや皇太子に拝賀し、宴を賜る行事）、さらに「行幸」＝朝覲（ちょうきん）行幸（天皇が上皇と母后に年始の挨拶をする行事）など、天皇およびその周辺に関係する行事が多いということである。

それに対して後期の行事は、「朝拝天地四方拝属星及二陵」＝四方拝が陰陽道に基づいた呪術的迷信的な思想を基本とした行事であったし、「献七種御粥」は確実だが、「献立春水」も民間で行われていた呪術的な行事を採用したものであったに違いない（本章2節の「宇多天皇と年中行事の復活」参照）。また、これはやや性格が異なるが、八三九（承和六）年以後に行われるようになった「太元帥法」は、その年に僧常暁が唐より伝えた真言密教の大法であった。これも呪術的な修法であったのである。

以上、一月だけをみたに過ぎないが、中国から伝えられた行事をベースにしながらも、平安時代になって全体的に年中行事の日本化が進んだことは間違いないであろう。しかし、日本化といっても、どちらかというと前期は天皇を中心とした行事の整備が進んだのに対して、後期は民間の行事を含めて、呪術的迷信的な思想に基づく行事が取り入れられるようになったということができるように思う。それは、九世紀後半になって触穢観念が肥大化し、穢の国家管理が進められたことと同じ状況を示すものであろう。本項でも指摘したように、「年中行事障子」にも「小野宮年中行事」にも「雑穢事」が明確に記載されていたのである。とくに「小野宮」のこの条は先例を引きながら詳細に記されており、摂関政治期の貴族の意識構造をみごとに表現しているといえよう。

Ⅴ章　「国風文化」の特質

1　文人の学問と本朝意識の形成

「国風文化」の前提

「国風文化」を支えていた時代的な特徴は、前章までの叙述で不十分ながら明らかにできたと考える。それは、序章でも指摘したように、まさに「移行期」の時代であり、「社会のあらゆる階層がすべて、それぞれの方向にうごきだし」た時代であった。

在地社会においては、律令制的な支配に抵抗しつつ新たな経営形態とそれに基づく政治的主体が形成されるとともに、そのような動きを前提に中世的村落が成立してきた。そして、このような在地社会の変動は、古い律令制的支配を崩壊させ、それにかわる新しい国家形態を創出させた。それが一〇世紀初頭から明確な姿を現わす王朝国家である。

一方、平安京においても、在地社会の変容にともなって、政治的な都市から多様な都市住民を抱え込んだ中世都市平安京への変容が進んだ。そこには、官衙町に象徴されるような新しい「町」が形成され、さまざまな都市問題も生じてきた。朝廷が京職や検非違使を用いて治安の維持と統制を図る一方で、町のなかでも、「町内名士」を中心とした自立的な秩序形成が推し進められた。しかし、重要な都市問題である「ゴミ」問題は容易には解決できず、毎年のごとく流行する疫病などとも相まって、触穢（しょくえ）や怨霊（おんりょう）という新たな観念を生み出すとともに、穢を清めることを職能とする「キヨメ」「非人」などと呼ばれた人々を作り出すことになった。自立と差別の同時進行といえる。

また、伝統的な世界観・アジア観も大きく変化した時代であった。唐や渤海（ぼっかい）など長期にわたって関係を維持してきた国々との国交が途絶えただけでなく、新羅との関係を中心に、日本の支配者や知識人階級のなかに強度の排外的な国際認識が生まれ、それが独善的な神国思想を呼び起こすことにもなったのである。

農村・都市など生活基盤の変動、そして国際関係の変質という時代の変化のなかで、当然のことながら政治社会の変容も進んだ。

それまでの漢詩文に象徴される儒教的な唐風の政治文化に代わって、和歌に代表される日本的な政治文化が徐々に宮廷社会に取り入れられるようになったのである。それに陰陽道（おんみょうどう）に基づいた呪術的な思想の流布が重なって、迷信的な生活意識や様式が貴族社会の中に取り入れられた。触穢観念や怨霊思想の急激な流行もこのような意識の反映であるということができよう。

　このような政治文化の日本化を推し進めたのが藤原北家であった。良房の代にその端緒を見いだすことができるが、それを「年中行事」として実現したのは基経であった。もちろん、文章経国思想に基づく儒教的政治思想がまったく消滅したわけではなく、平安時代初期のような勢いはなくなったとしても、その時々に隆盛をみるが、全体としては基経から忠平へ、そして忠平から子の実資・師輔へと受け継がれた年中行事と儀式・故実が、「国風文化」の時代の貴族社会の根底を形作ることになった。

　それは、在地社会・都市空間、とりわけ国際関係の変容という時代の変化のなかで、それに対応するための必要な選択であったのであろう。それまでの唐風の政治知識・政治文化ではなく、日本的な政治知識・政治文化の導入によって、変動する社会に対応する支配者階級の政治的・イデオロギー的統一を目指そうとするものであったと考えられる。

　以上が、「国風文化」が形成される政治的・社会的・思想的な前提であった。

文人の形成

もう一つ、「国風文化」形成の前提となったのは「文人」階層の誕生である。

文章経国思想の衰退のなかで、それを担っていた文人貴族層の地位の低下現象が始まるが、それは、氏族の大学別曹の形成などによる漢詩文の担い手の拡大・拡散現象によって、いっそう拍車がかけられた。そして九世紀後半になると、「詩儒（しじゅ）」と「通儒（つうじゅ）」というグループに分裂し、それらが「容赦なくお互いにおとしめあい、非難しあう」状況がつくられた。その対立の具体的な様相は前章3節で述べたが、象徴的には文人貴族菅原道真の排斥という結末をもって一つの段階を迎えたのである。そして、中央政界の実権を掌握した藤原北家に追従する「通儒」のグループが、これ以後の日本の知識・学問の担い手として存続することになった。これらのグループが「文人」とよばれる階層であった。

以上はすでに述べたことであるが、このような政治的な側面からの評価ではなく、漢詩文の性格の変化という点からも文人層の形成を説明することができる。平安時代漢文学研究の第一人者川口久雄氏は名著『平安朝の漢文学』（一九八一）の第三の四「平安朝漢文学の変質」で、平安時代初期弘仁期の漢詩文と九世紀後半貞観・寛平期のそれとを比較して次のようにいっている。

まず漢詩の分野においては、「六朝唯美主義からそれの否定、模倣的表現から風土的な自律性のめざめへ推移」し、第二に散文の分野においては、「六朝的駢体文の艶麗な技巧主義からそれをのりこえ、ことがらの真実に密着して表現する方向へ」推移した、と指摘する。そして、「大勢として平安漢詩における平明化、平安史伝における実録化、平安散文における白描化ということを指摘できよう。要するに平安漢文学初頭の艶藻主義の否定であり、新しく実録をめざす平俗主義のめばえである」という。具体的な事例を抜いたまま結論だけを引用したので理解しずらいかと思うが、氏が別の個所で、

文の用無からむは美なりとも艶なりとも、略して之を剪れ。義の実有らむは米なりとも塩なりとも、細しくして之を言へ。

という、都良香（みやこのよしか）の文章を紹介していることが参考になろう（『都氏文章』巻五）。「無用の美文をしりぞけて、なかみの真実に迫る実用の文を尊ぶ態度」が明確に宣言されているのである。さらに氏は、このような傾向を指して、「要するに漢詩文の日本化・和習化への歩みをたどりはじめる」とまとめている。

その上で川口氏は、このような変化が生じた要因として、八世紀・九世紀初頭頃から始まる大陸における「六朝の四六駢儷を否定し、古文にかえれという文学運動」の影響を想定しつつも、国内的条件としては、「一にぎりの宮廷貴族社会から都市中間層や地方の出身者、さらに一般庶民層にまで浸透していく」ような「漢文学のにない手の」「拡散の現象」を指摘している。「一般庶民層」とまでいい切る点にはやや不安があるが、「文人階級そのものをのりこえようとする圏外下層の新しい知識階層の成立」、すなわち「通儒」の成立による担い手の拡散に求めようとする意味では確かなことであろう。氏が指摘するまでもなく、「文才（もんざえ）すなわち漢文学教養はわが国では限られた上層階級に独占された高度の教養であり技術であった」のである。

このように、文人の形成と漢詩文の和習化は同時・並行的に進行したのであり、これらによって和習化された平俗的な漢文学的な教養が広く貴族社会に受容されることになり、和歌とならんで貴族層一般の基本的な知識として定着することになったのである。と同時に、幅広い文人層の形成は、摂関政治が全盛を誇るにしたがい儀式・故実を重視した「政治」が展開するなかで、実質的に摂関政治を根底で支える有能な実務官人層を輩出することにもなったことを見落としてはならない。

本朝意識の形成

文章経国思想の担い手としての位置を基本的に喪失した九世紀後半以降の文人層が、習得した学問や知識を発揮したのが文章・学問の世界であった。まさに政治とは切り離された狭い意味での知識人＝「学者」としての世界である。その上、彼らの置かれていた知的環境は、独善的な神国思想に基づく排他的な対外認識であり、儀式を中心とした政治文化の日本化傾向の進行であった。オーソドックスな儒教的・漢文学的教養よりは、倭的な伝統的な文化や儀式、さらに呪術的迷信的な思想に基づく生活様式などが重用されるような環境の中で、彼らの関心が「日本」という国そのものに向くのは当然であった。

このような文人層の日本・本朝に対する関心を「本朝意識」と規定したのは前述の川口氏である（一九八一）。その後、川口氏の指摘を受けて「本朝意識」について本格的に検討したのが小原仁氏である（一九八七b）。「本朝意識」とは、具体的にいうと諸種の漢詩文集の書名に「本朝」とか「扶桑（ふそう）」といった名称を付す例が多くなってくることを根拠にしており、それはわが国のアンソロジーであるとのアイデンティカルな意識の成長を物語るというのである。そしてそのような漢詩文集の早い例を天暦期（九四七〜九五六年）の『日観集（にっかんしゅう）』（大江維時編）に求め、以下、紀斉名の『扶桑集』、高階積善の『本朝麗藻（ほんちょうれいそう）』、そして藤原明衡（あきひら）の『本朝本粋（もんずい）』（一一世紀前半）をもってその頂点と評価している。

氏の指摘どおり、一〇世紀前半以降、川口氏のあげた以外にも「本朝」を冠する多くの書物が著されたが、氏が川口氏の評価を前提にして、「本朝意識」が発生し成立する時期を「ほぼ摂関期に芽生え院政期に盛んになる」と評価し、さらに「藤原文化に対する民族的なアイデンティティの意識によって生じたもの」と評価している点には疑問が残る。氏の評価は、『本朝文粋』以後、院政期にかけて、『本朝秀句』『続本朝秀句』『本朝佳句』『本朝無題詩』など多くの作品が作られたことによっているが、それは「藤原文化に対する」ものとはいえないし、作品の残存だけから「摂関期にめばえ」たともいえないであろう。なによりも、氏が「この潮流の頂点を成す」と評価された『本朝文粋』が摂関期のものであることを確認するだけで十分である。

私は、これまで述べてきたことから、文人層における「本朝意識」の形成は貞観年間（八五九～八七六）の末期に遡ることができると考えている。それは八六九・八七〇（貞観十一・十二）年の新羅海賊襲撃事件とその対応の結果に注目するからであるが、そこで強調された独善的な神国思想に基づく排他的な対外認識の形成こそ、「本朝意識」形成の大きな要因であったと思われる。藤原基経の「年中行事障子」の献上（八八五年）、藤原佐世（すけよ）の「日本国見在書目録」の作成（八九一年頃）、深根輔仁の「本草和名（ほんぞうわみょう）」の編纂（延喜年間、九〇一～九二二）、そして源順（みなもとのしたごう）の『倭名類聚抄（わみょうるいじゅしょう）』の編纂（九三〇年頃）などの作業の根底にあるのは、それが中国の漢文学の知識に大きく依拠しているとはいえ、またそれぞれ編纂の動機に違いがあるとはいえ、新羅を中心とした対外関係が変化するなかで、「日本」「倭（和）」というものを捉え直してみようという思想的・学問的行為に外ならないと思うのである。

河音能平氏が注目したように、九世紀前半に僧景戒によって編纂された『日本霊異記』には、「漢地」「大唐国」に対する「自土（じど）」（＝日本国）意識がすでに確認できるし（一九七〇、序章参照）、村井章介氏によれば九世紀中頃には「王土王民思想」が形成されていたから（一九九五、Ⅲ章参照）、端緒は九世紀代第4四半期以前にあったかもしれないが、それが自覚的に文人層の意識として表現されるのは、やはり貞観年間以降であると評価したいと思う。

2　日本的知識の集成

「類聚」という学問的作業

文人層が、「本朝意識」に基づいて「本朝」などという名称を付した文学作品を著し始めるのは、川口・小原両氏がいうように一〇世紀中ごろからのことであるが、それらを著すための日本的な知識の集成は、それ以前から始められていた。その一つが菅原道真の『類聚国史（るいじゅうこくし）』であり、もう一つが源順による『倭名類聚抄』である。以下に述べるように、「類聚」の内容は異なるが、そこに共通するのは日本に関する知識を「類聚」という形で総括しようという意識であった。

『類聚国史』は、道真が寛平年間（八八九〜八九七）に、宇多天皇の命を受けて六国史の記事を事項別に類聚したもので、本来は「史二〇〇巻、目録二巻、帝王系図三巻」からなる膨大なものであるが、現在は「史」六二巻しか残存していない。

これは道真が論述したものではなく、六国史の膨大な記事を分類し収集したものであり、さらに本来的には政治を実際に行うための基礎知識の整理を目指したものであるとしても、律令国家が長年にわたって公的に収集し蓄積してきた知識を、一度バラバラに解体した上で、それを道真の価値観に基づいて分類し直すという行為は、日本の歴史・社会・思想・風俗などを全体として見直すことに大きな役割を果たしたことは間違いないであろう。

とくにその分類にあたっては、中国の史書等を参考にしつつも、当時の道真を中心とした文人貴族層の価値観や関心が反映されているという（大隅和雄　一九六八）。わずか六二巻分であるが、判明する分類項目を挙げてみると次の通りである。

神祇　帝王　後宮　人　歳時　音楽　賞宴　奉献　政理　刑法　職官　文　田地　祥瑞　災異
仏道　風俗　殊俗

「神祇・帝王」を最初に出したのは、「六国史の精神に、また古代国家の国制にもっともかなった分類法」であるという説があるが（坂本太郎　一九五八）、大隅和雄氏がいうように、これによって「日本的律令体制の構成の原理が、よく把握された」のであり、「六国史の世界を対象化して分解し、そこに内在する原理によって（律令的秩序を）再構成することが可能になった」と評価すべきであろう（一九六八）。さらにいうならば、六国史という膨大に集積された知識を当時の価値観によって再整理することを通じて、法文としての律令ではなく、日本の歴史に基づいた、具体的な歴史的内容をともなった律令というものを理解することが初めて可能になったというべきかもしれない。日本社会に根ざした律令解釈、というより日本的な律令制の特質を自覚的に認識することが可能になったのである。

それに対して『倭名類聚抄』は、「和名」という世界を網羅的に扱った百科事典である。これは文人の源順が醍醐天皇の第四皇女勤子（きんし）内親王の命を受けて編纂したもので、一〇巻本と二〇巻本が伝存しており、その編者についても議論があるが、一〇巻本によれば、次のような二四部から構成されている。

天地　人倫　形体　疾病　術芸　居処　舟車　珍宝　布帛　装束　飲食　器皿　燈火　調度
羽族　毛群　牛馬　竜魚　亀貝　虫豸　稲穀　菜蔬　果蓏　草木

そしてこれらはさらに一二八門の細目に分類されている。『類聚国史』の項目に比べると明らかなように、政治的な色彩がまったくといっていいほど感じられない。まさに日本に関する森羅万象をなるべく広く収集しようという意図が前面にでている分類といえよう。一例を「調度」部にとって示そう。

「調度」部は、鞍馬具・鷹犬具・畋猟具・漁釣具・農耕具・造作具・工匠具・刻鏤具・膠漆具・鍛

治具の一〇の細目に分かれ、さらに、それぞれの細目に関連する道具類が九種から二七種まで、合計一四三種類の道具が書きあげられている。例えば「農耕具」は、犂(からすき)・鋤(すき)・鍬(くわ)・馬杷(うまぐわ)・朳(えぶり)・鎌(かま)・連枷(からさお)・口篭(くしこ)など一二種類の農耕具が列挙されている。「調度」部だけでこれだけあるのだから、全体を合わせると膨大な知識量になる。源順ならではの博学がなせる技というべきであろう。

もちろん、ここに書きあげられた品目がすべて日本に存在したわけではないが、日本に関する知識をすべて網羅しようという文人としての意気込みを十分感じられる。順はその編纂の意図を、「折桂（科挙試験に合格すること）を期せんとする者は競(きそ)いて文華を採り、倭名に至りては棄てて屑せず（心に止めない）」、また「徒(いたず)らに風月の興を備え、世俗の疑を決し難し」といっている。まさに「倭名」を拾い、それも「世俗の疑い」に答えられる知識を集成しようというのが、順の意図であった。『類聚国史』が、六国史を前提とした公的な政治的な知識の集成であったのに対して、『倭名類聚抄』の場合は、私的なそして「世俗」的な世界に関する知識を含めて学問的に集成しようとしたのであった。『類聚国史』と『倭名類聚抄』、この両者によって、九世紀末・一〇世紀前期段階における日本に関する政治的なかつ世俗的な知識の集大成が実現したということができよう。ここに集成された知識こそ「国風文化」の基底的な教養として貴族層に広く受容されたのである。

この時期の文化に「共通する性格として類聚という形態があることに」早くから気付いていた大隅氏は、「類聚という営みはまず編纂者が対象をよく全円的にとらえうるような構想をたて、類聚の枠組みを作製することに始まるのであるが、そのためには対象への認識の深まりが必要であることはいうまでもない」といっている（一九六八）。まさに道真と順の上記のような学問的行為は、当時の貴族層・文人層の中に「対象（日本）への認識の深まり」がそうとう進んでいたことを示していると思う。

初級教科書の編纂

「類聚」という学問的作業によって日本に関する知識が集成され、それが貴族層の基礎的な教養として受容されるようになると、それを初学者にわかりやすく伝達する仕事が必要になってくる。そのような需要に応えたのが文人層による「初級教科書」とでもいうべき書物の刊行である（小原　一九八七b）。

前述の『倭名類聚抄』も勤子内親王のために編纂されたもので「教科書」的性格をもっているし、それ以前にも菅原是善が道康親王（文徳天皇）のために、漢字の発音を解説・決定するために作った『東宮切韻』（八四七～八五〇年頃）などもあるが、初学者向きの平易な編纂物というと、源順の弟子である源為憲が著した『口遊』『世俗諺文』『三宝絵詞』を挙げなければならないであろう。

『口遊』は為憲が藤原為光の子松雄に、公家としての基礎的な知識を教えるために作った手引き書で、全部で一九門三七八曲から構成されている。為憲はその序文で「その詞は、歌として『郎』（松雄）の心の奥底に沈み、その体は、直ちに俗に近づくことを欲する」といい、さらに「願わくば、この巻を掌底の玩となし、常にその文を口中の遊びとなさんことを」といっている。『口遊』という題の所以であるとともに、為憲の意図がよく現れている文章といえよう。内容を若干紹介すると次のようである。

書籍門　廿曲

詩。書。礼。易。春秋。之を五経と謂う　上に公羊。穀羊（梁）を加う。之を七経と謂う　上に周礼。義（儀）礼を加う。之を九経と謂う　上に論語。孝経を加う。之を十一経と謂う

今案ずるに、世俗誦して曰く、孝。礼。詩。書。論。易。伝。これ経の次に非ず。講の次第なりと。

この後、「三史」「三国史」「八代史」などと続いている。教養として読むべき漢籍を紹介した部分である。今でいうなら「名数表」的に関連する事項をならべて覚えやすくなるように工夫されている。とくに、曲ごとに「今案ずるに」という、当時の考えかたが付与されている点が興味深い。単なる知識としてではなく、当時の日本的・貴族的な「常識」もまた同時に習得できるようになっていたのである。この辺に、現実に適合的な教科書としての特徴がよく示されているといえよう。

『三宝絵詞』は、為憲が九八四（永観二）年に冷泉天皇の皇女尊子内親王のために著した仏教説話集である。「三宝」、すなわち仏・法・僧に関する説話を集めて絵と詞で仏教をわかりやすく説明している点に特徴がある（絵は伝存せず）。しかし、これは仏教の日本的な解釈に関する書物であるという

評価もあるので、次項で扱うことにしたい。

次の『世俗諺文』は、同じく為憲が一〇〇七（寛弘四）年に藤原頼通のために著した書物で、街や巷に流布していた諺文（ことわざなど）の典拠を、経籍や釈典仏書を引いて明らかにしたものである。本来は三巻、一五二門、六三一章からなっていたが、現存するのは上巻のみである。

以上簡単な紹介であったが、漢学的な基礎知識とともに、日本に関する知識、それも世俗に近い部分の知識を習得するための教科書が編纂され始めた。そして、それらが多分に「類聚」的な要素のうえに編纂されていたことも理解できよう。『類聚国史』『倭名類聚抄』と同じ立場から意図され編纂された書物なのである。このような文人層の学問的営為によって、日本化された知識が貴族社会の教養として普及していった。

それは、小原仁氏が指摘するように、これから後院政期にかけて、「新猿楽記」や『明衡往来』（『雲州消息』）などの往来物（手紙などの手本書）、『童蒙頌韻』・『続千字文』などの幼学入門書が次々に刊行されていることからも理解できよう（一九八七b）。

仏教の日本的解釈

同じく源為憲の手になる『三宝絵詞』は、前述のように冷泉天皇の皇女尊子内親王のために書かれた書物であるが、仏教説話としての性格とともに、仏教の日本的な理解を行った書物としての性格をもっている。

これは、上＝仏宝巻・中＝法宝巻・下＝僧宝巻の三巻から成り立っている。上巻は釈迦の本生譚を中心に仏教の由来を説き、中巻は日本に仏教が伝来し広まってきた次第を説いている。そして下巻は当時日本で行われていた仏事法会を月別に記すとともに、それらの法会の由来や関係の深い僧侶の話を載せている。上巻と中巻は仏教説話を利用しているとはいえ、震旦（しんたん）（中国）から本朝までの仏教の伝来を示す構成になっており、仏教入門書であるとともに、日本仏教史として高い価値をもっているといえよう。とくに中巻は、一八話中一四話を『日本霊異記』から採っているが、それを利用しながら、「聖徳太子」から始めて「役（えん）の行者」「行基菩薩」と続き、そして「大安寺の栄好」までの仏教史として再構成している点に重要性があるように思う。仏教を通じて日本を見直すという学問的な作業であると評価することができよう。

さらに、下巻の仏教に関する年中行事も興味深い。これは正月の「修正月（しゅしょうがつ）」「御斎会（ごさいえ）」から十二月の「仏名（ぶつみょう）」まで合計三一個の行事を書き上げ、その由来や意味や歴史を丁寧に説明したものである。下巻の量と上・中二巻の量がほぼ等しいという点にも、為憲がいかにこの部分に力を割いたかが知れよう。上・中巻が説話を利用した歴史的叙述であったのに対して、下巻は当時実際に行われていた法会を確認しながら、その由来や歴史を訪ねるという遡及的な叙述になっており、上・中巻と下巻を読むことによって、歴史と現在の両方から仏教に関する基礎知識が習得できるという、非常によく計算されて構成された書物であるということができる。

『口遊』や『世俗諺文』が、貴族・官人に成長するために必要な日本に関する一般的な知識の集成であったのに対して、『三宝絵詞』は仏教史という観点から仏教の日本的な理解を行った書物といえよう。「類聚」や「集成」という性格もあるが、一つの筋道に沿って、トータルな叙述としてまとめられている点に『三宝絵詞』の意味があるように思う。

源為憲によって仏教に関する日本的な理解が行われていた頃、さらに突っ込んで仏教の日本的な解釈を行ったのが源信の『往生要集』（九八五〈寛和元〉年）であった。『往生要集』は「念仏」の立場から、多くの経文の中から極楽と地獄に関する文章を集め、極楽往生するためには念仏するしかないことを説いた仏教書である。その内容の多くは経文の引用であって、「源信自らの文はなきに等しい」といわれるが、多くの経文を、

厭離穢土、欣求浄土、極楽証拠、正修念仏、助念方法、別時念仏、念仏利益、念仏証拠、諸行往生、問答料簡、

という一〇項目に分類し、さらにそれらを細目に配列することを通じて、念仏の優位性を説くという宗教的・学問的営為は、注釈書ではないにしても、彼の思想がその構成や配列のなかにみごとに表現されていると評価すべきであるという（大隅　一九六八）。

あくまでも仏教経文の「類聚」という作業ではあるが、その「類聚」という作業を通じて、「念仏」という仏教の日本的な価値観の優位性を主張するという状況がつくられたのであった。「類聚」とい

う学問的営為が、仏教の日本的な解釈を可能にする段階にまで達したのであり、「思想」を表現できる段階に高められたと評価すべきであろう。

また、ここでは詳しく述べないが、同じく文人の慶滋保胤（よししげのやすたね）によって、寛和年間（九八五〜九八六）にまとめられた『日本往生極楽記』（聖徳太子・行基など四五人の往生者の往生に至る伝記や由縁を記したもの）も仏教の日本的な理解・解釈という営為の現れということができよう。

そして、ここでもう一つ注目しておかなければならないのは、『三宝絵詞』でも『日本往生極楽記』においても、聖徳太子・行基から始めながらも、そこに無名の庶民も多く含まれていることである。このことは、当時の仏教（念仏）の関心がだれに向いていたのかを示しているが、その一方で、在地社会においても、文人層が直接目にした都市においても、民衆（上層という限定が必要ではあるが）が政治主体として登場してきていることの反映であると考えることができよう。それは、一一世紀前半に藤原明衡によって書かれた「新猿楽記」にも通ずる特徴である。文人層の日本を見直す眼は、時代の大きな転換という事実によっても条件付けられていたのである。

しかし、これらの学問的営為が源為憲や源信らだけによって達成されたわけではない。彼らの周囲には、彼らと同じような考え方をもち、同じような行為を実践しようとするグループがあった。その代表的な例が「勧学会（かんがくえ）」である。勧学会の性格についてはさまざまな議論があるが（小原　一九八七a）、ここでは為憲や源信や保胤の仕事との関係で若干触れるに止めたいと思う。

勧学会は、文人と比叡山の僧侶がそれぞれ二〇人ずつ、三月と九月の十四日の夜に叡山の西麓か京辺の寺に集まり、翌十五日にかけて法華経を講じたり、念仏をしたり、漢詩を作ったりした行事であるが、実は為憲や保胤はその会の中心的なメンバーであり、源信もその周囲にいたと推定されている。勧学会について詳しく記してある『三宝絵詞』下巻「比叡坂本勧学会」によれば、

人の世にあること隙を過ぐる駒のごとし。われらたとひ窓の中に雪をば聚むとも、かつは門の外に煙を遁れむ。願はくは僧と契を結びて寺に詣で会を行はむ。

とあるように、来世を願った遁世的な色彩もあるが、

この世、後の世に永き友として法の道、文の道を互ひに相勧め習はむ、

とも記されており、仏教と漢詩文とに関するより高い理解を習得しようとする目的もあったのである。このようなグループの中から、日本ないし貴族社会を理解するための初級教科書を書き、仏教の日本的解釈を行おうとする文人や僧侶が輩出したのである。そして、このグループは、このころ京を中心に念仏を説いて廻っていた市聖空也の支持層でもあった。源為憲が空也の死に際して、彼の思想と行動の意味をまとめた「空也誄」を書いたのはその現れである（『続群書類従』伝部）。

『本朝文粋』の世界

九世紀末・一〇世紀前期から始まる「類聚」という形態をとった日本に関する知識の集成は、一〇世紀後半に文人層の活躍によって多分野で推進され、貴族・官人社会の基礎的な教養として定着して

いったが、それらの学問的営為を前提にしながらも、学問、漢文学の分野で一つの達成を実現したのが、一一世紀前半文章博士藤原明衡（あきひら）によって編纂された『本朝文粋（ほんちょうもんずい）』であった。

『本朝文粋』は、中国南北朝時代の『文選（もんぜん）』に倣って編纂されたものであり、その書名は『唐文粋』に拠ったという。『本朝文粋』は、弘仁期から長元年間まで二〇〇年間におよぶ日本の代表的な文章四二九編を集成し、三九の部門に分類したものであり、「本朝詩文の精粋をあつめたものという意味で」あった（川口　一九八一）。本朝意識と「類聚」という作業がみごとに統一された書物であるといえよう。

『文選』や『唐文粋』を模範としつつも、その書名が示す通り、唐に対して「本朝」を意識した編纂であるだけに、日本的な特徴を示す分類がなされているという。『本朝文粋』に収録されている文章の特徴については、大曾根章介氏の「『本朝文粋』の分類と排列」に詳しいので（一九六八）、氏の仕事を参考にして、いくつかの特徴をまとめておこう。

第一の特徴は、『文選』に比して、賦（ふ）や詩が少ないことである。賦や詩は、中国の漢文学の伝統を伝えるものであり、文章経国思想を体現する重要な文体であったが、『文選』がそれぞれ五七編・四三五編を収録しているのに対して、『本朝文粋』は一五編・二八編を収録しているに過ぎない。詩が少ないのは、日本では詩集の編纂が相次いで行われたので収録する必要がなかった、という説もあるが、賦も少ないことを考えるならば、『本朝文粋』編纂時において賦も詩も衰退していた、というより「相当な学識と才能がなければ自由に作成すること」が「困難である」だけに（大曾根　一九六八）、文人層を含めた貴族・官人層には受容する十分な条件がなかったという側面もあるのではないかと思う。

それに対して第二に、表（ひょう）・奏状などの上申のための文章が多いという特徴がある。表は一九編対四三編、奏状は〇編対三七編である。表は本来天子に上書して「請情」を述べるための文章であるが、『本朝文粋』ではほとんどが辞表である。「阿衡事件」の項で述べたように、高官に任命された場合は二度三度と辞表を提出するのが「儀礼」であったからである。奏状は『文選』にはないが、『唐文粋』では奏の中心が論諫や方策であったのに対して、『本朝文粋』では、文人や受領が官爵を求める奏状がほとんどである。表にしても奏状にしても、日本の場合は、非常に個人的な意志の表現のために利用されていたといえる。

第三の特徴は、序が圧倒的に多いということである。九編対一五六編であり、とくに詩序が大半を占める点に『本朝文粋』の特徴があるという。年中行事や臨時の宴などで詩が詠まれた時に作られたものであろう。

第四の特徴は、『文選』にない日本独自の文体が収録されていることである。それは願文・記・伝などである。願文は二七編、記は五編、伝は二編である。神仏への祈願文である願文は当時の貴族社会に相当流布していたようで、清少納言の『枕草子』一九七段には、次のように記されている（『新日本古典文学大系」)。

文は　文集。文選、新賦。史記、五帝本記。願文。表。博士の中文

願文と並んで、表と博士の中状（上記の文体でいうと奏状にあたる）が挙げられているのも興味深い。当時の貴族社会においては、神仏への願文と形式的な辞表と官爵を求める申文が代表的な文体・文章であったのだ。まさに政治を離れた個人的な要求に応えるために文章が作られたのであり、それを担ったのが文人層であったのである。

とはいえ、それが当時の貴族社会にとって必要で重要な知識であった。その意味では、当時の価値観に基づいて三九部門に分類して模範的な文章を集めた『本朝文粋』は、日本的な文章とその基礎的な作法を集成した書物として、非常に重要な位置を占めていたということができよう。

さらに『本朝文粋』の重要な特徴は、記と伝の存在である。この両者が『文選』にはなく、『本朝文粋』独自の世界であることは前述した。参考のために作品名と作者を挙げておこう。

記　都良香　富士山記　　菅贈大相国　書斎記
　　紀納言　亭子院賜飲記　　前中書王　池亭記
　　慶保胤　池亭記
伝　都良香　道場法師伝　　羅泰　鉄槌伝　幷序

ここで一つ一つについては述べないが、慶滋保胤の「池亭記」は、Ⅱ章でたびたび引用したように、

一〇世紀後半の京都の情景をみごとに描いていたし、『本朝文粋』には収録されていないが、編者である藤原明衡の著になる「新猿楽記」が、一一世紀前半の京都住民の職能と生態を活写していたことも前述のとおりである。このように、記という文章は、当時の現実的社会を直接見据えて書かれた文章であった。花鳥風月というような自然的世界ではなく、かつ自分や他人の官爵を求めるという政治的世界でもなく、まさに現実社会に生きている人々に注目して、彼らの生きている世界を文学の対象として捉えなおそうという学問的営為であった。漢文という技術を借りながら、日本という社会を表現しようとしたということができよう。

また伝では「鉄槌伝」に触れておかなければなるまい。これは、「鉄槌（てっつい）」＝男性の性器を擬人化して書かれたパロディで、作者の羅泰も男根の意味だという。「鉄槌、字は藺笠、袴下毛中の人なり」という文章で始まる本文は、その様態を執拗に描写しており、『本朝文粋』の本格的な注釈書である『本朝文粋註釈』（柿村重松　一九二二）では、意図的に割愛されているほどである。「新猿楽記」の性に関連する描写などから類推して編者藤原明衡の作であるといわれるが、このような文章が書かれる背景には、リアリズム的な感覚のそれなりの成長を想定しなければならないであろう。

このように、詔・勅書・官符から記・伝・願文まで、三九におよぶ文体に四二七編の文章を収録した『本朝文粋』は、その書名が記すように、日本における文章の「粋」を集めた、すなわち文章という分野における日本的な知識を集成しきった書物ということができる。これが、文章、漢詩文の教養・基礎知識として貴族社会に受容され、かれらの世界の文化的な水準を形成したのである。『類聚国史』『倭名類聚抄』から始まった日本的な知識の収集と整理、そして集成は、政治世界の中枢から排除された文人層の漢文学の知識によって大きな成果として結実したのである。

3　仮名文学の特徴

民衆への眼差し

「国風文化」といえば「仮名文学」と答えがあるように、「国風文化」を考える時、仮名文学についてなんらかの評価をしなければならないが、しかし、仮名文学は国文学研究の中心的な分野であるだけに、作品の一つ一つについて長くかつ膨大な研究史があるので、素人が思いつきで云々できるような研究状況ではない。

だからといって、文学史の教科書などによくあるように、作品の内容紹介と特徴の羅列によって、事を済ますわけにもいかないので、前述のような文人層による日本的知識の集成という学問的営為の特徴を参考にしながら、時代の変化の中における仮名文学の特徴を記してみることにしたい。

仮名文学の初発と評価が高いのが紀貫之の『土佐日記』である。「男もすなる日記といふものを、女もしてみむ、とて、するなり」という有名な文章で始まる『土佐日記』は、朝廷や政治にかかわる公的な日記ではなく、私的な生活を描いた日記であり、だからこそ、男手の漢字ではなく女手といわれた仮名文字で書かれたのだといわれるが、私はそれが文人の日常的な世界である平安京の私的生活を描いたのではなく、彼の赴任地である土佐国から京へ戻ってくる過程を題材にしている点に注目したい。

『土佐日記』の中には都市（都）と田舎（土佐）の対比というモチーフがあり、それは都＝誕生、土佐＝死という対比であるといわれるが（『土佐日記　蜻蛉日記　紫式部日記　更級日記』解説「新日本古典文学大系」）、私は、紀貫之が最初に私的な世界として描いたのが地方の人々とその生活であったことを重視したい。政治的でもなく都市的でもなく、さらに貴族的でもないという三重の意味で「私的」世界（公的世界に対比して）であったのだ。貫之の『土佐日記』叙述の意図が、土佐で死亡した娘に対する思慕であったかどうかは別として、当時第一級の文人であった貫之によって、初めて船頭や楫取（かんどり）や童・女童など地方民衆の姿が生き生きと描かれることになったのである。

一例を示すと、大湊を発って日が暮れた時に、楫取が歌った船歌として、次のような歌が記されている。

昨夜のうなゐもがな、銭乞はむ、虚言（そらごと）をして、おぎのりわざをして、銭も持て来ず、おのれだに来ず

大意は、「昨晩あった女の子に会いたいな。銭を乞おう、嘘をついて掛売りして。それなのに銭さ

えもってこない、姿さえ見せない」となる（古橋信孝　一九八六）。「おぎのりわざ」という当時行われていたその場で代金を払わない信用買いなども記されており、当時の民衆の生活の一場面をみごとに表現している。

私はこのような背景の一つとして、当時の文人層が集成しようとしていた日本的な知識のなかに、『三宝絵詞』や『日本往生極楽記』などがよく示すように、多分に世俗的、民衆的な要素が含まれていたことがあったと考える。同じ文人層として、時代の転換の中で関心をもつ対象は同じなのである。ただ、このような地方の民衆を文学の対象とするという点からいえば、唐突だが菅原道真が国司として赴任した讃岐国で詠んだ「寒早十首」の影響もあるかもしれない。これは、「何れの人にか寒気早き」という第一句から始まる一〇首の漢詩で、冬の訪れを前に困窮に苦しむ地方の民衆の様相を描いたものである（『菅家文草』巻三、二〇〇番〜二〇九番）。そこには、浮浪の民、妻を失った老人、父母を失った孤児、薬草園や駅舎で働く人、雇われて働く水手、漁師、塩商人、木こりなど多様な民衆が題材として取り上げられ、彼ら一人一人の厳しい生活の様子がせつせつと描写されている。川口久雄氏は、この詩文を「傑作」であり「辺境の経済生活の矛盾をさえ詩によむことは、日本の漢詩の歴史の上で新しい開拓」であった、と評価しているほどである（一九八一）。

地方、さらに民衆への関心は九世紀後半の文人貴族の意識の中に芽生えていた。文人の紀貫之が、同じく国司として、それも隣国の土佐国に赴任した時、道真の「寒早十首」を思い出さないはずがないと考えるのだがいかがであろうか。

内容的には異なるが、地方への関心は在原業平の一代記であるといわれる『伊勢物語』の「東下り」にも見られるところであり、都市住人に対する関心は『枕草子』にも十分発揮されている。例えば、「すさまじき物」の一つとして挙げられている「除目に司えぬ人の家」の描写は、今年こそ任官だという噂に集まってくる縁者やもとの従者による喧噪と、任官に外れた後の侘びしさとがみごとにコントラストされた文章であるが、それだけに私たちは、当時の下級貴族の生態をなまなましく実感できるのである（二二段、「新日本古典文学大系」）。また、「雑色、随身は」や「小舎人童」「牛飼は」（五〇段〜五二段）などの文章も、短いながら彼ら都市下層民の姿を活写していて興味深い。

このように、文人層が世俗や民衆に関心をもったのは、『三宝絵詞』や『日本往生極楽記』、さらに一一世紀前半に藤原明衡が著した職業尽くしの「新猿楽記」など、漢文学の世界だけではなかったのである。というより、前述したが、仮名文学の作品のなかにも世俗的な民衆的な要素が現れるのは、彼ら文人層の基礎的な知識・教養である漢文学の中にそのような要素が多分に含まれていたことの反映であったということができよう。

尽くしの世界

仮名文学のもう一つの特徴は、当時の漢文学の特徴の一つであった「類聚」という学問的作業の影響を明確に受けて、「尽くし」の要素をもつものが多いことである。

先に記した『枕草子』はその典型といえよう。『枕草子』三〇〇余の章段が「類聚章段」「随想章段」「日記回想章段」から構成されていることはすでに指摘されている（鈴木日出男　一九八六、など）。この「類聚章段」が「……は……」という形式と「……なるもの」という形式からなる「もの尽くし」なのである。

前者の形式は、一〇段から一九段に「山は」「市は」「峰は」「原は」「淵は」「海は」「陵は」「渡は」「たちは」「家は」などと収められているように、山なら山の、市なら市の尽くしである。有名な「山は」の段の冒頭を引用してみよう。

山は　おぐら山。かせ山。三笠山。このくれ山。いりたちの山。わすれずの山。すゑの松山。かたさり山こそ、いかならんとをかしけれ。

自然の山だけでなく、歌枕を意識して挙げられているという。どちらにしても基礎教養的な、かつ辞書的な性格をもった記述ということができよう。

後者は「すさまじき物」（二二段）「にくき物」（二五段）「心ときめきする物」（二六段）などの形式で、人事に関する文章が多いというが、私は感情的な評価、ある種の道徳的な価値観が入っている点に注目したい。否定的な評価が入っていると思われる章段を若干挙げると、「覚束(おぼつか)なき物」（六七段）「あぢきなき物」（七五段）「ねたき物」（九一段）「かたはらいたき物」（九二段）「口惜しきもの」（九三段）「見ぐるしきもの」（一〇五段）などである。そのうちの一つ「見ぐるしきもの」の本文を紹介すると次のようである。

> 見ぐるしきもの　衣のせぬい、かたよせて着たる。又のけ頸したる。例ならぬ人の前に、子おひ（負）ていできたる物。法師陰陽師の、紙冠して祓したる。（略）やせ色くろき人の、生絹のひとへ着たる、いと見ぐるしかし。

見た目に快くないものは、衣服の背中の縫い目が片寄ったまま着ている者。また頸や背中の一部が見えるような着方をしている者。さらに、顔なじみとはいえない稀な訪問者（ないし身分の高い訪問者）の前に、子どもをおぶって出てくる無作法な者や、僧侶の陰陽師（おんみょうじ）でありながら、神職の陰陽師が付ける紙冠をして祓いを行っている非常識な者。（略）やせて色の黒い人が、（肌も体型も透けて見える）生絹の一重を着ていることは本当に見苦しい、というのである。

前半は、日常的な身だしなみや礼儀・作法を知らない者、さらに神仏の違いについて常識がない者に対する忠告である。「見苦しい」と指摘することによって、日常的な礼儀・常識の習得の重要性を喚起しているのであるが、後半は礼儀・作法というよりはファッションセンスに関する評価である。清少納言ならではのなかなか手厳しい批判である。これについては別にするとしても、前半は明らかに当時の貴族社会、宮廷社会の常識に関する忠告であった。すなわち、これらの「……なるもの」の部分を読めば、「こういうことは常識的ではない」というかたちで、貴族・宮廷社会の中で生きていく上の教養が身に付くようになっていた。

私は、前述の辞書的な意味とともに、常識的な教養を習得できるという意味からも、『枕草子』が貴族、とくに宮廷社会の初級教科書としての性格をもっていたのではないかと考えている。否定的な文章を採ることによって、押しつけがましい公的、男性的な表現ではなく、女性的な間接的、かつ私的な表現をすることに成功しているのである。

「尽くし」という要素をもっていたのは『枕草子』だけではない。『源氏物語』の前提となる長編物語といわれる『宇津保物語』もその要素をもっていたと思われる。この物語については石母田正氏の著名な論文「『宇津保物語』についての覚書——貴族社会の叙事詩としての——」（一九四三）があり、歴史学からの鋭い分析がなされている。いまこの物語の歴史的意味について論じる力量はないが、「尽くし」という観点から見るならば次の二点が注目される。その第一は、馳走や贈り物の描写に「類型的でくりかえしが多」いという点である（『宇津保物語』「日本古典文学大系」解説）。なかでも「吹上」の巻に多いといわれるが、一例を三月三日の節供と饗応にとると次のようである。

主の君、客人三所の御前に、銀の折敷、かねの台据ヱて、花〈文〉綾にうす物重ねて、表、織〈物〉、綾、縑にうす物重ねて、打敷にし、蓮の銀の台盤〈二ツ〉据ヱて参り、唐菓子の花いと異なり。梅、紅梅、柳、桜一折敷、藤、躑躅、山吹一折敷、さては緑の松、すみひろ一折敷、卯花の色、春の枝に咲きたるに劣らず。（三一八頁）

この後も延々と続くが略したい。文学としてその典型を表現したに過ぎないとしても、それが故に

「三月三日の節供」に関する調度と馳走の「尽くし」になっているのである。

第二点目は、石母田氏も注目しているが、物語の前半で展開される「あて宮」をめぐる求婚者たちの人物像である。この「あて宮」求婚譚には、この物語の第一の主人公である藤原仲忠から始まって一五人あまりの男性が登場するが、それらが「この時代の貴族社会内部の多様な階層と種類の人間を代表するものとして登場している」点が重要である。「堂上の顕貴の人々から零落しつつある下級の貴族、地方官、僧侶、窮迫した学生、富裕な地方の長者——さらに副次的な人物として描写されている無頼の徒、侍女や召使等まで数えるならば、平安京の都市生活で遭遇し得るあらゆる層の人々がそれぞれの役割をもって登場しているのである」（石母田　一九四三）。

同じような求婚譚をモチーフにし、この物語の前提の一つであるといわれる『竹取物語』では、五人の求婚者しか登場せず、それもすべてが貴公子（皇子二人、右大臣・大納言・中納言各一人）であったのに比べると大きな違いである。『宇津保物語』には、求婚譚という構造を取りながら、都市住民、なかでも男性の「尽くし」という要素が含まれていたといえるのではないだろうか。

もし、このように理解することが可能であれば、この後に成立した『源氏物語』は、光源氏の恋愛を軸にした都市住民、なかでも女性の「尽くし」という要素をもっていたといえそうである。

文芸評論家の中村真一郎氏は、「『源氏物語』に登場する女性のなかから、ただひとりだけを抜き出して、その女性を愛することは難しい。それは作者が、はじめから、当時の宮廷や貴族の家の女性たちの種々相を描き分けようと意図していたからである」と評価しているし、さらに主人公の光源氏が、政界における一派閥の長でありながら、政治は「外部から源氏の運命を動かすものとしてだけ語られていて」、彼の政治的な姿は全然表現されていない、ともいっている（中村　一九六八）。すなわち『源氏物語』は、光源氏を主人公としながらも、貴族的な政治社会の中における彼の成長過程・人生というものはまったく後景に退いてしまっているのであり、文章や物語の文学性などを除いたいい方をすれば、光源氏は、さまざまな「宮廷や貴族の家の女性たち」を「描き分ける」ための「狂言回し」的な役割を果たしていたともいえるのである。ややいい過ぎかも知れないが、『源氏物語』が「尽くし」という要素をベースにしていたと評価することは可能のように思われる。

新しい人間観と女房文学

『宇津保物語』と『源氏物語』に、上述のような「尽くし」の要素が認められるとするならば、『源氏物語』とほぼ同時代に執筆されたと考えられる「新猿楽記」の世界との共通性を指摘できよう（『古代社会政治思想』）。たびたび述べてきたように、「新猿楽記」は、一一世紀前半に藤原明衡が書いた「職業尽くし」を中心とした書物である。ある夜、猿楽見物に来た右衛門尉一家（本人、妻三人、子二五人）に託して、さまざまな職業とともに、それぞれの職能も「尽くし」の手法で詳細に描かれている。当時の都市住民の諸相を知るうえで欠かすことができない文献であった（本書Ⅱ章3節「都市住民の様相」参照）。

実はその子ども二五人は女一六人、男九人で構成されていた。もちろん女性として職業を記されているのは巫女・遊女など数人に過ぎなく、ほとんどはその連れ合いの男性の職業の紹介になってしまっているが、職業尽くしを行う際、文人としては、原則として女と男を併記しなければならないという意志の存在が感じられ、またそのような構成が採られていることは画期的なできごとといえよう。『宇津保物語』の求婚者としての男性群、『源氏物語』の恋愛の対象としての女性群、という「尽くし」の構図を乗り越えて、それぞれの職能をもった職人群として女性と男性が描かれたのである。ここに「職能」という新しい価値観に基づく新しい人間観が形成されているように思う。文人層が、「尽くし」という手法で人間を書き分けようとする時、当時彼らの個性を発見せざるを得なかったのである。その個性を書き分ける時の一つの基準になったのが「職能」であった。

その意味では「新猿楽記」の中で、藤原明衡が取り上げている三人の妻についての描写が興味深い。三人の妻の評価はそれぞれ異なっている（服藤早苗　一九九四）。

本妻は年上だが、主人の右衛門尉が若くして任官された時、「舅姑の勢徳に耽っていた」とあるように、実家の権勢が評価されており、第三の妻は若くて「容顔美麗にして放逸豊顔なり」とあるように、その美貌と「妖艶」さが評価されている。問題は第二の妻である。年は同年で、美貌も十人並みだが、「指せる過失」がなく、「心操調和にして、水の器に随ふがごとし」という器量の持ち主であった。そして、裁縫・紡績、朝夕の厨膳、夏冬の装束、それぞれの道に優れており、その上「馬鞍・

弓・胡籙（やなぐい）・従者・眷属（けんぞく）、皆この女房の徳によれり」とまで記されている。これこそ妻の職能というべきであろう。実家の権勢も大事だし、美貌も欠かせない要素かもしれないが、妻たるものは家政全般に関する知識と技術と能力とをもっていなければならない、というのである。服藤氏はこれを「主婦権」と表現しているが、私は、妻の地位というものを「職能」として評価しようという非常に新しい価値観の表現ではないかと考える。明衡の職能を基準にした「職業尽くし」は妻までを射程に入れていたのである。

私はこのような明衡の女性観は、『源氏物語』の「帚木」の巻の冒頭に置かれているいわゆる「雨の夜の品定め」の女性観に通ずるものがあると思う。これは、ある雨の夜、物忌み（ものいみ）で宿直している光源氏の部屋に、義兄（源氏の妻葵上の兄）の頭（とう）中将と「世の好き者」の左馬守・藤式部丞がやってきて、女の品定めをやる場面である。これは単なる女ではなく、男を後見する妻の資格についての議論である点に「新猿楽記」との関連がある。そこでの議論は多岐にわたっているが、

　中の品になむ、人の心々、おのがじしの立てたる趣も見えて、わかるべき事かたがた多かるべき、

という頭中将の発言や、それを受けて、

　今はただ品にもよらじ。容貌をばさらにもいはじ。いと口惜しく、ねぢけがましきおぼえだになくば、ただひとへに物まめやかに、静かなる心の趣ならむよるべをぞ、つひの頼み所には思ひ置くべかりける。

という左馬守の言葉が注目される。頭中将と左馬守が行き着いた結論は「中流の女性」であった（西郷 一九九二）。「品にもよらじ。容貌をばさらにもいはじ」。身分や容貌などどうでもいいのであって、ただただ誠実に真面目に仕事ができる人がいい、といっている。明らかに「新猿楽記」の第二の妻像と同じである。

私は、このような新しい人間観の登場が、宮廷内における女性の手による文学の展開を保証した大きな要素であると考える。律令制的な秩序が解体したものの、いまだ中世社会のような家父長制に基づいた身分秩序が確立されていない王朝国家期においては、在地社会においても、都市社会においても、「職能」という価値基準がある程度通用しており、それに基づく身分呼称や秩序が成立していたことは、それぞれの個所で指摘したとおりである。前述のように藤原明衡は、女性もそして妻をも「職能」の側面から位置づけようと試みたのである。

もちろん、それは今考えるような完璧なものではないが、上述のような価値観のもとで、「職能」をもった女性の活動が一定程度社会的に認められるような条件が貴族社会の中に形成されたのであろう。そのような貴族社会の中で仮名文学という「職能」を発揮したのが、文人層の娘たちやその周辺の女性たちであった。いくら宮廷のサロンの中とはいえ、公的で男性的な貴族社会の中で「職能」を発揮するためには、やはり当時の貴族の基礎教養である漢文学に精通していなければならなかったのである。清少納言や紫式部が文人の娘として、漢文学に関する豊かな知識に習熟していたことは有名であるし、彼女たちの作品のなかにそれが巧みに配されていたこともすでに指摘されていることである。

仮名が発明されて、宮廷内で後宮(こうきゅう)を中心に文化的なサロンが形成され、そこに身分的にしいたげられた文化人としての女性がいたから、日本人の心情を豊かに表現した仮名文学が成立したという評価は不十分である。なぜならこれ以後も、仮名も後宮もしいたげられた女性も存在したにもかかわらず、これ以後、女性の手による仮名文学が発展したという文学史は聞いたことがない。米田雄介氏は、女性による仮名文学衰退の要因を漢文学との関係に求め、「女性が真名（漢字―木村注）と切離されたとき、女流文学の衰退が始まったといってはいいすぎであろうか」と評価している（一九八四）。首肯できる見解といえよう。

しかし、彼女たちが漢文学に基づいた文化的な能力をもっていたとしても、それを認めるような条件がなければ、男性中心の身分制社会である前近代社会では、それを発揮し得なかったのではないだろうか。私は「国風文化」の時代に、彼女たちの文学が可能性をもっていたのは、当然彼女たちが豊かな感受性と文学的才能をもっていたからであるとしても、上述のような新しい人間観がこの時代に存在した点を見落としてはならないと思う。

以上のように、「国風文化」の中における仮名文学の文学的な表現の意味やその文学的評価などについては、まったく触れられなかったが、それらは国文学の研究者に委ねることにして、当時の仮名文学が、漢文学を通じて達成された日本的な知識の集成としての特質を色濃く反映していたことは明らかにできたのではないだろうか。単に中国の漢文学を引用したり基礎にしているというようなレベルではない。中国の漢文学を日本的に変質させながら（和風化）、それを基盤とした学問的営為によって集成された日本的な知識に大きく依拠していたのである。これまでのように、「国風文化」を仮名文化という表層で捉えることは大きな間違いであるということができよう。

終章　「国風文化」から院政期の文化へ

菅原的・藤原的

九世紀中ごろの承和期に転換の端緒をもとめながら、日本の社会がいかに律令制社会を克服し、新たな国家体制と社会そして文化を生み出してきたかをみてきた。対象を在地社会・都市・対外関係などと分野別に輪切りにして叙述するスタイルをとったため、理解しにくい部分が多かったのではないかと思うが、「国風文化」がそのような時代の転換という条件を色濃く反映した文化であったことを理解していただければ幸いである。

ただ、その時代、そして文化の転換を余りにも漢文学の世界と和歌の世界の対立として描きすぎたかもしれない。しかし、平安時代前期において、漢詩文が「文章経国」思想に基づく政治的な世界のものであったように（本文では「政治文化」と表現した）、それに代わって政治的な舞台に持ち込まれてくる和歌も、『古今和歌集』の成立をまつまでもなく、政治的な色彩を色濃くもつものであった。

これまで歴史学は、和歌のもつこのような性格を十分評価してこなかったのではないだろうか。漢詩文と和歌を対立させ、その対立の過程を通じて、文人貴族の衰退と藤原氏の台頭、そして文人層の成立を見、政治から基本的に排除された知識人である文人層の動向のなかに日本的な知識の集成と「国風文化」の成立を見いだそうとしたわけである。

それは、律令制的な支配構造の動揺、そして、この影響が一番大きいと思うのだが、日本を「東夷の小帝国」として位置づけてきた伝統的な対外関係・認識の動揺という政治的な危機の中で、それまでの支配者階級の政治結集の文化的、イデオロギー的な象徴であった漢詩文に代わって、和風な「歌」、和歌に支配者階級結集の政治文化としての地位を求めようとした過程であった。支配者階級が共有していると思っている文化・教養、ないしは支配者階級であることの幻想的な一体性を保証する文化・教養（政治文化）として、中国的、儒教的な漢詩文に代わって、「伝統」的な、和風な和歌が採用される過程であったのである。

その政治的主体がなぜ藤原氏でなければならなかったのか、あるいは、そのような政治的危機の中で登場してきたのがたまたま藤原氏であったのかという点については、もう少し慎重に検討しなければならないが、少なくとも「国風文化」成立の淵源を、九世紀中頃の国家の政治的危機への対応の中に求めることは可能なように思われる。結論的には「摂関政治」の成立と「国風文化」の成立という、これまでの枠組みと変わりばえのしないものになってしまったが、新しい視角から転換期の「国風文化」をとらえ直すことができたとすれば幸いである。

このような私の論理構成を支えてくれたのが、川口久雄氏が名著『平安朝の漢文学』の中で紹介している小林芳規氏の次のような成果である（一九八一）。小林氏は、『白氏文集』の『新楽府』の訓法について、藤原（日野）家、大江家、菅原家の各家の訓法を比較対照した結果として次のような要約をしているという。

A　藤原家で和訓読の語が、菅原家では字音読。

B　藤原家の訓には助詞・助動詞等の読添えが菅原家より多く見られる。

C　藤原家の訓法は和文的であり、菅原家の訓法は即字的で訓読調が勝つ。

そして、これを受けて川口氏は、「全般的に平安朝の訓法は和訓を多く含み『まことに古雅なる』（貝原益軒『点例』）特色をもって、菅家すなわち博士家に伝承」された、といっている。漢詩文の訓法においても、藤原氏は和文的であったのであり、徐々に和訓を含みながらも訓法の正統は菅原氏に伝承されたのである。これは、先の漢詩文と和歌の対立に菅原氏と藤原氏を見るという方法を裏付けてくれるものであろう。

もちろん、文人貴族が衰退したといっても、本文で述べたように、一〇世紀以降の貴族社会においては漢文学が基礎的知識であり、貴族層の教養であったのだから、単純な対比の強調は戒めなければならないが、文人貴族の「文章経国」思想に基づいた漢詩文と、そのような政治性を排除された文人層の漢文学とを区別するためにも、ある程度有効な視点ではないだろうか。

「国風文化」の位置

私は、「国風文化」成立の直接的条件として、文人層による「日本的な知識の集成」に求め、それが「類聚」という学問的営為によって達成されたと評価した。そしてその学問的成果は、「国風文化」を代表する仮名文学のなかにも「尽くし」という要素として反映されていることを指摘した。

このような知識を前提にして形成された「国風文化」の重要な点は、藤原基経の「年中行事障子」を契機として成立した日本的儀式も、陰陽道(おんみょうどう)に基づく呪術的、迷信的な思想や信仰も、さらに文化の和風化の中で誕生した仮名や和歌も、それらがこの時代だけではなく、これ以後の日本的な教養を形成した点である。もちろん、まったくそのまま受け継がれたわけではないが、南北朝・室町期の「古今伝授(こきんでんじゅ)」、さらに江戸時代中・後期の「国学」の発達などを思いおこすまでもなく、日本の伝統的な文化・知識の基盤が形成されたのである。

「国風文化」がこのような性格をもったのは、この文化が貴族層や一部の都市住民に限られた文化ではなく、在地社会の変化や民衆の文化をそれなりに反映していたからに外ならないであろう。本書では御霊会(ごりょうえ)や宇多天皇の時の五節供類似の年中行事の採用などかぎられた具体例を挙げたにすぎないが、「新猿楽記」が「猿楽」という民衆の芸能を見物にきた一家を題材にしていたり、農耕神事に基づく「田楽」が芸能として成立し始めていたこともその例証となろう。そしてなによりも、文人層が「田舎」を意識し、民衆の生きざまや往生の姿を描くという学問的行為を始めたことが、当時の文化内容の世俗的、民衆的要素を示していよう。このような都市と地方の交流は、平安京の変質をも作りだした新たな都鄙(とひ)間交通によって支えられていたのである。

しかし、すでに本書で強調したように、このような日本的な知識の集成が、新羅国を中心とした対外関係の変化に起因する「本朝意識」という狭隘な認識によって裏付けられていたことを忘れてはならない。

摂関期から院政期にかけての「本朝意識」について詳細な分析を行った小原仁氏によれば、当該期の文人たちにとっては、「範を漢唐の詩文にとったうえで、それが我が貴族社会にも存することが、自己を認識するに際しての契機」になっていたのであり、「その限りにおいて、自意識の昂(たか)まりは、必ずしも、中国文化との異質性に基づいた対等とか優越とかいった意識と、同義でなかった」という。そして、当該期の「本朝意識」とは、「中国文化との相違点ではなく一致する部分を確認することを以て、成り立っていたということができる。従ってそれは単純な優劣の論理だけでは把えきれない構造を有している」と評価している（小原　一九八七b）。

まさにそのとおりであろうが、ただそれが、中国文化との関係で成り立っていただけでなく、朝鮮半島の国々とその文化を排除したり、欠落させて成立していたところに問題がある。そしてそれが、新羅国など周囲の国々を欠落させた、天竺（インド）・震旦（中国）・本朝の三国で世界が成り立っているという「三国史観」を生み出していくのである（村井　一九八二）。

以上のような特徴をもつ「国風文化」は、河音能平氏が強調するように、日本民族（フォルク）の形成にふさわしい文化であったが（一九七〇）、しかしそれが上述のような「本朝意識」を背景にしているが故に、狭隘かつ閉鎖的な対外認識を随伴せざるを得ず、それがこの後の日本の「島国」的な国際認識をも形成し、それもあわせて、「島国」的な「日本的な知識・教養」として維持されることになったのである。

「国風文化」の達成とその内容は、よい意味でも悪い意味でも、これ以後の日本の歴史や文化に大きな刻印を押すことになった。その意味では、本書で当該期の仏教をとりまく状況についてほとんど取り上げることができなかった点は、今後の課題としたい。

院政期文化への展望

さて、私の提示した「国風文化」の時代の特徴の一つは、この時期を「職能の時代」として理解する点にあった。在地社会でも都市社会でも、自立した経営の成長にともない、それぞれの職能に応じた身分呼称をもつグループが登場してきた。それは「新猿楽記」の職業尽くしの中に典型的に示されていることはたびたび指摘したとおりである。そして彼らは、その自立した経営をもとに、それぞれの秩序を維持するための共同組織を形成するようになった。それは中世村落の形成であり、「町内名士」を中心とした都市の住民組織の形成である。

しかし、一一世紀中ごろから在地領主による大規模開発や荘園制の展開によって、徐々に中世的な社会構造が形成され、それに見合った身分秩序の編成が進行するにともない、「職能」に基づく身分秩序は否定されてしまう。Ｉ章で紹介した在地社会の多様な身分呼称（田堵・負名・寄人など）が消滅する一方で、中世社会の経済基盤である荘園公領制が確立する一二世紀中頃には、「百姓」という統一的な身分呼称が広く用いられるようになる。これがその変化を象徴的に示していよう（木村　一九九七）。また、網野善彦氏が指摘するように、一二・一三世紀になると「職人」の実態が、手工業者や商人・芸能民などいわゆる「非農業」民になってしまうことも同じ変化を示していよう（一九八〇）。「職能」が一般的な基準ではなくなってしまうのである。

しかし、「職能」という言葉に含まれていた価値基準がなくなったわけではない。「職能」という自立した経営に基づく価値は、摂関期から院政初期に原型ができたといわれる日本最大の説話集『今昔物語集』の中に「思慮（おもんぱかり）ある」「思量ある」という価値として引き継がれている。これは「心かしこき奴は、下衆（げす）なれども、かかる時にも万を心得てよくふるまい……」などと記されているように（巻二八―四四）、下衆（民衆）は下衆なりに、状況に応じて「心賢く」「心得てよく振る舞う」能力を意味しているが、この問題を取り上げた河音能平氏は、「自分自身の生活を自らの手できりひらこうとしていた一〇・一一世紀摂関期のたくましい個性的主体としての民衆の姿であった」と評価している（一九七五）。「一〇・一一世紀摂関期」という時代認識はずれるが、『今昔物語集』は院政期に活用されていたのだから、この価値観が院政期の民衆にも通じるものであったと理解しても間違いないであろう。

一方、『今昔物語集』には、貴族や武士を風刺している多くの説話が収録されている。例えば、有力な武士であった坂上晴澄が、貴族の行列を前にして、身分の違いを感じて平伏してしまったところ、その行列が貴族を装った盗賊であったため、身ぐるみ剝がれてしまったという説話がある（巻二九―二二）。これは、有力な武士であっても貴族には卑下せざるを得ず、本当は盗賊を捕らえるのが職能であったはずの武士が逆に盗賊にしてやられたことを風刺したものである。ここにある価値観は、「分」に応じた思慮・思量を働かすことができなかった者に対する風刺であり、この場合は武士でありながら武士の役割を果たすことができなかったが故に、坂上晴澄は風刺の対象になっているのである。

「国風文化」の時代に成立した「職能」という新しい価値観は、中世的な支配体制・身分構造が形成されるにともない、社会的な機能を失っていくが、それを支えていた価値観は、院政期に至っても、分に応じた「思慮ある」「思量ある」者を評価し、自立した経営とそれに基づく「個性的な主体」を維持する価値観として作用したのである。そして、このような価値観が、中世社会を支えた民衆の自立的な経営を維持する価値観であったことは改めていうまでもないであろう。

参考文献一覧

序章

秋山虔編　一九八四『王朝文学史』東京大学出版会
秋山虔他編　一九七五『日本古典文学史の基礎知識』有斐閣
家永三郎他編　一九六二『岩波講座　日本歴史』第四巻　岩波書店
石井　進　一九七〇「院政時代」『石井進著作集』第三巻　岩波書店　二〇〇四年
石母田正・松島栄一　一九五五『日本史概説』Ⅰ『石母田正著作集』第一二巻　岩波書店　一九九〇年
上田薫編集代表　一九七六『社会科教育史資料』東京法令出版
上原専禄他監修　一九五一『日本歴史講座』第二巻　河出書房
川崎庸之　一九五一「摂関政治と国風文化」『川崎庸之著作集』第三巻　東京大学出版会　一九八一年
河音能平　一九六二「『国風』的世界の開拓」『河音能平著作集』第二巻　文理閣　二〇一〇年
河音能平　一九七〇「『国風文化』の歴史的位置」『河音能平著作集』第二巻　文理閣　二〇一〇年
河音能平　一九七六「王土思想と神仏習合」『河音能平著作集』第二巻　文理閣　二〇一〇年
久保田淳他編　一九九六『岩波講座　日本文学史』岩波書店
小島憲之　一九七三『国風暗黒時代の文学』塙書房

小島憲之　一九六八　「『国風暗黒』の時代――その時代区分をめぐって」『国風暗黒時代の文学』中巻　塙書房
坂本賞三　一九七二　『日本王朝国家体制論』東京大学出版会
黒田俊雄　一九六三　「中世の国家と天皇」『黒田俊雄著作集』第一巻　法蔵館
笹山晴生　一九九五　「唐風文化と国風文化」『岩波講座　日本通史』第四巻　岩波書店
辻善之助　一九四八　『日本文化史』Ⅱ巻　春秋社
遠山茂樹　一九六八　『戦後の歴史学と歴史意識』『遠山茂樹著作集』第八巻　岩波書店　一九八九年
豊田武他編　一九五九　『中学校社会科　歴史指導の研究と実践』葵書房
西岡虎之助　一九二二　『日本文化史』第四巻　大鐙閣
日本文学協会　一九八七～八九　『日本文学講座』大修館書店
宮本　救　一九七三　「律令制的土地制度」竹内理三編『土地制度史』Ⅰ　山川出版社
村井康彦　一九七六　「国風文化の創造と普及」『岩波講座　日本歴史』第四巻　岩波書店
米田雄介　一九八四　「貴族文化の展開」『講座日本歴史』第二巻　東京大学出版会
歴史学研究会・日本史研究会編　一九五六　『日本歴史講座』第二巻　東京大学出版会

Ⅰ章

阿部　猛　一九七一　『尾張国解文の研究』大原新生社
河音能平　一九六四　「中世社会成立期の農民問題」『河音能平著作集』第一巻　文理閣　二〇一〇年
木村茂光　一九九三a　「平安前・中期における『解』の性格」『日本中世百姓成立史論』吉川弘文館　二〇〇

一四年
木村茂光　一九九三b　「藤原忠平政権の成立過程」十世紀研究会編『中世成立期の歴史像』東京堂出版
坂本賞三　一九七二　『日本王朝国家体制論』東京大学出版会
島田次郎　一九八〇　「百姓愁訴闘争の歴史的性格」『日本中世の領主制と村落』下巻　吉川弘文館　一九八六年
戸田芳實　一九五九a　「平安初期の国衙と富豪層」『日本領主制成立史の研究』岩波書店　一九六七年
戸田芳實　一九五九b　「中世初期農業の一特質」『日本領主制成立史の研究』岩波書店　一九六七年
戸田芳實　一九七五　「律令制からの解放」『日本中世の民衆と領主』校倉書房　一九九四年
永原慶二　一九六八　『日本の中世社会』岩波書店
原秀三郎　一九六五　「田使と田堵と農民」『日本史研究』八〇号

Ⅱ章

網野善彦　一九八六　「中世の負担体系」永原慶二他編『中世・近世の国家と社会』東京大学出版会
大山喬平　一九七六　「中世の身分制と国家」『日本中世農村史の研究』岩波書店　一九七八年
川口久雄　一九八三　『新猿楽記』平凡社
河音能平　一九七六　「王土思想と神仏習合」『河音能平著作集』第二巻　文理閣　二〇一〇年
北村優季　一九九四　「平安初期の都市政策」『平安京』吉川弘文館　一九九五年
北村優季　一九八五　「京中支配の様相」『平安京』吉川弘文館　一九九五年
木村茂光　一九七五　「王朝国家の成立と人民」『日本初期中世社会の研究』校倉書房　二〇〇六年

木村茂光　一九八一「中世の諸階層・諸身分の闘争」「中世前期の下人と非人」と改題して同前書所収
黒田紘一郎　一九七六「『今昔物語集』にあらわれた京都」『中世都市京都の研究』校倉書房　一九九六年
高橋昌明　一九九〇「よごれの京都・御霊会・武士」『新しい歴史学のために』一九九号
高橋昌明・山本幸司　一九九五『武士とは何だろうか』朝日新聞社
瀧波貞子　一九九一『平安建都』集英社
棚橋光男　一九八八『王朝の社会』小学館
棚橋光男　一九九三「古代と中世のはざまで」朝日新聞社編『古代史を語る』朝日新聞社
戸田芳實　一九六二「中世文化形成の前提」『日本領主制成立史の研究』岩波書店　一九六七年
戸田芳實　一九七四「王朝都市の問題点」『初期中世社会史の研究』東京大学出版会　一九九一年
戸田芳實　一九七六「王朝都市と荘園制」『初期中世社会史の研究』東京大学出版会　一九九一年
野口　実　一九九四『武家の棟梁の条件』中央公論社
村井康彦　一九六五「官衙町の形成と変質」『古代国家解体過程の研究』岩波書店
義江彰夫　一九九六『神仏習合』岩波書店

Ⅲ章

石井正敏　一九九二a「一〇世紀の国際変動と日宋貿易」『新版　古代の日本』第二巻　角川書店
石井正敏　一九九二b「コラム　最後の遣唐使計画」（同上）
石上英一　一九八二「日本古代一〇世紀の外交」『日本古代史講座』第七巻　学生社
石上英一　一九八四「古代国家と対外関係」『講座日本歴史』第二巻　東京大学出版会

酒寄雅志　一九九三「九・一〇世紀の国際関係を探る」『新視点　日本の歴史』第三巻　新人物往来社

佐藤宗諄　一九八八「律令制と天皇」『日本の古代』第一五巻　中央公論社

田島　公　一九九一「海外との交渉」『古文書が語る日本史』第二巻　筑摩書房

戸田芳實　一九六七「領主的土地所有の先駆形態」『日本領主制成立史の研究』岩波書店

村井章介　一九八二「中世日本の国際意識」『アジアのなかの中世日本』校倉書房　一九八八年

村井章介　一九九五「王土王民思想と九世紀の転換」『日本中世境界史論』岩波書店　二〇一三年

Ⅳ章

秋山　虔　一九八三「六歌仙時代とは何か」『王朝の文学空間』東京大学出版会　一九八四年

阿部　猛　一九七九『菅原道真』教育社

石井正敏　一九九二「コラム　最後の遣唐使計画」『新版　古代の日本』第二巻　角川書店

石上英一　一九八二「日本古代一〇世紀の外交」『日本古代史講座』第七巻　学生社

弥永貞三　一九六一「菅原道真の前半生」『日本人物史大系』第一巻　朝倉書店

弥永貞三　一九六二「仁和二年の内宴」『日本古代の政治と史料』高科書店　一九八八年

奥村恒哉　一九五四「古今集の成立」『国語国文』二三七号

小原　仁　一九八七『文人貴族の系譜』吉川弘文館

川口久雄　一九八一『平安朝の漢文学』吉川弘文館　新装版一九九六年

川口久雄校注　一九六六『菅家文草　菅家後集』岩波書店

川崎庸之　一九六五「文学史上の貞観期について」『川崎庸之著作集』第三巻　東京大学出版会　一九八二

年
木村茂光　一九九三　「藤原忠平政権の成立過程」十世紀研究会編『中世成立期の歴史像』東京堂出版
黒板伸夫　一九六九　「藤原忠平政権に対する一考察」『摂関時代史論集』吉川弘文館　一九八〇年
黒須利夫　一九九三　「『年中行事障子』の成立」『歴史人類』二一号
甲田利雄　一九七六　『年中行事御障子文注解』続群書類従完成会
西郷信綱　一九九六　『日本古代文学史』岩波書店
坂本太郎　一九六二　『菅原道真』吉川弘文館
笹山晴生　一九七六　「前期摂関政治と社会の変貌」『平安の朝廷』吉川弘文館　一九九三年
佐藤進一　一九八三　『日本の中世国家』岩波書店
佐藤宗諄　一九八四　「貴族政治の展開」『講座日本歴史』第二巻　東京大学出版会
鈴木日出男　一九八六　「古今和歌集の表現の成立」鈴木日出男他編『日本文芸史』第二巻　河出書房新社
竹内理三　一九五八　「口伝と教命」『律令制と貴族政権』Ⅱ　お茶の水書房
田中喜美春　一九八四　「古今和歌集の形成」秋山虔編『王朝文学史』東京大学出版会
玉井　力　一九六四　「承和の変について」『歴史学研究』二八六号
土田直鎮　一九七四　「平安時代の政務と儀式」『奈良平安時代史研究』吉川弘文館　一九九二年
所　功　一九六九　「律令時代における意見封進制度の実態」古代学協会編『延喜天暦時代の研究』吉川弘文館
所　功　一九八五　『平安朝儀式書成立史の研究』国書刊行会

所　功編　一九八二　『三代御記逸文集成』国書刊行会
橋本義彦　一九七六　「貴族政権の政治構造」『平安貴族』平凡社　一九八八年
古瀬奈津子　一九八六　「平安時代の『儀式』と天皇」『日本古代王権と儀式』吉川弘文館　一九九八年
目崎徳衛　一九六九　「政治上の嵯峨上皇」『貴族社会と古典文化』吉川弘文館　一九九五年
村山修一　一九八一　『日本陰陽道史総説』塙書房
山中　裕　一九五七　「『九暦』と『九条年中行事』」『平安時代の古記録と貴族文化』思文閣出版　一九八八年
山中　裕　一九七二　『平安朝の年中行事』塙書房
米田雄介　一九八四　「貴族文化の展開」『講座日本歴史』第二巻　東京大学出版会

Ⅴ章

石母田正　一九四三　「『宇津保物語』についての覚書——貴族社会の叙事詩としての——」『石母田正著作集』第一一巻　岩波書店　一九九〇年
大隅和雄　一九六八　「古代末期における価値観の変動」『北海道大学文学部紀要』一六—一
大曽根章介　一九六八　「『本朝文粋』の分類と排列」『王朝漢文学論攷』岩波書店　一九九四年
小原　仁　一九八七a　『文人貴族の系譜』吉川弘文館
小原　仁　一九八七b　「摂関・院政期における本朝意識の構造」佐伯有清編『日本古代中世史論考』吉川弘文館
柿村重松　一九二二　『本朝文粋註釈』内外印刷出版

川口久雄　一九八一　『平安朝の漢文学』吉川弘文館　新装版一九九六年
河音能平　一九七〇　「『国風文化』の歴史的位置」『河音能平著作集』第二巻　文理閣　二〇一〇年
西郷信綱　一九九二　『源氏物語を読むために』朝日新聞社
坂本太郎　一九五八　『日本の修史と史学』至文堂
鈴木日出男　一九八六　「宮廷社会と人生」鈴木日出男他編『日本文芸史』Ⅱ　河出書房新社
中村真一郎　一九六八　『源氏物語の世界』新潮社
服藤早苗　一九九四　『平安朝の女と男』中央公論社
古橋信孝　一九八六　「女性仮託日記の創始――土佐日記」鈴木日出男他編『日本文芸史』Ⅱ　河出書房新社
村井章介　一九九五　「王土王民思想と九世紀の転換」『日本中世境界史論』岩波書店　二〇一三年
米田雄介　一九八四　「貴族文化の展開」『講座日本歴史』第二巻　東京大学出版会

終章

網野善彦　一九八〇　『日本中世の民衆像』岩波書店
小原　仁　一九八七　「摂関・院政期における本朝意識の構造」佐伯有清編『日本古代中世史論考』吉川弘文館
河音能平　一九七〇　「『国風文化』の歴史的位置」『河音能平著作集』第二巻　文理閣　二〇一〇年
河音能平　一九七五　「『今昔物語集』の民衆像」『河音能平著作集』第一巻　文理閣　二〇一〇年
木村茂光　一九九七　「中世百姓の成立」『日本中世百姓成立史論』吉川弘文館　二〇一四年

村井章介　一九八二「中世日本の国際意識」『アジアのなかの中世日本』校倉書房　一九八八年

その他、多くの著書・論文を参考にしたが、煩雑になるので、本文で直接使用させていただいたものに限った。ご海容のほどお願いしたい。

あとがき

正直いって、Ⅴ章を書き出した時、「やるんじゃなかった」、と何度も思った。とくに3節「仮名文化の特質」を書く段になって、その思いはさらに強くなった。本文にも書いたが、あの膨大な研究書・研究史を見るだけで、素人がとやかくいえる状況でないことは明白であった。もちろん、プロットの段階でもその状況は覚悟していたが、しかし、実際に書き始めた時のプレッシャーは想像を絶するものであった。

そのような時、今年五月から内地研究員として指導していただいていた京都大学文学部の大山喬平氏の大学院ゼミで、Ⅰ章からⅣ章までの概略を報告するチャンスを作っていただいた。最初から通して発表する機会がなかったので、本書で自分がいいたいことを筋を通して改めて理解することができ、それなりに納得することができた。そして、Ⅳ章までの成果を生かして、書き上げてみようと思った結果がⅤ章の文章である。内地研究員の受け入れに際してもひとかたならぬお世話をいただいた上、このような場を作っていただいた大山氏に心から感謝申し上げたいと思う。

また、以上のような事情のため、Ⅴ章を含めて文学史に関する記述についてはそれなりに努力をしたものの、礼を失している部分が多々あると思われる。ご寛恕のほどお願いしたい。

さて、私がこのような柄にもないことに取り組もうとしたのは、序章でも書いたように、高校用の教科書編集に関わったことに端緒があるが、実はもう一つ要因がある。それは畏友故棚橋光男の仕事である。それは一九八八年に刊行された『王朝の社会』（小学館）で、裏表紙に掲載されたパンチパーマの顔写真にも驚かされたが、「文化と宗教の新しい波」「都市京都の生活空間」、そして「新しい法を担う人々」など、この時代の文化や思想、そして社会的特質に関する内容を大幅に取り入れた叙述は、それまでの荘園制確立や武家政権成立の前提、ないし前史としての平安時代中・後期の叙述とは大きく異なっており、大きなショックを受けた。彼の積極的な叙述に圧倒されたという方が本音である。

実際、彼の死に際して、奥様や教え子の白川哲郎氏に聞いたところによれば、彼は一度書き上げた原稿を廃棄して、一から書き直したのだという。彼は脱稿後「地獄を見た」と語ったというから、それだけ渾身込めて書き下ろしたのがこの書であった。

その後も、彼は平安時代中期から鎌倉時代前期の時代像の捉え直しを継続し、次の話題作「転形期の王権――後白河論序説」（『講座　前近代の天皇』第一巻、青木書店、一九九二年）を発表した。これまた問題意識、内容、そして文体ともに、私を含め多くの人々を驚かすに十分の出来映えであった。そしてこの論文をもとに、講談社選書メチエに『後白河法皇――祝祭・王権・都市』を執筆する予定であった。しかし、志なかばで残念ながら帰らぬ人となってしまった。彼は病気と闘う中で、もうすぐできるはずの著書について、次のように記している。

日本史以外の方々にもきっと興味をもっていただけるそのような内容に仕上げる意気込み。——いや、正直に言うと、私は閉塞状況の中に自足する日本史の〝学界〟ではなく、真正の意味の知識人と人民大衆、すなわち読書界を相手に、自分の中の孤独と真摯に向き合いつつ、しごとをしたいのだ……。

棚橋のこのような気概を十分受けとめる能力はないが、残された者の一人として、また学問形成期の若い時代をともに送った者として、私なりに取り組んでみたいと思う。本書は、彼の気概だけを頼りにしており、内容的には恥ずかしい限りであるが、彼の気概を受けとめる一つの契機として位置づけたいと思っている。

棚橋の未完の著書は、他の仕事と合わせて、高橋昌明氏と白川氏の尽力により、無事『後白河法皇』（一九九五）として講談社メチエの一冊に加えられた。ともに喜びたいと思う。

さて、本書を書くにあたっても、多くの方々の協力と助言をいただいた。酒にまかせての大法螺を聞いてくれた十世紀研究会のメンバー、本書の前提となる拙ない内容の講義を受講してくれた東京学芸大学と金沢大学文学部の学生諸君に感謝したい。

そして、「改革の嵐」が吹きまくる忙しい時期に、内地研究に出ることを認めていただいた学芸大学歴史学研究室のスタッフには、心から感謝申し上げたい。このチャンスがなければ本書は絶対にできなかった。また、内地研究期間中いろいろとお付き合いいただき、楽しい一時を作って下さった京都大学日本史研究室の皆さん、そして下宿先の井上文子さんにもお礼を申し上げる。

最後に、なかなかできないV章の原稿を、気長に（？）待っていただき、無事このような本に仕上げてくださった青木書店編集部の島田泉・原嶋正司氏に感謝申し上げたい。

一九九六年十月二十日

木　村　茂　光

補論　「国風文化」研究の前進のために

一　本書の意図と概要

近年、「国風文化」の研究が盛んになっている。二〇二一年に『国風文化』と題した本が出版されたことに象徴される（吉川真司編『シリーズ古代史をひらく　国風文化（副題略）』岩波書店）。それに加えて「国風文化」と密接に関係する「唐物」に関する研究、さらに日本における「浄土教の成立」に関する研究も活発である。

このような研究状況は、二〇一七年に刊行された鈴木靖民他編『日本古代交流史入門』（勉誠出版）に、「入唐僧・入宋僧の時代」（筆者榎本渉、以下同）、「海商と古代国家」（渡邊誠）、「顕密仏教の形成と東アジア交流」（横内裕人）と並んで「国風とは何か」（佐藤全敏）が所収されていることによく示されている。

以上のような研究の進展のなかで本書『「国風文化」の時代』を再刊しようと思ったのは、近年の

「国風文化」研究の進展状況を踏まえたうえで、もう一度本書の位置を確認したいと思ったからに他ならない。そこでまず本書の執筆意図と概要を確認し、そのうえで近年の研究の進展を「海商・入唐僧」に関する研究と「唐物」研究、「浄土教の成立」に関する研究に絞って紹介して本書の不足を補いたいと思う。その後で近年のいくつかの「国風文化」研究についても紹介し、私見を述べることにしたい。

まず本書の執筆意図についてである。本書の出発点は高校日本史の教科書の編纂に関わったことであった（『日本史B』三省堂）。当時の教科書（現行の教科書も）では各時代の「文化」の項目が「政治」「経済」分野の後に「独立」して配置されていたため、教育の現場では「文化の項は読んでまとめておくように」などと扱われることが多く、文化を当時の社会全体の問題として教えられない構成になっていた。このような構成を克服できないかという思いと、それを「国風文化」で考えてみようというのが本書執筆の意図であった。

そして、その方法として「表層の文化もさることながら、その文化を支えていた時代・社会の特質、文化の場や担い手などの深層から文化の特質をとらえ直して見る必要があるように思う」と考えたのである。書名を『摂関時代の文化』ではなく『「国風文化」の時代』としたのはそのためであった。

これらの意図を実現するため、第Ⅰ章では、中世社会形成の根幹の動向である中世村落の成立過程に焦点をあわせ、村落の「住人等」の成立とその過程で生み出されてくる在地領主について叙述した。

第Ⅱ章では、都市民の実態を軸に平安京が都市京都として成熟する過程を跡づけるとともに、都市問題としての「ゴミ」と清掃を取り上げ、死体の処理から出発して出産や女性の生理など「血」を忌む観念＝「触れ」観念の発生とその影響について論じた。第Ⅲ章では九・一〇世紀の対外関係の実態を整理し、とくに新羅との関係悪化のなかで「排外主義」「神国思想」「王土王民思想」が形成されてくる過程を扱った。第Ⅳ章では、文章経国思想の衰退のなかで文人貴族が変容し、その影響のなかで日本的儀式が形成される過程を追究するとともに、菅原道真左遷の政治的・文化的意義と『古今和歌集』が勅撰される関係とその意味について述べた。第Ⅴ章では、変容した文人貴族と本朝意識形成の関係、「類聚」という作業を通じて日本的知識が集成されてくる関係および仮名文学の特質などについて言及した。

そして、終章で「在地社会・都市・対外関係などと分野別に輪切りにして（「国風文化」を）叙述するスタイルをとったため、理解しにくい部分が多かったのではないかと思う」と書いたが、とくに、第Ⅱ章で扱った「穢れ観念」や第Ⅲ章で論じた「排外主義」「神国思想」「王土思想」、さらに第Ⅳ・Ⅴ章で取り上げた「文人貴族の変容」「日本的儀式」「本朝意識の形成」「日本的知識の集成」などが、仮名文学の成立や浄土教の展開などのいわゆる「国風文化」の形成を支えた重要かつ基底的な要素であったことをどれだけ理解していただけたかはやや心許なく思っている。

というものの、なにせ二五年もまえの執筆なので、当時の研究状況および私の力量から、いまからみれば足りないところも多い。以下にそれを補うべく近年の研究成果の概要を紹介することにしたい。

二　本書以後の研究の進展

1　海商・入唐僧研究の進展

新しい「国風文化」研究の大きな要因になったのが遣唐使派遣中止以後の東アジアの交流史研究の進展であることは多くの論者の一致するところである。そしてその前提には、寛平六年（八九四）の菅原道真の建言による「遣唐使派遣中止」に関する研究の進展がある。それによって派遣の中止が要因となって「唐風文化」から「国風文化」へ移行したという旧来の理解が否定され、「最後の遣唐使」である承和年間の遣唐使派遣以後の中国・朝鮮などとの交流の実態の究明が大きな課題となった。

この問題を改めて鋭く問題提起をしたのが榎本淳一である（「国風文化の成立」初出一九九七年、『唐王朝と古代日本』吉川弘文館、二〇〇八年）。榎本は「「唐風文化」の時代が「国風文化」の時代に比して中国文化の流入が多く、その影響が強かったとみることに躊躇を覚える」とし、「九世紀以降次第に増加する中国商船による唐物の流入や日本僧の入唐、帰国という新たな日中交流の展開に目を向けること」の重要性を指摘した。そして「唐風文化」の時代に比べ「国風文化」の時代における中国文化の流入は減少するどころかむしろ量的には増大し、日本社会への着実な広がりを見て取れると評価した。

このような指摘もあって、その前後から日本と中国、新羅・高麗を行き来する「海商」と「入唐僧・入宋僧」の活動に関する研究が大きく進展した。その一端を榎本渉『僧侶と海商たちの東シナ海』（講談社学術文庫、二〇二〇年。初出二〇一〇年）を参考にみてみよう。この著書は「遣唐使以後」から「遣明使の時代」までの東アジアの交流史を扱ったスケールの大きい書物であるが、「遣唐使以後」の「国風文化」の時代の交流の実態についても詳しく記述されている。

氏は、承和の遣唐使船に請益僧（短期留学僧）として乗り込んだ延暦寺僧の円仁から説き起こし、九世紀初頭から活発化する新羅海商の実態そして中国山東半島を中心とする「新羅坊」の存在形態を明らかにして、日唐間を活発に往来する新羅商船の実態を詳述している。しかし八四一年前後の張宝皐の事件と彼の死を契機に新羅海商間で混乱が生じたことなどもあって、新羅海商の来航は史料から姿を消す。その後に現れたのが唐海商であった。

唐海商といっても、唐に拠点を置く新羅人なども含んでいる場合が多く、彼らは新たに拓かれた東シナ海直航ルートを利用して活発に活動した。これら唐海商の船を利用して入唐した僧として恵蕚を取り上げ、彼の行程を詳述している。彼は二三年間で一〇〜一四回も入唐間を往復したといわれている。平均すると約二年に一回往復していることになる。この恵蕚の例からだけでも唐海商がいかに頻繁に日唐間を行き来していたかを知ることができよう。彼らを通じて中国・朝鮮の多くの文物が日本に搬入されていたことは明らかである。それが「唐物」といわれた品々であった。

その後の「国家事業としての入唐」に関わった僧として円珍や延載などを取り上げているが、これらは「入唐僧・入宋僧」の活動と重複するので、後で改めて取り上げたい。

2　唐物研究の進展

上記のような東アジア交流史研究と前後して進んだのが「唐物」に関する研究である。「唐物」とは一般的には唐を中心とする中国（朝鮮も含む）から輸入された文物のことを指すが、その研究の初発が「国風文化」との関係で提起されたことが重要である。

その先鞭をつけたのが平安文学、とくに『源氏物語』研究の第一人者の河添房江である。河添は『源氏物語』のなかに「唐物」が散見することに着目し、当時の貴族社会における「唐物」の持つ政治的意味について鋭い問題提起を行った（『源氏物語時空論』東京大学出版会、二〇〇五年）。

河添は、「『源氏物語』を閉ざされた国風文化の産物と見なして、そこに日本文化の規範をとるのは、近代的な国民国家に醸成された文化的アイデンティティーの枠組による理解であるといえるだろう」と、「『源氏物語』を閉ざされた国風文化を代表する作品」ととらえてきたこれまでの通念を批判する。

そのうえで、1で述べたような「海商」の活躍と唐の文物の入手可能な環境を踏まえたうえで、『源氏物語』が「思いのほか唐風の文物に囲繞された世界」であることを確認し次のように述べる。

国風文化とは、鎖国のような文化環境で花開いたものではなく、唐物といわれる舶載品なしでは成り立ちえない、ある意味では国際色豊かな文化であった。

河添はこのような評価をもとに『源氏物語』の各巻を逐次紐解いて、「若紫巻の金剛子の数珠や瑠璃壺、花宴巻の唐の綺、末摘花巻の黒貂の皮衣や秘色青磁、絵合巻の沈香や唐の綾、梅枝巻の薫物や唐の紙、若菜以降の種々の唐風調度や唐猫」など「いわばメディアとしての唐物がどのように物語と関わるか」を追究している。

このような分析を通じて河添は「王朝の貴族生活が、唐物という奢侈品や威信財への欲望によってささえられていることを示したにとどまら」ず、「「唐物」という〈モノ〉をいかに多く所有しているか、また消費するかが、権力や権威の問題と密接にかかわっている」ことを主張する。「国風文化」に漢詩文や仏教など中国由来の文化の影響を指摘する研究はこれまでもあったが、「唐物」という〈モノ〉の存在とそれが摂関政治と「国風文化」とに与えた影響について初めて本格的に指摘したことの意義は計り知れなく大きい（関連する河添の主な著書として、『源氏物語と東アジア世界』〈ＮＨＫブックス、二〇〇七年〉、『唐物の文化史』〈岩波新書、二〇一四年〉などがある）。

以上のような河添の研究を日本史の分野から深化・発展させているのが皆川雅樹の研究である（『日本古代王権と唐物交易』吉川弘文館、二〇一四年）。皆川の研究の特徴は中世後期までも視野に入れつつ、古代における「唐物」の歴史的意義について検討していることと、その前提に広く「東部ユーラシア」における交流世界が想定されていることである。皆川は「唐物」研究の課題を次のように指摘している。

「唐物」「交易」をキーワードとして、「日本古代の対外関係」が王権・国家による支配秩序の形成に果たした役割について、とくに権力者が政治的な力によってモノを集中し分配することで「内なる秩序」を形成することの意義を検討するものである。

このように指摘したうえで、「日本古代の「唐物」交易の具体的諸相」として、「香料」「鸚鵡・孔雀」「琴」などを取り上げ分析しているが、その分析に関して「「唐物」の実用性（消費・非消費や威信など）、外来品を入手する能力（経済的な能力や価値判断・鑑定能力など）」の二つの視点で検討することが必要であると指摘している点は重要である。収集だけでなくいかに消費するか、消費の対象とその価値付けは文化の一形態であった。

両者の著書以外にも、東アジア・東部ユーラシア交流に視点をおいた近年の「唐物」研究は多岐にわたるが、当面、河添・皆川共編の『唐物と東アジア』（二〇一一年）、『「唐物」とは何か』（二〇二二年、いずれも勉誠出版）をあげるに止めたいと思う。

3　浄土教成立に関する研究

日本の天台浄土教は中国山西省の五台山仏教の影響のもと成立・展開した（以下の文章は、前掲榎本『僧侶と海商たちの東シナ海』、西本昌弘「「唐風文化」から「国風文化」へ」〈『岩波講座日本歴史』第5巻、岩波書店、二〇一五年〉、曽根正人「平安仏教の展開と信仰」〈同前〉、榎本渉「入唐僧・入宋僧の時代」〈前掲『日本古代交流史入門』〉、横内裕人「顕密仏教の形成と東アジア交流」〈同前〉らを参考に木村がまとめたものであり、内容の責任は木村にある）。その五台山仏教を日本に初めてもたらしたのは延暦寺僧円仁であった。

円仁は承和の遣唐使の請益僧として承和五年（八三八）入唐したが、時期が来ても帰国せず新羅海商らの援助を得て唐残留に成功した。その後五台山や長安で学び承和一四年（八四七）に帰国した。その過程で「五会念仏」や「阿弥陀浄土念仏教」などに触れ、さらに法照撰『浄土五会念仏略法事儀讃』を入手するなどして、五台山の「五会念仏」を学んだ。帰国した円仁は翌嘉祥元年（八四八）に延暦寺に常行三昧堂を建立し、さらに仁寿元年（八五一）には五台山念仏三昧の法を移して弟子たちに伝授し、常行三昧を修した。このようにしてもたらされた五台山の五会念仏は「山の念仏」として比叡山に定着し、一〇世紀には天台浄土教を生み出す素地を形成した。

その後、太皇太后橘嘉智子の命によって入唐した恵萼は、嘉智子から託された袈裟などを五台山に施入した。彼は二三年間で一〇～一四回も入唐間を往復し、禅を中心とする五台山仏教と中国の文物をもたらした。

唐滅亡後も僧侶の渡航は継続したが、一〇世紀に入ると江南に興った呉越国との関係が深くなった。呉越国王銭弘俶は仏教の興隆に努め、唐滅亡後の混乱の中で散逸した経典や仏具などを高麗や日本に求めてきた。日本では天台座主延昌がそれに応じ天暦七年（九五三）日延を派遣して仏典などを送った。天徳元年（九五七）に帰国した日延は一〇〇〇巻以上の仏典・外典を請来した。なかでも唐初に撰述された浄土往生伝の「往生西方浄土瑞応刪伝」は慶滋保胤の『日本往生極楽記』編述の契機になるなど、一〇世紀末の日本天台浄土教隆盛に大きな影響を与えた。

その後、一〇世紀末に入宋した東大寺僧奝然は天台山・五台山の巡礼を果たすとともに、宋の太宗から「釈迦瑞像」や「開宝殿（版本一切経）」「新翻訳経」など北宋仏教を象徴する文物を下賜され、北宋仏教を日本にもたらした。

このほかにも多くの僧が入宋したが、なかでも注目したいのが寂照である。寂照は俗名を大江定基といい、三河守として赴任する際同伴した女性が死去したことを契機に寂心（慶滋保胤の法名）のもとで永延二年（九八八）出家し、その後比叡山で源信に天台教学を学んだ。そして長保五年（一〇〇三）入宋を果たし、帰国することなく中国杭州で没した。

この経緯からわかるように、寂照は源信・慶滋保胤という日本浄土教の確立に努力していた知識人グループと関係が深く、彼の入宋も源信らの働きによるものであった。彼は源信から託された「二七条の疑問」を明州（寧波）保恩院の天台僧知礼に届け、その解答を手紙で源信に送っている。寂照の入宋には、入唐僧・入宋僧による偶然をともなう仏典や文物の請来を待つのではなく、積極的に中国仏教界に働きかけて進んだ教義とその理解を習得しようとする源信らグループの能動性を見て取ることができる。源信が中国僧斉隠に託して自著の『往生要集』などを宋に送ったのもこのような流れの一環であったといえよう。

この源信らのグループの活動を代表するのが、一〇世紀中頃から文章生と延暦寺の僧侶によって始められた勧学会である。彼らは比叡山西麓の寺院などに三月十五日と九月十五日に集まって「法華経」をテーマに講義・念仏・作詩を行った。康保元年（九六四）に比叡山西麓の月林寺で開かれたのが最初といわれ、主な参加者は慶滋保胤・藤原在国・高階積善ら文章生と延暦寺の僧侶たちであったが、源信もそのグループの周囲にいたと推定されている。これらの聖俗の知識人グループの活動のなかから源信の『往生要集』や慶滋保胤の『日本往生極楽記』、源為憲の仏教入門書『三宝絵詞』など、中国仏教に範をとりながらも日本に視点をおいた仏教書が著されてくるのである。

以上のように、五台山仏教のさらなる受容を通じて日本天台浄土教の急速な発展が形作られた。もちろん、五台山仏教をそのまま受け入れたのではなく、当時の宋仏教の主流を占めた禅宗は拒絶するなど自覚的な選択によって日本仏教の独立性も実現したといわれる。日本の浄土教の進展が入唐僧・入宋僧などが中国から積極的に請来した仏典や書籍などを選択的に受容したこと、その受容を踏まえつつ日本の僧侶らが能動的に得た成果を文人貴族らが日本的に改編することによって実現されたことは明らかであろう。

4　小　括

本書発刊後に進んだ三つの研究分野――「海商・入唐僧」の研究と「唐物」研究、「日本浄土教成立」に関する研究――の概要を紹介した。東アジア・東部ユーラシアの交流の世界からの見直しが提起されているということができよう。本書もそれ以前に受容した漢文学・漢詩文の世界（唐文化）を基底に、それを日本的な問題意識から改変したり日本的な知識を加味することによって「国風文化」が成り立っていたことを主張するところに主願があったので、これらの研究動向は本書の不足を豊かに補ってくれる成果として大いに歓迎したい。

三　最近の「国風文化」の研究動向

1　西本昌弘「「唐風文化」から「国風文化」へ」

近年の「国風文化」研究としてまず西本の論文（前掲「「唐風文化」から「国風文化」へ」）を取り上げたい。西本は「九世紀から一一世紀中葉までの日本文化の変遷を唐・呉越国・宋など東アジア諸国との具体的な交流のなかに位置づけながら論じる」と立ち位置を明記する。

そのうえで、承和の遣唐使で入唐した円仁の活動や呉音から漢音への移行、紀伝道の発展と文章経国思想の喧伝、儀礼や政務方式の唐風化などを素材に「唐風文化」の発展を論じる。しかし、平安時代前期の文化が「唐風一辺倒」であったかのように理解することは問題であると警鐘をならす。

続いて、一九九〇年代以降の研究史を概観し、それを踏まえて「国風文化」という用語には「ナショナリズムの影が二重三重にまとわりついている」ので「議論を相対化するためには（中略）年号を冠した文化呼称を案出する必要があろう」と問題提起する。

次に「呉越国・天台山との交流と日本文化」、「日宋交流と天台浄土教の発展」では、日延や奝然など入唐僧・入宋僧の活動の実態や彼らに影響を受けて浄土教の確立を目指した源信らの活動を分析するとともに、寂照と藤原道長との関係についても論じている。

続いて「和様と国風文化」では、「仮名の発達史」を取り上げ、仮名書体が九世紀後半に相当発達していたこと、その背景に唐における草書の盛行があったことなどが指摘されている。そして仮名と並んで和風化した文化として寝殿造と定朝様の仏教彫刻を取り上げ、摂関期に内裏の建築が一気に和風化した事実がないことなどを根拠に「寝殿造の成立を和風化の文脈でとらえるのは違和感がある」と評価する。そして仏教彫刻に関しては関係の深い浄土教の教養を参照すべきであるとして、平等院鳳凰堂本尊や阿弥陀来迎図のような「和様と称される穏やかで優美な造形表現は、彫刻にしても絵画にしても、源信が完成した天台浄土教の観想念仏や臨終行儀を実戦するために美術的表現であった」と評価する。

このように、「呉越国や宋との交流（中略）のなかで、天台浄土教の強い影響を相互に及ばし合いながら、和漢融合した豊かな文化」を説明する用語として「国風文化」に代わって、文化が花開いた時代を根拠に「天暦・寛弘文化」という用語を用いてはどうか、と問題提起する。この後「儀礼の変化と故実の形成」に言及しているが紹介は避ける。

そして「おわりに」では、中国で発達した螺鈿や蒔絵などの工芸品が日本にもたらされて発展して特産品になり、逆に宋で珍重されたことを紹介して、次のように結論している。

これ（日本の古典文化の創出）は鎖国のような環境下で開花したものではなく、唐・呉越国・宋などとの多年にわたる交流を背景に、中国文化をよく踏まえた上で、列島内外において長年にわたり創意工夫を重ねることで生み出されたものであった。

長い紹介になったが、二の1～3で紹介した近年の研究成果を巧みに組み込みながら叙述された水準の高い、かつバランスのとれた「国風文化」論ということができよう。とくに唐・呉越国・宋（残念ながら新羅・高麗が入っていないが）との交流とその影響についての詳細な叙述と、東アジア・東部ユーラシア世界のなかで「国風文化」を捉え直そうとする視点は非常に参考になったし学ぶことも多かった。

個別な分析では、浄土教受容と白居易受容との関係など当時の文人貴族の意識構造の指摘と、定朝様彫刻の様式と天台浄土教の教義との関係についての指摘が興味深かった。後者のような視点から当該期の美術史・彫刻史の研究が進展することを期待したい。

ただ、先にも指摘したが、交流史を重視しながらも新羅との関係についてはほとんど言及がなかったのは疑問に残った。それは、私が九世紀後半〜一〇世紀前半までの国際関係において、新羅との関係悪化が当時の朝廷や貴族社会に及ぼした政治的・思想的影響の強さを重視しているからであるが、この点については後述する。

なお、「国風文化」用語の廃棄については最後に私見を述べたい。

2　吉川真司編『国風文化』

次は冒頭に示した吉川真司編『国風文化』についてである。この本については榎本淳一の丁寧かつ適切な「批判と反省」（『歴史学研究』第一〇二五号、二〇二二年）があるので屋上屋を架すことになるが、いくつか私見を述べてみたい。

まず評価しなければならない点は、榎本も評価しているように、文部科学省の「科学研究補助金」を用いた学際的・集団的な研究体制に基づいて生まれた成果であるという点であろう。この本にも日本古代史・東アジア比較史・日本美術史・平安文学・日本漢文学の多彩な分野の論考が所収されている。これらの研究会を主導し論文集としてまとめた佐藤全敏の力量を高く評価したい。とはいえこれら所収論文のすべてを紹介する能力もないので、日本古代史の吉川と佐藤の論考の概略を紹介し若干の私見を述べることにしたい。

吉川「〈国風文化〉への招待」はこの本の「序章」に当たる。まず中学校用歴史教科書を主な素材に「国風文化」の扱われ方を分析し、唐風文化から国風文化へという理解を「古代文化変容論」と規定し、その源流が一九世紀末期にあり二〇世紀初頭に広まったこと、また一九三〇年代の軍国主義の高まりのなかで「国体・日本精神」のイデオロギーがまとわりつくようになったことなどが指摘される。一方で内藤湖南や原勝郎のように「国風文化」を否定する論者がいたことも紹介されている。そして、戦後も河音能平らによる捉え返しもあったが十分克服されず、「古代文化変容論」は高度経済成長期まで継受されたと指摘する。

このような理解を克服する動向は一九七〇年代後半に始まり一九九〇年代に入って本格化するとし、その代表として先に紹介した海商などの活動を重視する榎本淳一の研究を取り上げる。その一方で美術史研究の千野香織のように「国風文化」を「唐」と「和」が並立する構造と捉える理解があったことも指摘し、「千野説は、国風文化では〈唐〉の規範性が薄まり、〈和〉が生活に密着した文化要素として浮上した、と読むことができる」とまとめる。そしてこれに続いて、佐藤や皿井舞の研究を念頭に「二〇一〇年前後から高まった榎本説への批判は、輸入文物を過大評価することを否定するとともにに、千野の議論をいっそう深化させようとするものだった」と評価する。

そして最後に「榎本説をとるにせよ、とらないにせよ、確実に言えることがひとつある。それは、国風文化には〈唐〉と〈和〉の双方がしっかり組み込まれていた、ということである」と結論している。

その後、「これからの国風文化論」の課題として次の三点を上げている。①国風文化の成立・展開・終焉を見極めること。②国風文化が生まれた要因を明らかにすること。③比較史的検討を進めること。

戦前の中学校教科書や関連文献に基づいた「古代文化変容論」の整理には学ぶところが多かった。また、近年の研究動向についても簡潔だが要領よくまとめられており、かつ論点が明確に示されていて有益であろう。最後に「国風文化には〈唐〉と〈和〉の双方がしっかり組み込まれていた」と結論されているのも的確なまとめということができよう。

ただ、榎本説に対する評価はやや過剰のように感じた。榎本は前稿（前掲「批判と反省」）で「国内的な要因も同じように考慮すべきであ」り、「対外的要因のみで「国風文化」が生まれたとは考えていない」と明言しているように、基本的な理解においては大きな変わりはない。

また、国風文化研究のこれからの課題として三点上げられているがまっとうな指摘であろう。しかし、そのなかに「文化内容の検討」が入っていなかったのは疑問に思った。「唐」の要素と「和」の要素との複雑な関係を見極めるためには、「国風文化」を形成している文化の多様な内容のさらなる検討が不可欠であると考えるがいかがであろうか。

次に佐藤全敏「国風文化の構造」の検討に移ろう。佐藤の論考は「九世紀の文化のすがた」と「九世紀末―一一世紀の「国風文化」」に大きく分かたれ、それぞれを「唐風文化」と「国風文化」の説明に当てている。「九世紀の文化」では漢詩文や音楽・倭歌・琴歌など、「九世紀末―一一世紀の「国風文化」Ⅰ」では漢詩文・絵画・書・仏教・仏教信仰・暦などの各ジャンルの文化内容について詳細な研究状況が整理・紹介されており、その情報量の多さは驚かされる。氏の研鑽ぶりには敬服せざるを得ない。

これらの分析を通じて、佐藤は一〇・一一世紀の貴族社会は古き唐文化を維持・温存してしていたことを確認したうえで、この時期に「もう一つの大きな志向」が認められるとし、それを「倭の文化の浮上」に求める。「九世紀末―一一世紀の「国風文化」Ⅱ」ではそれまでの研究方法を一変し、天皇の「家」の行事の増加や「倭歌」の採用さらに天皇家の食卓の世俗化など、天皇を取り巻く文化内容が世俗化したことを指摘して次のように述べる。

当時、日本の貴族層は同時代の中国の文化に背を向け、古い唐文化を尊重して、これを保持し続けていた。そのような、ある意味閉ざされた文化環境の中で、彼らは倭のなかにも「文化」を発見し、これを肯定的に位置づけるようになったのである。

そして、このような転換が起こったのは「唐の衰退と滅亡」によるものだとし、この時期に日本の貴族社会のなかに中国のあり方を絶対的なものとみない価値観が急速にひろがった、と評価する。そのうえで「唐物」について言及し、その実態は「基本的には限られた品目の一種の消費財に過ぎない」とし、「唐風文化を実践したり、演出したりするための必要物資に過ぎ」ず、「当時の日本の二元的な文化構造を補強することはあっても、これを揺るがすことはなかった」と評価している。

本稿の紹介の最初でも指摘したが、多様な分野の研究状況の整理は敬服に値する。これらの分野別の評価は私の専門外の分野もあるので個別的な評価は差し控えるとし、以下気がついたいくつかの点について私見を述べてみたい。

まず気になったのは、国風文化の特徴を天皇周辺の文化要素の世俗化に求めている点である。そのような傾向があることは本書でも指摘したが、しかしそれだけで国風文化の特徴を論じるには無理があるように思う。そして「古い唐文化の尊重」と「倭のなかの文化の発見」という言い方からは二つの文化を対比して理解しているという印象を拭えない。実際、氏のいう「倭の文化」とは天皇を中心とした世俗文化のことであるから「古い唐文化」とは相容れないのは明らかである。海商などの活躍や「唐物」の影響を極力低く評価しようとしているのも、このような組み立てをしたためではないかと勘ぐってしまう。

しかし、九世紀後半から一〇世紀にかけて天台山・五台山の仏教を求めて中国に渡った僧侶およびそれを仲介した海商の活躍は否定できないし、彼らがもたらした浄土教が日本天台浄土教の成立と発展に大きく寄与したことは明らかである。佐藤はそれを「称名念仏」から「観想念仏」への移行に焦点をあわせて中国からの影響を低く評価しようとしているが、巨視的にみるならば、中国から浄土教がもたらされたことによって日本における浄土教が成立し、当時の社会に大きな影響を与えた側面をまず評価すべきでであろう。

また、「唐物」についても「当時の日本の二元的な文化構造を補強することはあっても、これを揺るがすことはなかった」と評価する。しかし、私が読んだ限り、「唐物」に関する研究の中に「唐物」が当時の文化構造を揺るがしたと評価するものはなかった。

さらに「唐物」は消費財に過ぎないという評価について。私も「唐物」が消費財としての側面をもっていると思うが、消費財だからという理由でその影響を低く考えることには賛成できない。現在も「消費文化」という言葉があるように、消費はその時代の社会の重要な文化要素の一つであった。とくに市民社会以前の消費は身分性・政治性を伴う性格が強かったから、その消費のあり方は当時の社会の評価に関わる重要な文化要素の一つだったと思うのである（「国風文化」と「消費」の関係については皆川も「人・モノ・情報の移動・交流からみた「日本文化」」で言及している〈前掲『「唐物」とは何か』〉）。

注文が多くなったがもう一点。佐藤は「倭の文化の誕生」を九世紀末に求めてその要因を唐の衰退・滅亡に求めているが、私は天皇周辺の儀式や行事の世俗化やそれ以外の文化要素の和風化の要因はもう少し遡って理解すべきではないかと考えている。

西本論文のところでも述べたが、私は承和年間の張宝皐事件から貞観年間の新羅海賊船事件、さらに地方官の新羅との内通事件などを通じて醸成された新羅に対する排外意識と新羅海賊事件の際に喧伝された神国思想、そしてその前後に形成される本朝意識などの影響が大きいと考えている（本書Ⅲ章参照）。本書でも述べたがこのような過程で文章経国思想が廃れ、文人貴族の世界でも中国の本格的な漢文学に精通した「詩儒」が後退して日本的な漢文学の素養に基づく「通儒」が勢力を持つようになった。後者の代表が「阿衡事件」の際活躍した藤原佐世であり、詩儒の代表が橘広相であり菅原道真であった。したがって菅原道真の左遷は詩儒の最終的な敗北も意味していたともいえるのである（大岡信『あなたに語る日本文学史　1』新書館、一九九五年）。

批判めいた文章が多くなったが、これも本稿の問題提起の大きさに刺激を受け、そこに学んでなんとか本書を位置づけたいと思ったからに他ならない。見当違いの批判や誤読などがあればご寛恕のほどお願いしたい。

最後に、国風文化研究を一層前進させるためには、吉川が指摘する課題を踏まえて「国風文化には〈唐〉と〈和〉の双方がしっかり組み込まれていた」という原則的な評価をいかに豊かに肉付けしていくかが重要な課題といえよう。

四　「国風文化」概念をめぐって

さて、先に指摘したように「国風文化」概念がナショナリズムやイデオロギーを多分に随伴しており、かつ近年の東アジア・東部ユーラシア交流に関する研究成果が組み込まれていないことなどを理由に再定義すべきである、という意見が多く見られるようになった。河添の研究にもそのような指摘があるし、西本のように文化が繁栄した年号を用いて「天暦・寛弘文化」と呼ぶことを提唱している研究者もいる（前掲「「唐風文化」から「国風文化」へ」）。

私もこれらの意見にやみくもに反対するものではないが、少し研究史を遡ってみるとそれを克服しようとした試みもあった。それは戦後間もなくの川崎庸之や石母田正とそれを受け継いだ河音能平らの仕事である。彼らは戦後の敗戦から独立へ、民主的で平和な国家建設などという政治的かつ国民的課題を受け止め、戦前の帝国主義的な天皇制イデオロギーのもとで喧伝された「和風文化の優秀性」、とくに唐文化（中国文化）を克服した「和風文化の優越性」という認識と理解を批判し、戦後世界の動向のなかで「国風文化」を捉え直そうとしていた（本書　序章参照）。

しかし吉川が指摘するように、この試みは残念ながらその後に受け継がれなかったが、彼らの「国風文化」概念には表層の文化ではなく、時代全体のなかで文化を捉えようとする視点があった。本書もこの視点に大きな影響を受けているし、「国風文化」の理解が多様化している現状を考えると、もう一度彼らが提起した課題を受け止めたいと思っている。

そのように考える要因の一つは、「国風文化」が内包している「日本的」なイデオロギーについて注目したいと思うからである。例えばこの時期に醸成された「王土王民」観念や「本朝意識」とそのなかに内包されている排外意識、さらに「穢れ」観念とその対極にある「キヨメ」観念の成立などは、当時の天皇・天皇制の性格と評価に関わる非常にナショナルな意識構造であると同時に、現在の私たちにも深く影響を及ぼしている意識構造である。これらに関する研究は各分野の文化内容の分析とその集積によって解答がでるものではない。やはり政治・文化・思想などその時代全体のなかで捉え直す必要があると思うのである。

また、本書も含めて石母田・河音らの「国風文化」論には対外関係史の成果を十分反映していないという弱点があるのは事実である。もちろん触れてはいるが、しかし一国史的な理解、すなわち対外関係史を日本の側の動向から理解しようとする側面が強く、「国風文化」が中国・朝鮮の文化から影響を強く受けて成立していた側面の評価は非常に弱い。しかし、やや言い訳っぽくなるが、それは当時の研究状況の反映であって当時の研究成果を無視して立論されたわけではないことは確認しておきたい。

とはいえ、近年の「海商」や「唐物」の研究によって「国風文化」を東アジア・東部ユーラシアの交流世界のなかで評価し直さなければならなくなっていることは間違いない。にもかかわらず、私はこれらの研究動向を理解したうえでなお「国風文化」概念にこだわりたいと思っている。それは、先にも述べたように「国風文化」が内包している当時の天皇制を中心とした「日本的」なナショナリズムの特質も日本のなかだけで形成されたものでなく、中国や朝鮮など東アジアの進んだ文物や思想を受容したうえに醸成されたと考えているからである。両者の関係の究明は難しいが、やらなければならない仕事であろう。

「国風文化」は華やかな宮廷文化や都市文化だけで構成されていたのではない。現在の私たちの意識や生活まで刻印するような内容も含んでいたのである。この点はしっかり見極める必要があると考える。

〔付記〕現在私が考えている「国風文化」の概要は「摂関時代の文化の特徴を考える」（戸川点編著『平安時代はどんな時代か—摂関政治の実像—』小径社、二〇二三年一二月刊行）にまとめた。参照願えれば幸いである。

本書の原本は、一九九七年に青木書店より刊行されました。

著者略歴

一九四六年　北海道に生まれる
一九七〇年　東京都立大学人文学部史学専攻卒業
一九七八年　大阪市立大学大学院文学研究科博士課程国史学専攻単位取得退学
現在、東京学芸大学名誉教授、博士（文学）

〔主要著書〕
『日本古代・中世畠作史の研究』（校倉書房、一九九二年）、『中世の民衆生活史』（青木書店、二〇〇〇年）、『日本中世の歴史1　中世社会の成り立ち』（吉川弘文館、二〇〇六年）、『日本中世百姓成立史論』（吉川弘文館、二〇一四年）、『頼朝と街道』（吉川弘文館、二〇一六年）、『平将門の乱を読み解く』（吉川弘文館、二〇一九年）

読みなおす日本史

「国風文化」の時代

二〇二四年（令和六）二月一日　第一刷発行

著　者　木村茂光（きむらしげみつ）
発行者　吉川道郎
発行所　株式会社　吉川弘文館
郵便番号一一三—〇〇三三
東京都文京区本郷七丁目二番八号
電話〇三—三八一三—九一五一〈代表〉
振替口座〇〇一〇〇—五—二四四
https://www.yoshikawa-k.co.jp/
組版＝株式会社キャップス
印刷＝藤原印刷株式会社
製本＝ナショナル製本協同組合
装幀＝渡邉雄哉

ISBN978-4-642-07533-6

刊行のことば

現代社会では、膨大な数の新刊図書が日々書店に並んでいます。昨今の電子書籍を含めますと、一人の読者が書名すら目にすることができないほどとなっています。ましてや、数年以前に刊行された本は書店の店頭に並ぶことも少なく、良書でありながらめぐり会うことのできない例は、日常的なことになっています。

人文書、とりわけ小社が専門とする歴史書におきましても、広く学界共通の財産として参照されるべきものとなっているにもかかわらず、その多くが現在では市場に出回らず入手、講読に時間と手間がかかるようになってしまっています。歴史の面白さを伝える図書を、読者の手元に届けることができないことは、歴史書出版の一翼を担う小社としても遺憾とするところです。

そこで、良書の発掘を通して、読者と図書をめぐる豊かな関係に寄与すべく、シリーズ「読みなおす日本史」を刊行いたします。本シリーズは、既刊の日本史関係書のなかから、研究の進展に今も寄与し続けているとともに、現在も広く読者に訴える力を有している良書を精選し順次定期的に刊行するものです。これらの知の文化遺産が、ゆるぎない視点からことの本質を説き続ける、確かな水先案内として迎えられることを切に願ってやみません。

二〇一二年四月

吉川弘文館

飛　鳥 その古代史と風土　門脇禎二著　二五〇〇円

犬の日本史 人間とともに歩んだ一万年の物語　谷口研語著　二一〇〇円

鉄砲とその時代　三鬼清一郎著　二一〇〇円

苗字の歴史　豊田　武著　二一〇〇円

謙信と信玄　井上鋭夫著　二三〇〇円

環境先進国・江戸　鬼頭　宏著　二一〇〇円

料理の起源　中尾佐助著　二一〇〇円

暦の語る日本の歴史　内田正男著　二一〇〇円

漢字の社会史 東洋文明を支えた文字の三千年　阿辻哲次著　二一〇〇円

禅宗の歴史　今枝愛真著　二六〇〇円

江戸の刑罰　石井良助著　二一〇〇円

地震の社会史 安政大地震と民衆　北原糸子著　二八〇〇円

日本人の地獄と極楽　五来　重著　二一〇〇円

幕僚たちの真珠湾　波多野澄雄著　二二〇〇円

秀吉の手紙を読む　染谷光廣著　二一〇〇円

大本営　森松俊夫著　二二〇〇円

日本海軍史　外山三郎著　二一〇〇円

史書を読む　坂本太郎著　二一〇〇円

山名宗全と細川勝元　小川　信著　二二〇〇円

東郷平八郎　田中宏巳著　二四〇〇円

昭和史をさぐる　伊藤　隆著　二四〇〇円

歴史的仮名遣い その成立と特徴　築島　裕著　二二〇〇円

読みなおす
日本史

読みなおす
日本史

日本の奇僧・快僧　今井雅晴著　二二〇〇円

平家物語の女たち 大力・尼・白拍子　細川涼一著　二二〇〇円

戦争と放送　竹山昭子著　二四〇〇円

「通商国家」日本の情報戦略 領事報告を読む　角山　榮著　二二〇〇円

日本の参謀本部　大江志乃夫著　二二〇〇円

宝塚戦略 小林一三の生活文化論　津金澤聰廣著　二二〇〇円

観音・地蔵・不動　速水　侑著　二二〇〇円

飢餓と戦争の戦国を行く　藤木久志著　二二〇〇円

陸奥伊達一族　高橋富雄著　二二〇〇円

日本人の名前の歴史　奥富敬之著　二四〇〇円

お家相続 大名家の苦闘　大森映子著　二二〇〇円

はんこと日本人　門田誠一著　二二〇〇円

城と城下 近江戦国誌　小島道裕著　二四〇〇円

江戸城御庭番 徳川将軍の耳と目　深井雅海著　二二〇〇円

戦国時代の終焉 「北条の夢」と秀吉の天下統一　齋藤慎一著　二二〇〇円

中世の東海道をゆく 京から鎌倉へ、旅路の風景　榎原雅治著　二二〇〇円

日本人のひるめし　酒井伸雄著　二二〇〇円

隼人の古代史　中村明蔵著　二二〇〇円

飢えと食の日本史　菊池勇夫著　二二〇〇円

蝦夷の古代史　工藤雅樹著　二二〇〇円

天皇の政治史 睦仁・嘉仁・裕仁の時代　安田　浩著　二五〇〇円

日本における書籍蒐蔵の歴史　川瀬一馬著　二四〇〇円

吉川弘文館
（価格は税別）

鎌倉幕府の転換点 『吾妻鏡』を読みなおす
永井 晋著 二二〇〇円

奈良の寺々 古建築の見かた
太田博太郎著 二二〇〇円

日本の神話を考える
上田正昭著 二二〇〇円

信長と家康の軍事同盟 利害と戦略の二十一年
谷口克広著 二二〇〇円

軍需物資から見た戦国合戦
盛本昌広著 二二〇〇円

武蔵の武士団 その成立と故地を探る
安田元久著 二二〇〇円

天皇家と源氏 臣籍降下の皇族たち
奥富敬之著 二二〇〇円

卑弥呼の時代
吉田 晶著 二二〇〇円

皇紀・万博・オリンピック 皇室ブランドと経済発展
古川隆久著 二二〇〇円

日本の宗教 日本史・倫理社会の理解に
村上重良著 二二〇〇円

戦国仏教 中世社会と日蓮宗
湯浅治久著 二二〇〇円

伊達政宗の素顔 筆まめ戦国大名の生涯
佐藤憲一著 二二〇〇円

武士の原像 都大路の暗殺者たち
関 幸彦著 二二〇〇円

海からみた日本の古代
門田誠一著 二二〇〇円

鳴動する中世 怪音と地鳴りの日本史
笹本正治著 二二〇〇円

本能寺の変の首謀者はだれか 信長と光秀、そして斎藤利三
桐野作人著 二二〇〇円

餅と日本人 「餅正月」と「餅なし正月」の民俗文化論
安室 知著 二四〇〇円

古代日本語発掘
築島 裕著 二二〇〇円

夢語り・夢解きの中世
酒井紀美著 二二〇〇円

食の文化史
大塚 滋著 二二〇〇円

後醍醐天皇と建武政権
伊藤喜良著 二二〇〇円

南北朝の宮廷誌 二条良基の仮名日記
小川剛生著 二二〇〇円

吉川弘文館
（価格は税別）

境界争いと戦国諜報戦　盛本昌広著　二二〇〇円
邪馬台国をとらえなおす　大塚初重著　二二〇〇円
百人一首の歴史学　関　幸彦著　二二〇〇円
江戸城　将軍家の生活　村井益男著　二二〇〇円
沖縄からアジアが見える　比嘉政夫著　二二〇〇円
海の武士団　水軍と海賊のあいだ　黒嶋　敏著　二二〇〇円
呪いの都 平安京　呪詛・呪術・陰陽師　繁田信一著　二二〇〇円
平家物語を読む　古典文学の世界　永積安明著　二二〇〇円
坂本龍馬とその時代　佐々木　克著　二二〇〇円
不動明王　渡辺照宏著　二二〇〇円
女人政治の中世　北条政子と日野富子　田端泰子著　二二〇〇円

大村純忠　外山幹夫著　二二〇〇円
佐久間象山　源　了圓著　二二〇〇円
源頼朝と鎌倉幕府　上杉和彦著　二二〇〇円
近畿の古墳と古代史　白石太一郎著　二四〇〇円
東国の古墳と古代史　白石太一郎著　二四〇〇円
昭和の代議士　楠　精一郎著　二二〇〇円
春日局　知られざる実像　小和田哲男著　二二〇〇円
伊勢神宮　東アジアのアマテラス　千田　稔著　二二〇〇円
中世の裁判を読み解く　網野善彦・笠松宏至著　二五〇〇円
アイヌ民族と日本人　東アジアのなかの蝦夷地　菊池勇夫著　二四〇〇円
空海と密教　「情報」と「癒し」の扉をひらく　頼富本宏著　二二〇〇円

吉川弘文館
（価格は税別）

石の考古学　奥田　尚著　二二〇〇円

江戸武士の日常生活 素顔・行動・精神　柴田　純著　二四〇〇円

秀吉の接待 毛利輝元上洛日記を読み解く　二木謙一著　二四〇〇円

中世動乱期に生きる 一揆・商人・侍・大名　永原慶二著　二二〇〇円

弥勒信仰 もう一つの浄土信仰　速水　侑著　二二〇〇円

親　鸞 煩悩具足のほとけ　笠原一男著　二二〇〇円

道と駅　木下　良著　二二〇〇円

道　元 坐禅ひとすじの沙門　今枝愛真著　二二〇〇円

江戸庶民の四季　西山松之助著　二二〇〇円

「国風文化」の時代　木村茂光著　二五〇〇円

徳川幕閣 武功派と官僚派の抗争　藤野　保著　（続　刊）

鷹と将軍 徳川社会の贈答システム　岡崎寛徳著　（続　刊）

江戸が東京になった日 明治二年の東京遷都　佐々木　克著　（続　刊）

女帝・皇后と平城京の時代　千田　稔著　（続　刊）

吉川弘文館
（価格は税別）